Workbook / Laboratory Manual
for

Avanti!

Beginning Italian

Fourth Edition

Janice Aski
The Ohio State University

Diane Musumeci
Associate Professor Emerita
University of Illinois at Urbana-Champaign

and

Justin R. Ehrenberg

Carla Onorato-Wysokinski

Daryl Rodgers

McGraw Hill Education

WORKBOOK / LABORATORY MANUAL FOR AVANTI! BEGINNING ITALIAN, FOURTH EDITION

Published by McGraw-Hill Education, 2 Penn Plaza, New York, NY 10121. Copyright © 2018 by McGraw-Hill Education. All rights reserved. Printed in the United States of America. Previous editions © 2014, 2010, and 2007. No part of this publication may be reproduced or distributed in any form or by any means, or stored in a database or retrieval system, without the prior written consent of McGraw-Hill Education, including, but not limited to, in any network or other electronic storage or transmission, or broadcast for distance learning.

Some ancillaries, including electronic and print components, may not be available to customers outside the United States.

This book is printed on acid-free paper.

1 2 3 4 5 6 QVS 20 19 18 17 16

ISBN 978-1-259-85292-3
MHID 1-259-85292-x

Chief Product Officer, SVP Products & Markets: *G. Scott Virkler*
Vice President, General Manager, Products & Markets: *Michael Ryan*
Vice President, Content Design & Delivery: *Betsy Whalen*
Managing Director: *Katie Stevens*
Senior Brand Manager: *Katherine K. Crouch*
Director, Product Development: *Meghan Campbell*
Senior Director of Digital Content: *Janet Banhidi*
Senior Faculty Development Manger: *Jorge Arbujas*
Senior Product Developer: *Susan Blatty*
Product Developer: *Deborah Bruce*
Digital Product Analyst: *Susan Pierre-Louis*
Marketing Manager: *Mike Ambrosino*
Director, Content Design & Delivery: *Terri Schiesl*
Program Manager: *Kelly Heinrichs*
Senior Content Project Manager: *Erin Melloy DeHeck*
Buyer: *Susan K. Culbertson*
Design: *Tara McDermott*
Content Licensing Specialists: *Carrie Burger/Beth Thole*
Cover Image: *Galleria d'Arte Moderna, Roma*
Compositor: *Lumina Datamatics*
Printer: *Quad/Graphics*

The Internet addresses listed in the text were accurate at the time of publication. The inclusion of a website does not indicate an endorsement by the authors or McGraw-Hill Education, and McGraw-Hill Education does not guarantee the accuracy of the information presented at these sites.

mheducation.com/highered

Contents

Preface

GENERAL DESCRIPTION

The *Workbook / Laboratory Manual* provides more conventional practice of the **Strategie di comunicazione, Lessico,** and **Strutture** material presented in the textbook using a variety of written and audio activities. In addition, each chapter includes a **Pronuncia** section, in which students focus on and practice the sounds of Italian, and a **Cultura** section that expands upon the cultural themes of the chapter through additional listening activities (**Ascoltiamo!**), a new culture reading, new reading strategy instruction (**Leggiamo!**), and a process-writing activity with an editorial checklist (**Scriviamo!**). The **In Italia, Culture a confronto, Un po' di cultura e Regioni d'Italia** feature reviews the cultural material presented in the **In Italia** boxes and those activities marked with ◖ throughout the chapter.

Each chapter is organized as follows:

- **Strategie di comunicazione**
- **Pronuncia**
- **Lessico**
- **Strutture**
- **Cultura (Ascoltiamo!, Leggiamo!, Scriviamo!)**
- **In Italia, Culture a confronto, Un po' di cultura e Regioni d'Italia**

The **Per saperne di più** practice activities for all chapters follow Chapter 16. These activities are intended for those instructors who wish to cover more grammar in their curriculum. In the fourth edition, discovery-based grammar presentations and one additional activity for each structure point have been added to *Connect*.

The answers to all written activities appear after the **Per saperne di più** practice activities. The correct responses for the audio activities are given on the audio program unless otherwise indicated by a note following the activity.

AUDIO PROGRAM

The *Audio Program,* which coordinates with the *Workbook / Laboratory Manual,* is unique in that it includes many activities that focus on students' comprehension of the text they hear—the number of drill and transformation activities is limited. For example, students listen to short texts and answer comprehension questions, match text to illustrations, transcribe and respond to personal questions, and provide parallel constructions for the structures that they hear. The *Workbook / Laboratory Manual* audio is posted on the *Avanti! Online Learning Center* (www.mhhe.com/avanti4e), along with the textbook audio activities and the end-of-chapter vocabulary lists.

ACKNOWLEDGMENTS

A small community of scholar-teachers who have examined issues in second-language acquisition and their impact on foreign language teaching, and whose extensive teaching experience has made them aware of the types of practice that learners need, is responsible for this *Workbook / Laboratory Manual.* We wish to thank Zoé Robles and Amy Rowden who wrote the **Strategie di comunicazione** and the **Ascoltiamo!** and **Leggiamo! (Cultura)** sections for the first edition. We also greatly appreciate the work of three colleagues, who collaborated with us on the first and second editions: Carla Onorato- Wysokinski, who wrote the

Pronuncia and **Lessico** sections and revised the **Strategie di comunicazione** activities for the second edition; Justin Ehrenberg, who wrote and revised the **Strutture** and **Per saperne di più** sections; and Daryl Rodgers, who wrote the **Scriviamo!** and **In Italia** activities for the first edition and revised the **Leggiamo!** section for the second edition. His editorial comments on the new readings and new process-writing section of the third edition were invaluable. These authors worked tirelessly to provide activities that focus students' attention on the material to be learned in creative and engaging ways. We are grateful for the imagination and originality that they brought to the project. A special note of thanks is due Claudia Quesito who served as our editor and native reader for the fourth edition. We also wish to thank our managing director Katie Stevens, our brand manager Katie Crouch, our product developer Susan Blatty, and our copyeditor Deborah Bruce for their guidance and direction during the editing process. A special thanks as well to the entire production team, especially Erin Melloy DeHeck, Kelly Heinrichs, Carrie Burger, Sue Culbertson, Tara McDermott, and Beth Thole.

Capitolo

1

Per cominciare

Strategie di comunicazione

A. Saluti! For each situation choose the most appropriate greeting. **Attenzione!** Some situations may have more than one answer.

    a. Buon giorno b. Buona sera c. Ciao

1. _____ you see your mailman in the morning

2. _____ you see your best friend at school before classes start for the day

3. _____ you see your mother at breakfast

4. _____ you see your neighbor, **il signor Franchi,** after dinner

5. _____ you see your professor at school before classes start for the day

6. _____ you see your neighbor's baby

B. Mario, ti piace? Your new friend Mario likes some aspects of American culture, but not others. Read the list of the things he likes and doesn't like, then decide what he would say based on his list.

MARIO: Mi piace il fast food. Mi piace la musica rock, ma (*but*) non mi piace la musica country. Mi piace Lebron James. Non mi piace il cinema dell'orrore (*horror*).

1. Mi piace / Non mi piace Burger King.
2. Mi piace / Non mi piace Taylor Swift.
3. Mi piace / Non mi piace Adele.
4. Mi piace / Non mi piace il basket.
5. Mi piace / Non mi piace *Texas Chainsaw Massacre*.

C. Cosa dici? You will hear four different expressions. After each one, decide which person would have said it. You will hear each expression twice.

ESEMPIO: *You hear:*   Ciao!
                You choose: a. A student is greeting a professor.
                            (b.) A student is greeting a friend.

1. a. A professor is greeting a guest lecturer.
     b. A son is greeting his father.

(*continued*)

2. a. A young woman is asking an elderly gentleman where he is from.
   b. A young woman is asking a classmate where he is from.

3. a. A student is asking the professor what his name is.
   b. A student is asking another student what her name is.

4. a. A professor is telling students good-bye.
   b. A student is telling the professor good-bye.

Pronuncia

L'alfabeto e la pronuncia   The alphabet

 L'alfabeto.

The Italian alphabet has twenty-one letters. There are five extra letters in the English alphabet, which in Italian are considered **lettere straniere** (*foreign*): j, k, w, x, y.

 Ascolta: L'alfabeto.

Parte prima. Listen and repeat each letter of the alphabet.

a b c d e f g h i l m n o p q r s t u v z

Lettere straniere.

j k w x y

Parte seconda. You will hear two letters. Put a ✓ beside the letter you do *not* hear.

1. __ b   __ d   __ t
2. __ c   __ g   __ v
3. __ s   __ r   __ l
4. __ l   __ n   __ m
5. __ f   __ s   __ n
6. __ i   __ j   __ e
7. __ w   __ v   __ u

Parte terza. You will hear a series of letters. Write the letters you hear. You will hear each letter twice.

1. ____   4. ____   7. ____   10. ____   13. ____
2. ____   5. ____   8. ____   11. ____   14. ____
3. ____   6. ____   9. ____   12. ____   15. ____

▶ *Check your answers to this activity in the* Answer Key *at the back of the workbook*

Lessico

A come *amore*, *B* come *buon giorno*   Alphabet and pronunciation

A. Come comincia la parola? Listen to each word and write the first letter. You will hear each word twice.

1. ___rimavera
2. ___ove
3. ___arzo
4. ___ettembre
5. ___ono
6. ___iologia
7. ___ome
8. ___enti

B. Dettato. Write each word that you hear. You will hear each word twice.

1. _____
2. _____
3. _____
4. _____
5. _____
6. _____
7. _____
8. _____
9. _____
10. _____

C. Che cos'è? Listen to the following words and write each one beside its corresponding picture. You will hear each word twice.

1. _____
2. _____
3. _____
4. _____

5. _____
6. _____
7. _____
8. _____

9. _____
10. _____
11. _____
12. _____

(continued)

13. _____ 14. _____ 15. _____ 16. _____ 17. _____

18. _____ 19. _____ 20. _____ 21. _____

D. Lettere doppie o no? Each of the following pairs of words differs by a double or single consonant. Listen and circle the word you hear. You will hear each word twice.

1. pala	palla	4. cassa	casa	7. ala	alla	
2. nonno	nono	5. serra	sera	8. cappelli	capelli	
3. dita	ditta	6. sonno	sono			

E. Combinazioni speciali: c o ch? Listen to the following words and write the missing consonants. You will hear each word twice.

1. per___é   3. s___iare   5. ___uoca   7. ___ina
2. s___eriffo 4. s___iena   6. cal___io   8. ___ena

F. Combinazioni speciali: g o gh? Listen to the following words and write the missing consonants. You will hear each word twice.

1. ___elato   3. ___iaccio   5. ___iacca   7. ma___i
2. spa___etti 4. ___iovane   6. ___iro   8. ma___i

G. La pronuncia. Now you try. Pronounce each word, then after a brief pause, listen to verify your pronunciation.

1. sciopero   4. orologi   7. settembre   10. moglie
2. simpatiche   5. calzini   8. barche   11. chiaro
3. pubblici   6. stagioni   9. scienza   12. piccolo

H. Le città italiane.

Parte prima. Write the names of the Italian cities you hear. You will hear each name twice.

1. _____   4. _____   7. _____
2. _____   5. _____   8. _____
3. _____   6. _____   9. _____

▶ *Check your answers to Activities A–F and H in the* Answer Key *at the back of the workbook.*

Parte seconda. Write the number of each city from the **Parte prima** in its correct location on the map.

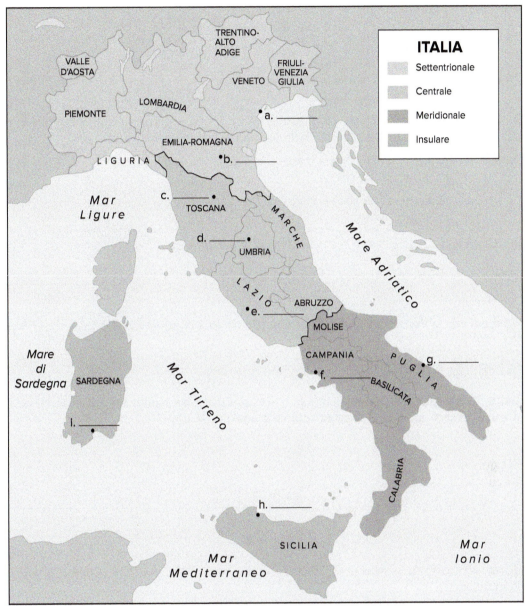

Le città d'Italia

I giorni della settimana   Days of the week

A. La settimana italiana. Number the days of the week in order from left to right. **Aiuto:** Remember that the first day of the week on an Italian calendar is Monday.

___ domenica   ___ mercoledì   ___ giovedì   ___ sabato

___ venerdì   ___ lunedì   ___ martedì

B. Oggi e domani. (*Today and tomorrow.*) Listen to each question and write down the correct day of the week. Follow the models. Each question will be repeated twice.

ESEMPI: *You hear:*   Se (*If*) oggi è martedì, che giorno è domani?
           You write: mercoledì

           You hear: Se domani è mercoledì, che giorno è oggi?
           You write: martedì

1. _____   4. _____

2. _____   5. _____

3. _____   6. _____

▶ *Check your answers to this activity in the* Answer Key *at the back of the workbook.*

I mesi e le stagioni   Months and seasons

A. I mesi e le stagioni. Write the name of the season that corresponds to each illustration. Then write the names of three months associated with each season.

1. _____ : _____ _____ _____

2. _____ : _____ _____ _____

3. _____ : _____ _____ _____

4. _____ : _____ _____ _____

B. Che mese o che stagione è? Write the name of the month or season that corresponds to each description.

1. Il mese dopo (*after*) giugno. _____

2. La stagione prima (*before*) dell'estate. _____

3. Il mese prima di aprile. _____

4. Il mese di San Valentino. _____

5. La stagione dopo l'autunno. _____

6. Comincia (*It begins*) il 21 giugno. _____

7. Il mese dopo agosto. _____

8. Il mese prima di febbraio. _____

9. La stagione dopo la primavera. _____

I numeri da 0 a 9.999   Numbers from 0 to 9,999

A. Che numero è? You will hear a series of numbers. Listen and circle the number you hear. You will hear each number twice.

1. a. 4   b. 14   c. 44
2. a. 5   b. 15   c. 50
3. a. 102   b. 120   c. 202
4. a. 459   b. 495   c. 549
5. a. 676   b. 776   c. 667
6. a. 890   b. 819   c. 809
7. a. 1.001   b. 1.011   c. 1.111
8. a. 3.033   b. 3.003   c. 3.013

B. I numeri.

Parte prima. You will hear a series of numbers. Write the numbers (in digits) that you hear. You will hear each number twice.

1. ____   3. ____   5. ____   7. ____   9. ____

2. ____   4. ____   6. ____   8. ____   10. ____

Parte seconda. Write out the following numbers in words.

1. 37 _____

2. 49 _____

3. 176 _____

4. 225 _____

5. 564 _____

(continued)

6. 730 _____

7. 1.118 _____

8. 2.513 _____

9. 4.816 _____

10. 9.999 _____

▶ *Check your answers to Activity B in the* Answer Key *at the back of the workbook.*

C. La data. Write the date for each of the following holidays and days. Spell out all numbers.

ESEMPIO:　Qual (*What*) è la data della Festa dell'Indipendenza (*Independence*) americana?
Il quattro luglio.

1. Quando (*When*) è Natale (*Christmas*)? _____

2. Quando è il giorno di San Valentino? _____

3. Qual è il primo giorno (*day*) dell'anno? _____

4. Quando è Halloween? _____

5. Qual è l'ultimo (*last*) giorno di settembre? _____

6. Qual è l'ultimo giorno dell'anno? _____

7. Qual è il giorno di San Patrizio (*St. Patrick's Day*)? _____

D. Tocca a te! (*It's your turn!*) Answer the following question. Write out all numbers in words. Quando è il tuo compleanno (*birthday*)? Scrivi (*write*) il giorno, il mese e l'anno.

Strutture

1.1 Maschile o femminile?　Gender

A. Il genere. Decide if each of the following words is **maschile** (*masculine*) or **femminile** (*feminine*). **Attenzione!** You may need to consult the glossary at the back of your textbook for nouns ending in **-e**.

	maschile	femminile			maschile	femminile
1. pasta	☐	☐	9. esame		☐	☐
2. telefono	☐	☐	10. dottore		☐	☐
3. tè	☐	☐	11. auto		☐	☐
4. bibita	☐	☐	12. cinema		☐	☐
5. lezione	☐	☐	13. moto		☐	☐
6. comunità	☐	☐	14. bici		☐	☐
7. treno	☐	☐	15. foto		☐	☐
8. Internet	☐	☐				

B. È maschile o femminile? Listen and write each word you hear, then decide if it is **maschile** or **femminile.** You will hear each word twice. After a brief pause, you will hear the correct answer.

	maschile	femminile
1. _____	☐	☐
2. _____	☐	☐
3. _____	☐	☐
4. _____	☐	☐
5. _____	☐	☐
6. _____	☐	☐
7. _____	☐	☐
8. _____	☐	☐

▶ *Check your answers to this activity in the* Answer Key *at the back of the workbook.*

1.2 Un cappuccino, per favore   Indefinite articles

A. Un, uno, una o un'? Write each word in the appropriate category according to its gender and spelling: **un, uno, una, un'.**

> aula   amica   animale   cane
>
> dizionario   festa   materia   religione   sport
>
> studente   università   voto   zaino

un	uno	una	un'
1. _____	1. _____	1. _____	1. _____
2. _____	2. _____	2. _____	2. _____
3. _____	3. _____	3. _____	
4. _____			
5. _____			

B. Una decisione! Circle the appropriate indefinite article for each word you hear. You will hear each word twice. Repeat the response.

1.	un	uno	una	un'		5.	un	uno	una	un'
2.	un	uno	una	un'		6.	un	uno	una	un'
3.	un	uno	una	un'		7.	un	uno	una	un'
4.	un	uno	una	un'		8.	un	uno	una	un'

C. Quale articolo? Write the appropriate indefinite article for each of the following words.

1. _____ bicicletta   6. _____ corso

2. _____ esame   7. _____ panino

3. _____ giorno   8. _____ studente

4. _____ lezione   9. _____ amica

5. _____ acqua   10. _____ pasticcino

1.3 Due cappuccini, per favore   Number

A. Singolare o plurale? Decide if each word is **singolare** (*singular*) or **plurale** (*plural*). Check both if a word could be either singular or plural.

	singolare	plurale
1. feste	☐	☐
2. hamburger	☐	☐
3. gatto	☐	☐
4. cappuccini	☐	☐
5. acqua	☐	☐
6. macchine	☐	☐
7. anno	☐	☐
8. tè	☐	☐

B. Uno o due? Write the plural form of each of the following words.

1. una regione   due _____

2. una città   quattro _____

3. una fotografia   tre _____

4. un gelato   otto _____

5. un mese   cinque _____

6. una piazza   due _____

7. un giorno   sette _____

8. un pub   dieci _____

C. Tre, due, uno... Write the singular form of each of the following words. Be sure to include the correct form of the indefinite article.

ESEMPIO: quattro piatti → un piatto

1. tre cappuccini _____
2. quattro film _____
3. cinque esami _____
4. due porte _____

5. sette anni _____
6. quattro aerei _____
7. due lezioni _____
8. tre università _____

D. Il plurale. Write the plural form of the words you hear. You will hear each word twice. After a brief pause, you will hear the correct answer.

1. _____
2. _____
3. _____
4. _____

5. _____
6. _____
7. _____
8. _____

▶ *Check your answers to this activity in the* Answer Key *at the back of the workbook.*

E. Il ritorno a scuola. (*Back to school.*) It's back to school time and Alessandra has to buy some supplies. Look at the illustration and write five things that she needs to buy. Be sure to use the indefinite article or a number and the singular or plural form of the words as needed.

1. _____
2. _____
3. _____
4. _____
5. _____

1.4 L'università è fantastica! Definite articles

A. L'articolo giusto. Write each word you hear, then choose the correct definite article. You will hear each word twice. Repeat the response.

1. il   lo   l'   la   i   gli   le   _____
2. il   lo   l'   la   i   gli   le   _____
3. il   lo   l'   la   i   gli   le   _____
4. il   lo   l'   la   i   gli   le   _____
5. il   lo   l'   la   i   gli   le   _____
6. il   lo   l'   la   i   gli   le   _____
7. il   lo   l'   la   i   gli   le   _____
8. il   lo   l'   la   i   gli   le   _____

▶ *Check your answers to this activity in the* Answer Key *at the back of the workbook.*

B. Quale articolo? Write the appropriate definite article for each of the following words.

1. _____ corso   6. _____ ragazzi
2. _____ studentesse   7. _____ cinema
3. _____ bottiglia   8. _____ lezione
4. _____ italiano   9. _____ hamburger
5. _____ amici   10. _____ zaino

C. Il plurale. Write the appropriate plural form for each of the following words.

ESEMPIO: il cane → i cani

1. l'informazione _____.   5. lo zaino _____.
2. il bambino   _____.   6. la casa   _____.
3. l'ora   _____.   7. il giorno _____.
4. il bar   _____.   8. la città _____.

D. Il singolare. Write the singular form of each of the plural nouns you hear. You will hear each word twice.

ESEMPIO: *You hear:* gli anni
            You write: l'anno

1. _____   5. _____
2. _____   6. _____
3. _____   7. _____
4. _____   8. _____

▶ *Check your answers to this activity in the* Answer Key *at the back of the workbook.*

1.5 Mi piace l'italiano! The verb piacere

A. Piace o piacciono? Circle the form of **piacere** that correctly completes each statement, then decide if the statement is **vero** (*true*) or **falso** (*false*) for you.

		vero	falso
1.	Non mi <u>piace / piacciono</u> la birra.	☐	☐
2.	Mi <u>piace / piacciono</u> le lezioni d'italiano.	☐	☐
3.	Mi <u>piace / piacciono</u> gli hamburger.	☐	☐
4.	Mi <u>piace / piacciono</u> il professore d'italiano.	☐	☐
5.	Mi <u>piace / piacciono</u> i gatti.	☐	☐
6.	Non mi <u>piace / piacciono</u> la letteratura inglese.	☐	☐
7.	Mi <u>piace / piacciono</u> il caffè.	☐	☐
8.	Mi <u>piace / piacciono</u> gli spaghetti.	☐	☐

B. Formale o informale? Listen to each of the following questions and decide if it is **formale** or **informale**. After a brief pause, you will hear the correct answer.

ESEMPI: *You hear:* Le piace l'italiano?
You check: **formale**   **informale**
                    ☑   ☐

You hear: Ti piace l'italiano?
You check: **formale**   **informale**
                    ☐   ☑

	formale	informale
1.	☐	☐
2.	☐	☐
3.	☐	☐
4.	☐	☐
5.	☐	☐
6.	☐	☐

C. Singolare o plurale? For each word you hear, decide if you would say **mi piace** or **mi piacciono**. You will hear each word twice. Repeat the response.

ESEMPIO: *You hear:* il cappuccino
You check: mi piace
You say: Mi piace il cappuccino.

	mi piace	mi piacciono
1.	☐	☐
2.	☐	☐
3.	☐	☐
4.	☐	☐
5.	☐	☐
6.	☐	☐

D. Ti piace o non ti piace? Listen to the questions and say whether or not you like the things mentioned. You will hear each question twice.

> ESEMPIO: *You hear:* Ti piace la matematica?
> *You say:* Sì, mi piace. *or*
> No, non mi piace.

1. ...   2. ...   3. ...   4. ...   5. ...   6. ...

E. Tocca a te! Che cosa ti piace? Look at the illustrations below and write three sentences stating which things you like and three sentences stating which things you don't like.

1. _____

2. _____

3. _____

4. _____

5. _____

6. _____

Ascoltiamo!

I gesti italiani

A. I gesti degli italiani. Remember the **gesti** you learned from the **Ascoltiamo!** presentation? Match each gesture with its meaning.

a. Call me!

b. Got a cigarette?

c. Yum!

d. Quiet!

1. _____    2. _____

3. _____    4. _____

B. Quale gesto? For each situation choose the sentence that best corresponds to the gesture being described.

1. Earlier you called your friend Simona and told her about a problem you do not know how to solve. The next time you see her she puts her index finger on her head. Simona means:
   a. I've got an idea!
   b. I have no clue!

2. It is already 9 p.m., and your little brother Fabio looks at you while pressing his hands together and resting his head on them. Fabio means:
   a. Call me!
   b. I'm sleepy.

3. Marta is expecting a phone call from her boyfriend, but her little sister has misplaced her phone. When Marta finally finds it, she looks at her sister while biting the side of her index finger. Marta means:
   a. I'm furious!
   b. Let's eat!

(continued)

4. You and Claudio are buying tickets to a concert, but you don't have enough money. Claudio buys both tickets with the promise that you will repay him. The day of the concert arrives, and before giving you the ticket, Claudio starts rubbing his thumb and index finger together. Claudio means:
    a. Money.
    b. What do you want?

C. Cosa «dice» Federico? Match each situation to the appropriate gesture. **Attenzione!** There are five gestures. Only four are used.

a.

b.

c.

d.

e.

1. _____ Federico wants help solving a problem.

2. _____ Federico was cut off in traffic.

3. _____ Federico's friend makes an outrageous suggestion for how to spend the weekend

4. _____ Federico and a friend are listening to a boring speech, and it's past dinner time.

Leggiamo!

<hr>

Strategie di lettura

Parole simili. You can quickly increase your comprehension in Italian by paying attention to cognates (**parole simili**), words that have similar spellings and meanings in Italian and English. You can also increase your vocabulary by using **parole simili** when you speak and write.

Italian also has a long tradition of borrowing words from other languages, including English, especially recently and in particular fields (technology, business, mass media).

In the following reading you will use your knowledge of **parole simili**, borrowings, and images to recreate a news story on increasing your brainpower.

Lettura

Piccoli gesti per aiutare la mente°

Small gestures to help the mind

A. Parole simili. Use **parole simili** to match the following suggestions to the appropriate numbers in the image. **Attenzione!** Don't give up too soon! Use what you know to figure out what you don't.

a. Bere molta acqua
b. Mangiare cioccolato fondente (*dark*)
c. Mangiare yogurt
d. Suonare uno strumento
e. Trascorrere (*to spend*) tempo fuori (*outside*) città
f. Giocare ai videogiochi

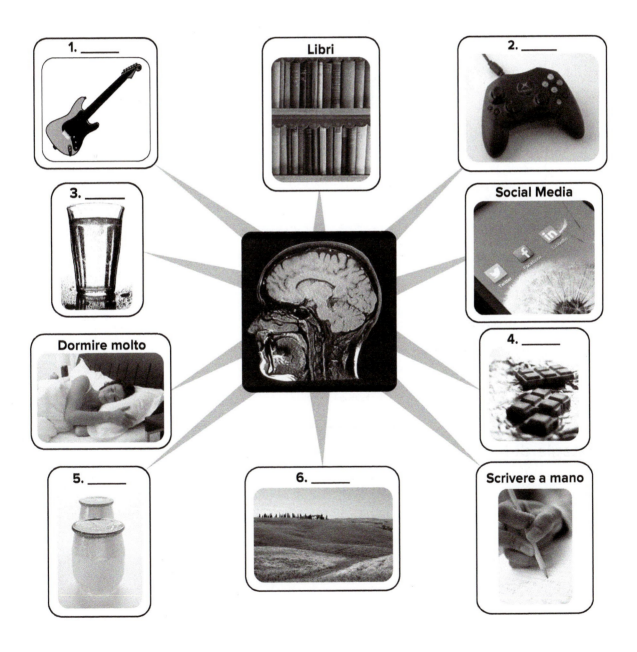

B. Cosa significa? Now, use the combination of **parole simili** and images to match the following verbs to their equivalents in English.

1. bere   a. *to eat*

2. mangiare   b. *to play (a musical instrument)*

3. suonare   c. *to drink*

C. Le regole per essere brillanti. (*Rules for being brilliant.*) Read the text and match each subheading to the appropriate paragraph. Don't worry if you don't understand all the words. Your knowledge of **parole simili**, borrowings, and newly acquired vocabulary from **Capitolo 1** will help you.

Cultura   **Giochi**   **Hobby**   **Movimento**   **Tavola** (*Table*)   **Tecnologia**   **Viaggi**

Le regole per essere brillanti

1.

Cruciverba[1]: diminuiscono la probabilità di Alzheimer.
Tedtalks: gli esperti raccontano le ultime sulla ricerca.
Videogiochi: aumentano i riflessi.

2.

Suonare strumenti: aumenta l'intelligenza.
Scrivere a mano: aiuta la memoria.

3.

Cioccolato fondente: favorisce la memoria.
Yogurt: riparale cellule cerebrali.
Acqua: fa bene al cervello.

4.

Facebook: non usare Internet favorisce la produttività.
iTunesU: seguire corsi interessanti.
Supermemo: favorisce la memoria.

5.

Sport: aumentare la frequenza cardiaca e la coordinazione con attività come il volley o il basket.

6.

Weekend: scappare[2] dalla città; il contatto con la natura diminuisce lo stress e favorisce la memoria.

7.

Libri: conoscere nuovi autori favorisce la creatività.
Lingua: imparare nuove lingue aiuta la mente.

---

[1]*Crossword puzzles* [2]*escape*

◐ In Italia, Culture a confronto, Un po' di cultura e Regioni d'Italia

Using the information from the **In Italia** feature in the textbook and from the activities marked with the ◐, decide if the following statements are **vero** or **falso**. If the statement is false, change the word in bold to make it true.

		vero	falso
ESEMPIO:	Italians use **ciao** with everyone. Italians use *buon giorno* with everyone.	☐	☑

1. In Italy, the time of day when you begin to use *buona sera* is **earlier** if you live in the South.   ☐ ☐

_____

2. Rome is in *Italia* **meridionale.**   ☐ ☐

_____

3. In numerals, Italians would write two thousand four hundred and fifteen euros with a **comma** separating the two and the four.   ☐ ☐

_____

4. Unlike American addresses, Italian addresses always have the street name **first**, followed by the house number, e.g., *Via Regina Bianca, 29.*   ☐ ☐

_____

5. On March 17 Italians named Patrizio or Patrizia celebrate **il compleanno.**   ☐ ☐

_____

6. When giving your date of birth in **Italian,** you say the *giorno/mese/anno.*   ☐ ☐

_____

Scriviamo!

Strategie di scrittura

Keep it simple: Use the Italian you know to avoid translation. Writing in a foreign language is easier than you might think. Instead of translating from your native language, try writing directly in Italian. Begin by using words and expressions introduced in your textbook or in class. Sticking to simple Italian phrases that are familiar to you will provide a basis for developing your writing skills, and will help you avoid using English idioms and slang that do not necessarily translate word-for-word into Italian. To find key words and phrases that you can use to express yourself, scan the **Capitolo 1** vocabulary list in your textbook.

Genere: E-mail

Tema: Presentiamoci! On a separate sheet of paper, write an e-mail message (50 words) introducing yourself to an Italian-speaking exchange student who will soon be arriving on your campus.

1. Begin with a simple greeting.
2. Then, introduce yourself, indicating your name and where you are a student.
3. Say what you study and find out what he or she studies: **Io studio letteratura inglese. E tu?**
4. Say where you're from and where you live. Ask where he or she is from and lives: **Sono di Nashville, in Tennessee, ma abito a Gainesville, in Florida. E tu, di dove sei? Dove abiti?**
5. Say at least three things that you like and/or don't like, including your favorite season, and ask what he or she likes: **Mi piace lo sport. Non mi piacciono i film dell'orrore. Mi piace la primavera. A te cosa piace?**
6. Wish the student a pleasant trip. **Buon viaggio!**
7. Sign your e-mail!

When you have finished your e-mail, check your work by using the **Facciamo la verifica!** checklist.

Facciamo la verifica!

I have used:

☐ the **Strategia di scrittura** for this activity;

☐ relevant vocabulary and expressions from **Capitolo 1** of the textbook.

I have proofread my writing and checked:

☐ my spelling, including apostrophes and accent marks;

☐ that all articles (indefinite and definite) agree in gender and number with the nouns;

☐ that I have used the correct forms of the indefinite and definite articles;

☐ that I have used **piace** and **piacciono** correctly;

☐ that I have described myself accurately and shown an interest in the Italian student.

Capitolo

2

Com'è?

Strategie di comunicazione

A. Salve! Match each greeting with its appropriate answer. **Attenzione!** All questions except one have more than one answer.

_____ 1. Di dove sei?

_____ 2. Come va?

_____ 3. Come ti chiami?

_____ 4. Come sta?

_____ 5. Di dov'è?

a. Non c'è male. E Lei?

b. Sono Marco. E tu?

c. Sono di Milano.

d. Benissimo, grazie! E tu?

e. Sono australiano.

B. Di dov'è? You spent two days at a hostel in Verona. Today, your friend joins you. He feels lost and, in order to get acquainted with the other people, he asks you about their nationalities. Choose the correct answer to his questions according to the audio and written cues.

ESEMPIO: *You hear:* —Di dov'è?
—Mariana è nata in Spagna.

You see: Mariana è _____.
You choose: spagnola

1. Johnny è _____.
   a. americano   b. inglese   c. tedesco

2. Pablo è _____.
   a. spagnolo   b. messicana   c. messicano

3. Amélie è _____.
   a. francese   b. inglese   c. americana

4. Walter è _____.
   a. tedesca   b. inglese   c. tedesco

5. Luisa è _____.
   a. cubano   b. cubana   c. messicana

6. Yoko è _____.
   a. svedese   b. giavanese   c. giapponese

▶ *Check your answers to this activity in the* Answer Key *at the back of the workbook.*

C. Con chi parli? You will hear four different questions. Choose the option that best fits the question you hear.

1. a. Bene, grazie. E tu?
   b. Ho 18 anni.

2. a. Sono Maria Cristina Verdello.
   b. Sono di Firenze.

3. a. Sono studente.
   b. Ho vent'anni.

4. a. Insomma.
   b. Abito in Via Crispi, 13.

Pronuncia

Le vocali   Vowels

 Le vocali.

There are seven vowel sounds in the Italian alphabet.

- The vowels **a, i,** and **u** are pronounced as follows:

  a as in *father*
  i as in *marine*
  u as in *rude*

- The vowels **o** and **e** have two pronunciations but are spelled the same:

  closed **e** as in *bait* and open **e** as in *quest*
  closed **o** as in *cozy* and open **o** as in *cost*

A. Ascolta: le vocali.

Parte prima. Listen to the following vowels and repeat each one. You will hear each vowel twice.

   a e i o u

Parte seconda. Now, listen to the following vowels and words and repeat each one. You will hear each word twice.

a	casa	sala	ama
e	se Vera	seta cena	come c'è
i	Italia	India	Pisa
o	voto porta	sono cosa	dove rosa
u	uno	lupo	su

B. Tocca a te!

Parte prima. Listen and write the vowels you hear. You will hear each vowel twice.

1. ____ 2. ____ 3. ____ 4. ____ 5. ____

Parte seconda. Listen and write the words you hear. You will hear each word twice.

1. _____   6. _____   11. _____

2. _____   7. _____   12. _____

3. _____   8. _____   13. _____

4. _____   9. _____   14. _____

5. _____   10. _____   15. _____

▶ *Check your answers to this activity in the* Answer Key *at the back of the workbook.*

C. Dove cade l'accento? *(Where does the accent fall?)*

Parte prima. When you run into a new word that you don't know how to pronounce, first you need to know where the stress falls. In many Italian words, the stress is on the vowel in the second-to-last syllable. Listen to each word and repeat after the speaker. After a brief pause, you will hear the word again. Listen to verify your pronunciation.

1. <u>ca</u>-sa   2. ca-<u>pi</u>-to   3. mar-<u>ro</u>-ne   4. a-me-ri-<u>ca</u>-no

Parte seconda. Some words are stressed on the last syllable. If they are, they always have an accent on the last vowel. Listen to each word and repeat after the speaker. After a brief pause, you will hear the word again. Listen to verify your pronunciation.

1. mar-te-dì   2. caf-fè   3. u-ni-ver-si-tà   4. per-ché

Parte terza. Some words are stressed on the vowel in the third-to-last syllable and a few are stressed on the vowel in the fourth-to-last. Listen to each word and repeat after the speaker. After a brief pause, you will hear the word again. Listen to verify your pronunciation.

1. ma-te-<u>ma</u>-ti-co   2. sim-<u>pa</u>-ti-co   3. <u>a</u>-bi-ta-no   4. <u>fab</u>-bri-ca-no

Lessico

Sono allegro!   Describing people, places, and things

A. Dove va il colore? *(Where does the color go?)*

Parte prima. Listen and write the colors you hear. You will hear each color twice.

1. _____   4. _____   7. _____

2. _____   5. _____   8. _____

3. _____   6. _____   9. _____

▶ *Check your answers to this activity in the* Answer Key *at the back of the workbook.*

Parte seconda. Now, write the number of the color from the **Parte prima** in the appropriate place in the illustration.

B. I colori. Complete the following sentences with the names of the colors. When you have finished, the letters in the boxes will spell out the color of the objects in the illustration below.

1. La bandiera italiana è rossa, bianca e...
2. L'elefante è...
3. Il cielo sereno è...
4. Il sole (*sun*) è...
5. L'opposto di nero è...

C. L'intruso. (*Odd man out.*) Indicate which adjective does not belong in each group.

ESEMPIO: lento, debole, veloce

1. simpatico, cattivo, arrabbiato
2. tranquillo, nervoso, stressato
3. anziano, giovane, vecchio
4. attivo, pigro, stanco
5. magro, grande, grasso
6. divertente, impegnato, spiritoso

D. Qual è il contrario?

Parte prima. Complete each sentence with an adjective that is *opposite* in meaning to the one given.

1. Carlo non è magro, è _____.

2. Marco non è forte, è _____.

3. Giulio non è alto, è _____.

4. L'autobus non è veloce, è _____.

5. Umberto non è buono, è _____.

6. Il film non è bello, è _____.

7. Lorenzo non è noioso, è _____.

8. Il professore non è giovane, è _____.

Parte seconda. You will hear a series of sentences. Complete each one with an adjective that is *opposite* in meaning to the one given. You will hear each sentence twice. Repeat the response.

1. ... 2. ... 3. ... 4. ... 5. ... 6. ... 7. ... 8. ...

E. Come stanno e come sono?

Parte prima. Choose the appropriate adjectives to complete the dialogues.

Dialogo 1

PAOLA: Ciao Paolo! Come stai?
PAOLO: Sto bene perché sono spiritoso / contento / ammalato. E tu?
PAOLA: Io no. Non sto bene perché sono allegra / veloce / arrabbiata.
PAOLO: Perché?
PAOLA: Perché l'esame di matematica era (*was*) difficile / pigro / triste.

Dialogo 2

PAOLA: Ciao Gianna! Come stai?
GIANNA: Sto così così perché sono ricca / cattiva / stanca. E tu?
PAOLA: Io sto benissimo perché sono vecchia / innamorata / brutta di Paolo!

Dialogo 3

MANUELA: Ciao Sofia! Come stai?
SOFIA: Sto benissimo perché ho (*I have*) una nuova / lenta / estroversa Ferrari!
MANUELA: Che bello! Mi piacciono le Ferrari!

F. Adesso tocca a te! Answer the following question with a complete sentence. Come stai, e perché?

Strutture

2.1 L'italiano è divertente! Adjectives

A. Quale forma è corretta? You will hear a series of nouns. Choose the adjective that best describes each noun. You will hear each noun twice. Repeat the response.

ESEMPIO: *You hear:*   lo studente
                You see: a. simpatica   b. simpatico   c. simpatici
                You choose: b. simpatico
                You say: lo studente simpatico
                You hear: lo studente simpatico

1. a. italiano   b. italiana   c. italiane

2. a. alto   b. alti   c. alta

3. a. rosso   b. rossa   c. rosse

4. a. bassa   b. basse   c. bassi

5. a. americani   b. americano   c. americane

6. a. nera   b. neri   c. nere

B. L'accordo.

Parte prima. Write the appropriate ending for each adjective.

1. una ragazza spagnol_____

2. tre amici giovan_____

3. un cane nervos_____

4. molt_____ biciclette verd_____

5. gli studenti liber_____

6. molt_____ pasta buon_____

7. la professoressa impegnat_____

8. molt _____ gatti ner_____

9. il quaderno verd_____

10. le studentesse canades_____

Parte seconda. Write the plural form of each of the following phrases.

1. il ragazzo intelligente _____

2. la macchina viola _____

3. la signora sincera _____

4. il bambino stanco _____

5. molto gelato italiano _____

Parte terza. Write the singular form of each of the following phrases.

1. gli studenti pigri _____

2. tre zaini verdi _____

3. le studentesse impegnate _____

4. i telefonini piccoli _____

5. due città grandi _____

C. *Questo o quello?* Choose the correct form of **questo** or **quello.**

1. quella / quei / quegli libri

2. quest' / questo / questi università

3. quell' / quel / quello corso

4. questo / questa / queste lezione

5. quella / quei / quelle macchine

6. quest' / queste / questa orologio

7. questa / queste / questi penne

8. quella / quelle / quell' amica

9. questo / questa / quest' professoressa

10. quei / quegli / quelle zaini

 D. Ti piace questo o quello?

Parte prima. Simone and Sandro are at a store as Simone tells Sandro which items he likes on each of the tables. Listen and put a ✓ next to each item that Simone says he likes, paying close attention to the use of **questo** or **quello.** You will hear each statement twice.

Parte seconda. Now, listen again and write the appropriate form of **questo** or **quello** for each of the following nouns.

1. _____ computer

2. _____ zaino nero

3. _____ occhiali

4. _____ penne

5. _____ orologio

▶ *Check your answers to this activity in the* Answer Key *at the back of the workbook.*

E. Ancora *questo e quello.* Write the appropriate form of **questo** or **quello** for each of the following nouns according to the cues.

	vicino		**lontano**	
1.	_____*questa*_____	materia	_____*quella*_____	materia
2.	_____	esame	_____	esame
3.	_____	bottiglie	_____	bottiglie
4.	_____	voto	_____	voto
5.	_____	cellulari	_____	cellulari
6.	_____	anno	_____	anno
7.	_____	amici	_____	amici
8.	_____	festa	_____	festa

F. Moltissimo!

Parte prima. Listen to the descriptions of people and objects with **molto/tanto** + adjective, then write the equivalent form of the adjective with **-issimo/a/i/e.** You will hear each description twice. Repeat the response.

ESEMPIO: *You hear:*   un ragazzo molto magro
You write: un ragazzo ___*magrissimo*___
You hear: un ragazzo magrissimo

1. un gatto _____

2. una ragazza _____

3. un gelato _____

4. un cane _____

5. una casa _____

6. una macchina _____

▶ *Check your answers to the* **Parte prima** *in the* Answer Key *at the back of the workbook before doing the* **Parte seconda.**

Parte seconda. Now, write the opposite of each phrase from the **Parte prima.**

ESEMPIO: un ragazzo ___*magrissimo*___   →   un ragazzo ___*grassissimo*___

1. _____   4. _____

2. _____   5. _____

3. _____   6. _____

G. *Molto o poco?* Look at the illustrations and write the appropriate form of **molto** or **poco** for each noun.

1.

_____ amici

2.

_____ birra

3.

_____ gelato

4.

_____ libri

5.

_____ studentesse

6.

_____ bottiglie

2.2 Quanti anni hai? The verbs **essere** (*to be*) and **avere** (*to have*)

A. Chi?

Parte prima. Match each subject with the appropriate subject pronoun.

1.	Laura	a.	noi
2.	Tu e Michele	b.	lei
3.	Io e Luisa	c.	loro
4.	Paolo	d.	lui
5.	Eleonora e Teresa	e.	voi

Parte seconda. Match each subject to the appropriate sentence.

1.	Laura	a.	è studente all'università.
2.	Tu e Michele	b.	abbiamo le orecchie grandi e il naso piccolo.
3.	Io e Luisa	c.	sono basse.
4.	Paolo	d.	avete fame?
5.	Eleonora e Teresa	e.	è alta e ha gli occhi verdi.

B. Quale verbo è? Listen to each sentence and decide whether you hear the verb **avere** or the verb **essere**. You will hear each sentence twice.

ESEMPIO: *You hear:* Marco è stanco e stressato.
You choose: essere

	essere	avere
1.	☐	☐
2.	☐	☐
3.	☐	☐
4.	☐	☐
5.	☐	☐
6.	☐	☐

C. *Essere o avere?* Choose the appropriate verb.

1. Patrizio è / ha giovane e forte.
2. Io sono / ho una bicicletta verde.
3. Oggi gli studenti non sono / hanno lezione.
4. Tu e Sandra siete / avete belle!
5. Il cane è / ha piccolo e tranquillo.
6. Anna è / ha gli occhi azzurri e le lenti a contatto.
7. Tu sei / hai una bella macchina!
8. Io e Mario siamo / abbiamo ventitré anni.
9. Cinzia è / ha mal di pancia.
10. Ahmed e Milena sono / hanno sonno.
11. A lezione Stefano è / ha sempre torto.
12. Io ho fame. Sono / Ho voglia di un panino.

D. Chi è? Choose the appropriate illustration for each sentence you hear. You will hear each sentence twice.

a.

b.

c.

d.

e.

f.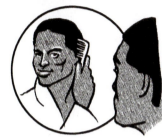

1. ____   2. ____   3. ____   4. ____   5. ____   6. ____

E. Il verbo giusto. Complete each of the following sentences with the appropriate forms of **essere** or **avere.**

1. Marta _____ molto cattiva e non _____ amici.

2. (*io*) _____ studente e _____ una macchina vecchia.

3. Il corso di chimica _____ molto difficile!

4. Questa settimana Stefano e Giulio _____ tre esami e _____ stressati.

5. Tu e Rita _____ bionde e _____ gli occhi blu.

6. Due panini, per favore. Io e Fabio _____ fame.

7. L'università _____ grande e i professori _____ molto impegnati.

8. Stefano non _____ a lezione oggi perché _____ mal di gola.

9. (*tu*) _____ allegro perché non _____ compiti (*homework*) stasera?

10. La mamma _____ sempre (*always*) ragione e io _____ sempre torto!

F. Cinzia o la signora Tozzi? Listen to the following questions and decide if the person being interviewed is **Cinzia** or **la signora Tozzi.** After a brief pause, you will hear the correct answer.

	Cinzia	la signora Tozzi
1.	☐	☐
2.	☐	☐
3.	☐	☐
4.	☐	☐
5.	☐	☐
6.	☐	☐
7.	☐	☐
8.	☐	☐

G. Tocca a te! Come sei? Describe yourself using the verbs and vocabulary you have learned so far. Write at least five complete sentences.

_____

_____

_____

_____

2.3 Cosa c'è nello zaino? There is / There are

A. Cosa c'è in aula? Choose **c'è** or **ci sono** in order to describe what you might find in your Italian classroom.

	C'è...	Ci sono...	
1.	☐	☐	quindici studenti.
2.	☐	☐	una professoressa.
3.	☐	☐	un dizionario d'italiano.
4.	☐	☐	nove zaini.
5.	☐	☐	cinque bottiglie d'acqua minerale.
6.	☐	☐	un computer.
7.	☐	☐	venti libri.
8.	☐	☐	una porta.

B. Chi c'è a casa? Mario's mother calls home to see who is there. Look at the illustration and say if the people indicated by Mario's mother are there or not by stating **Sì, c'è. (Sì, ci sono.)** or **No, non c'è. (No, non ci sono.).** Each question will be repeated twice. Repeat the response.

ESEMPIO: *You hear:*   C'è lo zio Alberto?
           You say: No, non c'è.

Parole utili: lo zio (*uncle*), la zia (*aunt*)

la zia Anna

Cesare e Pietro

lo zio Paolo

Luca

1. ...   2. ...   3. ...   4. ...   5. ...   6. ...

C. Cosa c'è nella macchina di Guido? Look at the illustration and list what is in Guido's car using **c'è** or **ci sono.**

1. _____

2. _____

3. _____

4. _____

5. _____

6. _____

D. Tocca a te! Nella mia camera (*room*). Write at least five sentences describing what is (and is not) in your room. Use the expressions **c'è** and **ci sono** and the vocabulary you've learned so far.

_____

_____

_____

_____

2.4 I miei corsi sono interessanti! Possessive adjectives

A. Il possessivo giusto. Complete each statement with the appropriate article + possessive adjective.

ESEMPIO: Ho una penna nuova. __*La mia*__ penna è rossa.

La loro	I miei	Il nostro	La sua
Il suo	I suoi	I tuoi	La vostra

1. Sono studente all'università. _____ professori sono molto intelligenti.

2. Daniele e Maria hanno una casa. _____ casa è grande e bella.

3. Alberto ha una bicicletta. _____ bicicletta è vecchia.

4. Tu e Marta avete molte canzoni sullo smartphone. _____ musica preferita è il jazz.

5. Alessandra ha uno zaino rosso. _____ zaino è pesantissimo (*very heavy*)!

6. Tu hai due cani. _____ cani sono belli.

7. Paola ha tre libri di filosofia a casa. _____ libri sono nuovi.

8. Io e Marco abbiamo un amico molto serio. _____ amico si chiama Federico.

B. Qual è? Listen to the following statements about Matteo or about both Matteo and his friend, Vittorio. Choose the article + possessive adjective that best complete each sentence based on what you heard. You will hear each sentence twice. Repeat the response.

ESEMPIO: *You hear:*   Ha molte foto sullo smartphone.
            You see: __Le sue / Le loro__ foto sono belle.
            You choose: Le sue
            You say: Le sue foto sono belle.

1. Le sue / Le loro lezioni sono interessanti.

2. Il suo / Il loro computer è veloce!

3. La sua / La loro città è la capitale d'Italia ed è grandissima.

4. I suoi / I loro esami sono sempre difficili.

5. Il suo / Il loro orologio è molto prezioso.

6. La sua / La loro professoressa è di Milano.

C. Scrivi il possessivo. Complete the following dialogues with the appropriate forms of the possessive adjective.

1. ENRICO: Ho una ragazza (*girlfriend*)!

   SILVIO: Com'è _____ ragazza?

   ENRICO: È bassa, ha gli occhi castani, e i cappelli ricci.

2. FILIPPO: Stefano ha molte amiche canadesi.

   MAURO: Di dove sono _____ amiche?

   FILIPPO: Sono di Toronto.

3. LAURA: Alice e Rita hanno due quaderni.

   ANNA: Di che colore sono?

   LAURA: _____ quaderni sono rosa.

4. ROBERTO: Tu hai due pesciolini (*goldfish*)?

   MARCELLA: Sì, _____ pesciolini si chiamano Ugo e Pino.

5. MARIA: Io e Chiara abbiamo un appartamento.

   DIEGO: Ah sì? Dov'è?

   MARIA: _____ appartamento è a Chicago.

6. GIORGIA: Domani ho tre lezioni.

   FABIO: Come sono?

   GIORGIA: _____ lezioni sono sempre interessanti.

D. Un'intervista. You have just won the Student of the Year Award at your school and are being interviewed by the school newspaper. Listen and answer the following questions using a possessive adjective. You will hear each question twice.

ESEMPIO: *You hear:* Di che colore è la tua penna preferita?
You say: La mia penna preferita è rossa.

1. ...   2. ...   3. ...   4. ...   5. ...   6. ...

E. Tocca a te! Che cos'hanno? Look at the illustrations and describe each of the people.
Attenzione! Write at least five complete sentences using adjectives.

1.

2.

3.

4.

5.

1. _____

2. _____

3. _____

4. _____

5. _____

Ascoltiamo!

I cognomi degli italiani

A. Qual è l'origine? You learned about the origins of some Italian family names from the **Ascoltiamo!** presentation. Match each name with its appropriate origin. **Attenzione!** There are five choices. Only four are used.

1. _____ Del Monte
2. _____ Alti
3. _____ Vecchio
4. _____ Romano
5. _____ Grassi
6. _____ Allegro
7. _____ Neri

a. la qualità fisica
b. un colore
c. il carattere / la personalità
d. l'origine geografica
e. il nome del padre

B. I cognomi. You will hear six Italian names. You will hear each name twice. Choose the most appropriate origin of the name.

a. il nome del padre   c. un colore
b. l'origine geografica   d. la qualità fisica

1. _____   3. _____   5. _____
2. _____   4. _____   6. _____

C. Vero o falso? You will hear four different statements about the origins of family names. You will hear each statement twice. Decide if it is **vero** or **falso.**

	vero	falso
1.	☐	☐
2.	☐	☐
3.	☐	☐
4.	☐	☐

Leggiamo!

Strategie di lettura

Recognizing cultural conventions. We rely on our expectations of how and where information typically appears to help us understand what we are reading. When we read in another language, what is "typical" may be different. Look carefully at the information below about the **Museo Nazionale della Scienza e della Tecnologia.** It may look a little different from what you expect.

Lettura

**Museo Nazionale
della Scienza e della Tecnologia**

Via S. Vittore 21
20123 Milano - Italy
Tel. +39 02 48 5551
Fax. +39 02 48 0100 16
E-mail info@museoscienza.it

A. In Italia si scrive così. Choose the correct answer.

1. How does an Italian street address differ from a street address written in English? **Attenzione!** The abbreviation **S.** stands for **Santo** (*Saint*).
   a. the number appears after the name of the street
   b. the number appears before the name of the street
   c. the street is named after a saint

2. The number 20123 is the **codice postale** for the city of Milan. What is the equivalent number called in English?
   a. area code
   b. district
   c. zip code

3. How is a telephone number different in Italian? **Attenzione!** The number **39** is the country code for Italy. The **prefisso** (city area code) for Milano is **02.**
   a. phone numbers are written without hyphens
   b. phone numbers can have more than seven digits
   c. both a and b

B. Un biglietto da visita. (*Business card.*) Using **il Museo Nazionale della Scienza e della Tecnologia** as a model and the information below, recreate **il biglietto da visita** of **l'hotel Il Delfino.**

Il Delfino

Baia • Napoli • Italia

_____

_____

_____

_____

ildelfino@ildelfinohotel.com
80070 Baia–Napoli–Italia
+39 081 82 878 65
Via G. Temporini 97

◑ In Italia, Culture a confronto, Un po' di cultura e Regioni d'Italia

Using the information from the **In Italia** feature in the textbook and from the activities marked with the ◑, decide if the following statements are **vero** or **falso.** If the statement is false, change the word in bold to make it true.

		vero	falso
1.	I **Verdi** is the name of an Italian political party that supports ecological initiatives.	☐	☐
	_____		
2.	During the World Cup, most Italians watch their national team, gli **Arancioni,** on TV.	☐	☐
	_____		
3.	Those who are not interested in soccer may read a detective story (un **nero**) instead.	☐	☐
	_____		
4.	When Italians make a toll-free call, they use the appropriate numero **rosa.**	☐	☐
	_____		
5.	The most common last name in Italy is **Bianchi.**	☐	☐
	_____		
6.	La croce **rossa** is the symbol for emergency medical assistance in Italy.	☐	☐
	_____		

Scriviamo!

Strategie di scrittura

Semantic mapping. Semantic mapping is a strategy used for graphically representing concepts. This technique makes writing easier by clustering semantically related words, thus expanding your vocabulary. To create a semantic map for this activity, use a piece of paper. In the middle of the paper, write your first name and circle it. Above and to the sides of your name write the words **carattere, aspetto fisico, interessi,** then circle and connect them to your name with a straight line. For each of these categories, think of as many Italian words as possible that describe you, connecting them to the appropriate category. Scan the vocabulary lists from **Capitoli 1** and **2** for additional inspiration. Be prepared to show your semantic map to your instructor.

ESEMPIO:

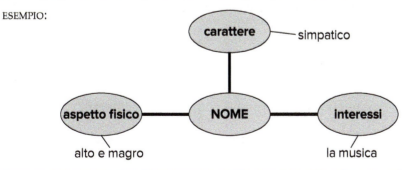

Genere: Profile for social networking website

Tema: Hoping to interact with additional Italian speakers, you've decided to join one of the following social networking websites: Facebook, WhatsApp, Instagram, Twitter. Before joining, you read the following description online.

Username: **Alessia**
Profilo
Contattami (*Contact me*)
Foto
Amici

Ciao! Come stai? Sono italiana, di Roma, ma abito a Cerveteri, una piccola città vicino a Roma. Ho vent'anni. Sono piccola e magra con gli occhi castani. Ho la carnagione scura (*dark skin tone*). Sono una persona molto estroversa. Mi piacciono tutti gli sport e amo correre (*to run*): mi piacciono moltissimo le maratone! Ho amici in tutto il mondo. L'italiano è la mia lingua materna ma parlo spagnolo, francese e un po' di inglese (poco!). Studio management all'Università di Roma. Il mio corso preferito è «Energia, materie prime e innovazione». A presto!

Now, on a separate sheet of paper, complete your own online profile using the words you listed in your semantic map and the model provided above. Choose a username that reflects your interests or personality. Then, write a short description of yourself that includes the following information.

1. a simple greeting; ask the reader how he or she is
2. your nationality and the region or city you are from, and where you currently live
3. your age
4. your personality and appearance
5. the languages you speak
6. where you are a student and what you are studying
7. your favorite class

When you have finished your online profile, check your work by using the **Facciamo la verifica!** checklist.

Facciamo la verifica!

I have used:

☐ the **Strategia di scrittura** for this activity;

☐ relevant vocabulary and expressions from **Capitoli 1** and **2** of the textbook.

I have proofread my writing and checked:

☐ for spelling errors, including apostrophes and accent marks;

☐ that I've been careful to distinguish between **essere** and **avere** in describing myself and that I have used the corrects form(s) of each;

☐ that all adjectives agree in gender and number with the nouns that they modify;

☐ that my message is interesting and will capture the attention of my intended audience.

Cosa ti piace fare?

Strategie di comunicazione

A. Cosa dici? Choose the phrase that best completes each question.

1. You are at the train station and would like to know when the next train departs. You ask:
   «_____ parte il treno?»
   a. A che ora
   b. Che ora

2. You recently purchased a watch. To set it, you ask: «_____ sono?»
   a. A che ora
   b. Che ore

3. You have a job interview but you don't remember at what time. You call the secretary and ask:
   «_____ è il colloquio?»
   a. A che ora
   b. Che ora

4. A friend has invited you to a concert tonight and you would like to know what time it starts. You
   ask: «_____ è il concerto?»
   a. A che ora
   b. Che ora

5. You are at a restaurant waiting for a friend to arrive, but he/she might be running late. You ask
   the waiter: «Senta, scusi, _____ sono?»
   a. che ora
   b. che ore

B. Che ora è? You will hear a series of people tell you what time it is. Match each clock with the time you hear. You will hear each time twice.

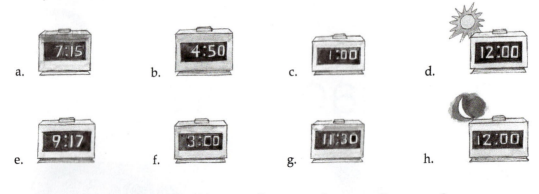

a. 7:15   b. 4:50   c. 1:00   d. 12:00

e. 9:17   f. 3:00   g. 11:30   h. 12:00

1. _____ 2. _____ 3. _____ 4. _____ 5. _____ 6. _____ 7. _____ 8. _____

C. Un viaggio in Italia! You are talking on the phone with Daniele planning a trip through Italy. He is asking you what time the trains leave for the following cities. Answer his questions, according to the audio and written cues. You will hear each question twice. Repeat the response.

ESEMPIO: You hear: A che ora parte il treno per Venezia?
You say: Alle 8.00.

PARTENZE			
07.35	Pisa	13.20	Firenze
08.00	Venezia	16.05	Palermo
10.40	Milano	17.10	Bologna
11.15	Napoli	21.43	Torino

Pronuncia

Intonazione   Intonation

Intonazione.

In Ita
or an the same sentence can be a statement of fact (**un'affermazione**), a question (**una domanda**),
equivale tion of surprise, shock, astonishment, or marvel (**un'esclamazione**). There is no
indicates English do/does when forming questions. In spoken Italian, rising intonation
Sono le . Listen to the following examples:

Sono le n
Sono le n
Sono le no mazione)
azione)
da)

Capitolo 3

Cosa ti piace fare?

Strategie di comunicazione

A. Cosa dici? Choose the phrase that best completes each question.

1. You are at the train station and would like to know when the next train departs. You ask: «_____ parte il treno?»
   a. A che ora
   b. Che ora

2. You recently purchased a watch. To set it, you ask: «_____ sono?»
   a. A che ora
   b. Che ore

3. You have a job interview but you don't remember at what time. You call the secretary and ask: «_____ è il colloquio?»
   a. A che ora
   b. Che ora

4. A friend has invited you to a concert tonight and you would like to know what time it starts. You ask: «_____ è il concerto?»
   a. A che ora
   b. Che ora

5. You are at a restaurant waiting for a friend to arrive, but he/she might be running late. You ask the waiter: «Senta, scusi, _____ sono?»
   a. che ora
   b. che ore

B. Che ora è? You will hear a series of people tell you what time it is. Match each clock with the time you hear. You will hear each time twice.

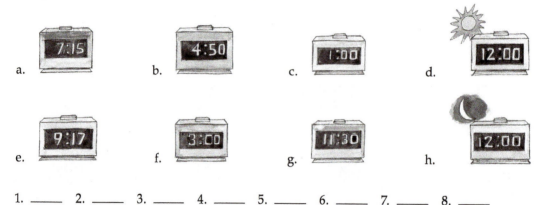

a.   b.   c.   d.

e.   f.   g.   h.

1. _____   2. _____   3. _____   4. _____   5. _____   6. _____   7. _____   8. _____

 C. Un viaggio in Italia! You are talking on the phone with Daniele planning a trip through Italy. He is asking you what time the trains leave for the following cities. Answer his questions, according to the audio and written cues. You will hear each question twice. Repeat the response.

ESEMPIO: *You hear:*   A che ora parte il treno per Venezia?
          You say: Alle 8.00.

PARTENZE			
07.35	Pisa	13.20	Firenze
08.00	Venezia	16.05	Palermo
10.40	Milano	17.10	Bologna
11.15	Napoli	21.43	Torino

Pronuncia

Intonazione   Intonation

 Intonazione.

In Italian the same sentence can be a statement of fact (**un'affermazione**), a question (**una domanda**), or an exclamation of surprise, shock, astonishment, or marvel (**un'esclamazione**). There is no equivalent to the English *do/does* when forming questions. In spoken Italian, rising intonation indicates a question. Listen to the following examples:

Sono le nove. (affermazione)
Sono le nove! (esclamazione)
Sono le nove? ↗ (domanda)

🎧 **Ascolta: l'intonazione.** You will hear a series of sentences. Decide if each one is un'affermazione, una domanda, or un'esclamazione. After a brief pause, you will hear the correct answer.

	un'affermazione	una domanda	un'esclamazione
1.	☐	☐	☐
2.	☐	☐	☐
3.	☐	☐	☐
4.	☐	☐	☐
5.	☐	☐	☐
6.	☐	☐	☐
7.	☐	☐	☐
8.	☐	☐	☐

Lessico

Che fai di bello?   Talking about your daily activities

A. Che faccio? Match each statement in Column A with its logical completion in Column B.

A	**B**
1. Stasera sono stanco, quindi (*therefore*) _____.	a. ascolto la sua musica
2. Studio molto perché _____.	b. prendo un caffè
3. Mi piace andare al cinema, ma _____.	c. ballo tutta la sera
4. Quando vado in discoteca _____.	d. lavo i piatti
5. Oggi pulisco la casa e _____.	e. non mi piacciono i film di Al Pacino
6. Mi piace Andrea Bocelli e spesso _____.	f. non esco
7. Suono il pianoforte e _____.	g. ascolto spesso Beethoven
8. Ogni volta che vado al bar, _____.	h. frequento l'università

🎧 **B. Gli amici di Salvatore.** Listen as Salvatore's friends describe themselves. Then, choose the *two* statements that each person would likely make about his/her lifestyle. You will hear each description twice.

1. a. Ascolto Miles Davis e Chopin.
   b. Non ho un cane.
   c. Vado sempre in discoteca.
   d. Vado spesso al cinema.

2. a. Sono una studentessa.
   b. Guardo molti film.
   c. Mi piace fare shopping.
   d. La domenica mangio la pizza.

3. a. Non studio molto.
   b. Mi piace guardare la TV.
   c. Ho due cani.
   d. Non vado a dormire molto tardi.

C. Il verbo nascosto (hidden). Write the answer to each of the following questions. When you have finished, the letters in the squares will form the verb missing from Laura's statement.

Qual è...

1. il giorno dopo (*after*) domenica? ⬜ __ __ __ __ __

2. il giorno prima (*before*) di lunedì? __ __ __ __ __ __ __ ⬜

3. il giorno prima di sabato? ⬜ __ __ __ __ __ __

4. il giorno del Ringraziamento (*Thanksgiving*)? __ __ ⬜ __ __ __ __ __

5. il giorno prima di mercoledì? __ __ ⬜ __ __ __ __ __

6. il giorno dopo venerdì? __ __ __ __ __ ⬜

    LAURA: Oh no!!! Questo sabato sera vorrei (*I would like*) andare a ballare con i miei amici, ma
    __ __ __ __ __ __!

D. La settimana di Salvatore.

Parte prima. Listen as Salvatore describes his week. Complete his agenda with the missing information. You will hear the passage twice.

	lunedì	martedì	mercoledì	giovedì	venerdì
9.00			università		
11.00			↓		
13.00	pranzo	pranzo	pranzo	pranzo	pranzo
15.00		lezione di chitarra	biblioteca		
17.00					uscire con Sandro
19.00					
21.00					

▶ *Check your answers to the* **Parte prima** *in the Answer Key at the back of the workbook before doing the* **Parte seconda.**

Parte seconda. Now, listen to Salvatore again and decide if his statements are **vero** or **falso** according to his agenda. Each statement will be read twice.

      vero   falso

1. ⬜ ⬜
2. ⬜ ⬜
3. ⬜ ⬜
4. ⬜ ⬜
5. ⬜ ⬜
6. ⬜ ⬜
7. ⬜ ⬜

E. La vita di Luisa.

Parte prima. Complete the paragraph using each of the following verbs. Each verb is used once.

ballo	faccio	frequento	gioco	guardo
lavoro	leggo	prendo	studio	suono

Ciao, sono Luisa. Sono una ragazza italiana e _____[1] medicina all'Università di Milano. Studio molto perché l'università è difficile, ma faccio anche molte altre cose durante la settimana. Il lunedì e il mercoledì _____[2] le lezioni di medicina tutta la mattina. La sera alle otto _____[3] a carte con le mie amiche e poi _____[4] la TV per due ore. Il martedì studio tutto il giorno, _____[5] molti libri, lavo i vestiti e non ho tempo per uscire. Il mercoledì e il giovedì _____[6] in un negozio (*store*) del centro dalle due alle sette, perché ho bisogno di soldi per l'università. Per andare al lavoro _____[7] sempre l'autobus. Il venerdì studio tutta la mattina, ma la sera esco con le mie amiche Anna e Sofia e _____[8] in discoteca tutta la sera. Mi piace molto andare a ballare con loro: sono simpatiche e divertenti. Il sabato _____[9] la chitarra con gli amici, a casa mia o a casa di uno di loro e la domenica _____[10] sempre colazione a casa dei miei genitori.

▶ *Check your answers to the* **Parte prima** *in the* Answer Key *at the back of the workbook before doing the* **Parte seconda.**

Parte seconda. You will hear Luisa make a series of statements about her life. Listen to each pair of statements and decide which one is true based on what you know about her from the **Parte prima.** You will hear each statement twice.

1. ____ 2. ____ 3. ____ 4. ____ 5. ____ 6. ____ 7. ____

F. Le attività di Marco. Marco is away at college and is writing an e-mail to his parents explaining what he does in a typical day. Look at the illustrations and write the activities he is thinking of.

ESEMPIO: Studio italiano.

1. _____ .
2. _____ .
3. _____ .
4. _____ .
5. _____ .

Strutture

3.1 Mi piace studiare l'italiano!   The infinitive of the verb

A. Che verbo è? Listen to the following verbs in the **io** form and say the corresponding infinitive. You will hear each verb twice. Repeat the response.

ESEMPIO: *You hear:*   parlo
            You say: parlare

1. ...   2. ...   3. ...   4. ...   5. ...   6. ...   7. ...   8. ...

B. Non mi va. Read the following sentences and match each statement in Column A with the appropriate response in Column B. The first one is done for you.

A	B
1. __d__ Ho molte bottiglie di coca-cola.	a. Mi va di mangiare un panino.
2. _____ Ho un album di Pavarotti.	b. Non mi va di lavare la macchina.
3. _____ Non ho soldi (*money*)!	c. Non mi va di pulire.
4. _____ Sono una brava studentessa.	d. Mi piacciono le bibite gassate (*carbonated*).
5. _____ La casa è in disordine (*a mess*)!	e. Non mi piace lavorare.
6. _____ La mia macchina è sporca (*dirty*)!	f. Mi piace ascoltare la musica.
7. _____ Ho molta fame!	g. Mi piace studiare.

C. Esco stasera. Paolo has made plans for this evening with his friend Emiliano, but when Paolo tells his mother what he is doing he doesn't tell the whole truth. Listen to Paolo and Emiliano's conversation, then read the following statements that Paolo makes to his mother. Decide if each statement is **vero** or **falso** based on their conversation. You will hear the conversation twice.

	vero	falso
1. Vado a ballare con Emiliano, Cinzia e Alice.	☐	☐
2. Prima bevo qualcosa al bar.	☐	☐
3. Vado in autobus.	☐	☐
4. Mangio una pizza con Emiliano.	☐	☐
5. Arrivo da Emiliano (*Emiliano's house*) alle 9.30.	☐	☐

D. Che cosa ti piace fare? Complete the sentences with one of the following infinitives.

ballare	giocare	leggere	mangiare	studiare

ESEMPIO: Sono pigro e sempre stanco. Mi piace ___dormire___.

1. Ho molti libri di Stephen King. Mi piace _____.

2. Ho sempre fame. Mi piace _____.

3. Il sabato sera vado sempre in discoteca. Mi piace _____.

4. Sono uno studente serio e ho molti corsi difficili. Mi piace _____.

5. Sono sportivo. Mi piace _____ a calcio.

3.2 Studio l'italiano   The present indicative of regular verbs

A. I verbi regolari.

Parte prima. Write the missing meanings of the verbs, then complete the chart.

	guardare _____	**suonare** _____	**chiudere** _____	**scrivere** _____	**aprire** *to open*
io	guardo				apro
tu			chiudi		
lui, lei; Lei					
noi		suoniamo		scriviamo	
voi					
loro					

Parte seconda. Italian verb conjugations have a particular stress pattern: the stress shifts from the root of the verb to the ending (**desinenza**) in the **noi** and **voi** forms. Students typically have trouble with the **loro** form, where the stress pattern is just like the **io, tu** and **lui/lei** forms. Listen to the pronunciation of the conjugation of the following verbs; the stressed vowels are underlined.

	abitare *(to live)*	**prendere**	**aprire**
io	abito	prendo	apro
tu	abiti	prendi	apri
lui, lei; Lei	abita	prende	apre
noi	abitiamo	prendiamo	apriamo
voi	abitate	prendete	aprite
loro	abitano	prendono	aprono

Parte terza. Write the subject pronoun that accompanies each verb form. Say each of the forms (subject and verb) yourself, then listen to verify your pronunciation.

1. _____ abitano
2. _____ parliamo
3. _____ dormono
4. _____ chiude
5. _____ scrivete
6. _____ dimentico
7. _____ servi
8. _____ studia
9. _____ prendono

B. Chi fa che cosa? Match the following statements with the appropriate subject pronouns. The first one is done for you.

a. Tu e Fabrizio   b. Monica   c. Luca e Angela   d. Io e Martina   e. Tu

1. _b_ legge un libro interessante.
2. ____ ascoltano la musica in macchina.
3. ____ pranzi a casa di Francesca.
4. ____ siamo stanchi e stressati.
5. ____ oggi giocate a tennis?
6. ____ dormono spesso fino a mezzogiorno.
7. ____ ha un amico spagnolo.
8. ____ torniamo a casa presto.

C. Che cosa gli piace fare? Paolo, Laura, Giacomo, Mario, and Francesca like what they do. Answer the questions about them, using either **gli piace** or **le piace.** Each question will be read twice. Repeat the response.

ESEMPIO: *You hear:*   Paolo guarda spesso il calcio alla televisione?
            You say: Sì, gli piace guardare il calcio alla televisione.

1. ...   2. ...   3. ...   4. ...   5. ...

D. La giornata di Eleonora.

Parte prima. Complete the following paragraph by inserting the appropriate verb endings.

ESEMPIO: Franco lavora al bar ogni weekend.

Ogni giorno Eleonora frequent_____[1] le lezioni all'università dalle otto e mezzo di

mattina fino alle tre e mezzo del pomeriggio. Alle otto prend_____[2] un cappuccino

e una brioche al bar, dove legge (*she reads*) il giornale. Eleonora studi_____[3] molto e,

quando è a lezione, ascolt_____[4] sempre con attenzione i professori. A mezzogiorno

pranz_____[5] alla mensa con i compagni e parl_____[6] con loro delle

lezioni. Dopo pranzo Eleonora e i compagni studi_____[7] in biblioteca per un'ora e poi

hanno un'altra lezione dalle due fino alle tre e mezzo. Eleonora torn_____[8] a casa

stanca: guard_____[9] un po' la televisione e dorm_____[10] per mezz'ora.

La sera Eleonora e gli amici non mangiano alla mensa: preferiscono mangiare insieme (*together*) al

ristorante.

▶ *Check your answers to the* **Parte prima** *in the* Answer Key *at the back of the workbook before doing the* **Parte seconda.**

Parte seconda. You will now hear a series of statements about Eleonora's day. Decide if the statements are **vero** or **falso** based on the information given in the **Parte prima.** Each statement will be read twice.

	vero	falso
1.	☐	☐
2.	☐	☐
3.	☐	☐
4.	☐	☐
5.	☐	☐

E. Che cosa fanno Gianni e Massimo oggi?

Parte prima. What are Gianni and Massimo doing today? Listen to the passage and number the activities in the order that you hear them. You will hear the passage twice. The first one is done for you. **Attenzione!** Read all the options before listening to the passage.

_____ lavare i piatti   _____ tornare al bar   _____ leggere il giornale

_____ mangiare   _____ ballare in discoteca   ___1___ lavorare al bar

_____ tornare a casa   _____ dormire per due ore   _____ guardare il calcio alla TV

Parte seconda. Now, listen to the passage again and write the answers to the following questions.

1. Dove pranzano Gianni e Massimo? _____

2. Che cosa leggono? _____

3. A che ora tornano al bar? _____

4. Perché dormono per due ore? _____

5. Con chi (*With whom*) vanno in discoteca la sera? _____

▶ *Check your answers to Activity E in the* Answer Key *at the back of the workbook.*

F. Cosa fate di bello oggi? What are you and your friends doing today? Complete the sentences below with your activities for each part of the day.

ESEMPIO: Di mattina... *frequentiamo la lezione di storia.*

Di mattina... _____

A mezzogiorno... _____

La sera... _____

3.3 Capisco l'italiano   Verbs with spelling and/or pronunciation changes

A. I verbi. Write the missing translations of the verbs, then complete the chart.

	spedire _____	dormire _____	scaricare _____	spiegare _____	iniziare *to begin*
io	spedisco				
tu					
lui, lei; Lei			scarica		
noi					
voi					iniziate
loro				spiegano	

B. La pronuncia.

Parte prima. Listen carefully and select the word you hear. You will hear each word twice.

1. a. cerco   b. cerchio
2. a. leggo   b. leggio
3. a. agi   b. aghi
4. a. pratici   b. pratichi
5. a. pregi   b. preghi

Parte seconda. Listen and write the ending of each verb you hear. You will hear each verb twice.

1. scaric_____
2. capi_____
3. legg_____
4. mang_____

5. pag_____
6. cerc_____
7. fini_____
8. stud_____

▶ *Check the answers to this activity in the* Answer Key *at the back of the workbook.*

C. È brava Sabrina? Listen to seven statements that describe Sabrina's experiences at school. Put a ✓ beside the courses in which she probably excels. You will hear each statement twice.

_____ le scienze

_____ la storia italiana

_____ la danza

_____ la letteratura

_____ la matematica

D. Cosa facciamo? (*What do we do?*)

Parte prima. Complete each statement with the **noi** form of the verb in parentheses.

1. _____ (giocare) a calcio.
2. _____ (prendere) il sole.
3. _____ (scaricare) informazioni da Internet.
4. _____ (pulire) tutta la casa.
5. _____ (studiare) in biblioteca fino a tardi.
6. _____ (prendere) un caffè.

Parte seconda. Now match the answers from the **Parte prima** with the appropriate questions in the **Parte seconda**. Write the number of the answer next to the question.

1. Cosa fate (*do you do*) prima di un esame di chimica? _____
2. Cosa fate al bar? _____
3. Che attività fisica fate? _____
4. Cosa fate al mare? _____
5. Come fate prima di organizzare una festa con gli amici? _____
6. Cosa fate prima di scrivere un tema per il corso di storia? _____

E. Le preferenze.

Parte prima. Put a ✓ beside all the verbs that are conjugated like **spedire**.

1. _____ dormire
2. _____ chiudere
3. _____ preferire
4. _____ arrivare

5. _____ aprire
6. _____ servire
7. _____ pulire
8. _____ finire

Parte seconda. Decide what these people would prefer to do in the following situations. Use the correct form of **preferire,** a verb from A, and an element from B.

	A		B
	andare		alla mensa
guardare		pranzare	a letto presto	con i miei amici
prendere		spedire	il basket	il sassofono
suonare		uscire	un caffè	un'e-mail

ESEMPIO: A Sergio piace molto guardare il calcio ma non gli piace il basket. Marianna,

invece, ___*preferisce guardare il basket*___ .

1. Ad Antonella piace scrivere lettere lunghe e dettagliate (*detailed*). Mara, invece,...

     _____ .

2. Stasera i nostri amici pensano di uscire e fare le ore piccole. Noi, invece,...

     _____ .

3. A Giancarlo piace stare a casa il venerdì sera. Io, invece,...

     _____ .

4. A me piace molto il violino. Tu, invece,...

     _____ .

5. A me e Mohamed piace pranzare a casa. Voi, invece,...

     _____ .

F. Tocca a te!

Parte prima. Write questions using the **tu** form of the verbs in parentheses.

1. (dimenticare) _____

2. (spedire) _____

3. (capire) _____

4. (pagare) _____

5. (giocare) _____

Parte seconda. Now, answer the questions you created in the **Parte prima.**

1. _____

2. _____

3. _____

4. _____

5. _____

3.4 Dove vai? Irregular verbs

A. Che cosa fanno? You will hear a series of statements about what people enjoy doing on Saturdays. Choose the subject pronoun that corresponds to each statement. You will hear each statement twice.

ESEMPIO: *You hear:* Faccio sport con i miei amici.
You check: ☑ io

	io	tu	lei / lui	noi	voi	loro
1.	☐	☐	☐	☐	☐	☐
2.	☐	☐	☐	☐	☐	☐
3.	☐	☐	☐	☐	☐	☐
4.	☐	☐	☐	☐	☐	☐
5.	☐	☐	☐	☐	☐	☐
6.	☐	☐	☐	☐	☐	☐
7.	☐	☐	☐	☐	☐	☐
8.	☐	☐	☐	☐	☐	☐

B. Dove andiamo? Answer the questions using the verb **andare** and one of the following places. **Attenzione!** Some questions have more than one possible answer.

a casa   al bar   al cinema   alla mensa   all'università   in pizzeria

ESEMPIO: FILIPPO: Dove vai a studiare?
LUIGI: *Vado in biblioteca* .

1. ELISABETTA: Dove andiamo a fare colazione?

   MARILENA: _____

2. SARA: Dove andate questa sera?

   GIULIANO E MARINO: _____

3. TOMMASO: Dove va Silvia a mangiare?

   MARCO: _____

4. FRANCESCO: Dove vai a dormire?

   GIULIO: _____

5. GIORGIA: Dove andate a mangiare la pizza?

   ALESSIO E GESSICA: _____

6. PIERO: Dove andiamo a studiare oggi?

   GIANNI: _____

C. Le espressioni con _fare_. Look at the following illustrations and complete the sentences with an idiomatic expression with **fare**.

1.

Che tempo fa? Fa _____.

Laura fa _____ al parco con la sua

amica Cinzia.

Francesco fa _____.

2.

Fa molto _____ in palestra (_gym_).

Mara e Elisabetta fanno _____.

3.

Le studentesse fanno _____ e lo

studente fa _____.

4.

Sono stanchissima e mi fanno male

_____ e _____!

D. La nostra giornata.

Parte prima. Marina is a university student and her roommate Stefania works at a clothing store. Complete the passage about their typical day with the appropriate forms of the following verbs. **Attenzione!** Some verbs may be used more than once.

andare	arrivare	avere	fare	lavorare	prendere	uscire

Ogni giorno io e Stefania _____[1] colazione a casa alle 7.15. Stefania

_____[2] di casa alle 7.45 perché _____[3] in un negozio (*store*). Io

_____[4] di casa alle 9.00 perché _____[5] una lezione all'università alle

9.30. Io arrivo presto a lezione; i miei compagni[a], invece, _____[6] sempre in ritardo

(*late*). Alle 11.00 c'è una pausa (*break*): io e i miei amici _____[7] al bar e

_____[8] un caffè, poi _____[9] lezione fino (*until*) all'una.

Stefania alle 10.30 fa una breve pausa e _____[10] al bar, dove _____[11]

un cappuccino. Alle 13.30 Stefania finisce di lavorare al negozio e noi due _____[12] a

casa a mangiare. La sera (noi) _____[13] con gli amici o guardiamo la TV a casa.

[a]i... *my classmates*

▶ *Check your answers to the* **Parte prima** *in the* Answer Key *at the back of the workbook before doing the* **Parte seconda.**

Parte seconda. Now, based on the information in the **Parte prima**, decide whether each statement refers to Marina, Stefania, or **tutte e due** (*both of them*).

		Marina	Stefania	tutte e due
1.	Fa colazione a casa.	☐	☐	☐
2.	Esce di casa alle 7.45.	☐	☐	☐
3.	Ha lezione alle 9.30	☐	☐	☐
4.	Alle 11.00 va al bar con i suoi amici.	☐	☐	☐
5.	Alle 10.30 prende un cappuccino al bar.	☐	☐	☐
6.	La sera esce con gli amici.	☐	☐	☐

E. A che ora... ? You will hear a series of questions. Answer each question with the time provided. You will hear each question twice. Repeat the response.

ESEMPIO: *You hear:* A che ora vai a scuola?
  You see: 8.30
  You say: Vado a scuola alle otto e mezzo.

1.	8.00	3.	11.35	5.	1.30
2.	7.45	4.	10.15	6.	4.10

F. Una famiglia impegnata.

Parte prima. You will hear five questions about the Moretti family. Answer each question based on the illustrations. Each question will be repeated twice. Repeat the response.

ESEMPIO: *You hear:* Chi fa una foto?
      You say: Paolo fa una foto.

1. ...   2. ...   3. ...   4. ...   5. ...

Parte seconda. Now, answer the following questions based on the illustrations in the **Parte prima.**

1. Chi guarda Marco e Filippo? _____

2. Che cosa mangia Argo? _____

3. Che cosa fa il nonno? _____

G. Ti piace il weekend? Answer the following questions about your weekend activities. Use complete sentences.

1. Che cosa ti piace fare nel weekend?

 _____

2. Quando esci con i tuoi amici, dove andate di solito (*usually*)?

 _____

3. Cosa fate tu e i tuoi amici quando fa brutto tempo?

 _____

4. Studi nel weekend? Quando?

 _____

5. A che ora vai a letto nel weekend?

 _____

Ascoltiamo!

L'orario degli italiani

🎧 **A. Cosa fa?** Listen to Paolo's description of his typical workday. For each of the following statements, check **vero** if the activity is part of Paolo's day, or **falso** if it is not. You will hear the passage twice.

ESEMPIO: *You hear:* Mangia con la famiglia.
You check: ☑ **vero**   ☐ **falso**

		vero	falso
1.	Va a lavorare presto la mattina.	☐	☐
2.	Prende un caffè la mattina.	☐	☐
3.	Mangia a casa a mezzogiorno.	☐	☐
4.	Prende un caffè nel pomeriggio.	☐	☐
5.	Torna a casa alle 21.00.	☐	☐

🎧 **B. L'orario tipico: italiano o americano?** Robert, an American from New York, is visiting his Uncle Marco in Rome. You will hear five statements describing typical American or Italian daily activities. Each statement will be repeated twice. Decide whether the statement refers to what Robert does in the United States or if it refers to what **zio Marco** does in Italy.

	Robert	zio Marco
1.	☐	☐
2.	☐	☐
3.	☐	☐
4.	☐	☐
5.	☐	☐

C. L'orario italiano. How much do you remember about the typical Italian workday from the **Ascoltiamo!** presentation? Based on what you learned in class, choose the correct completion for the following sentences.

1. Gli italiani vanno al bar per uno spuntino _____.
   a. alle 11.00 e alle 17.00
   b. alle 10.00 e alle 18.00

2. La mattina molti negozi aprono _____.
   a. alle 8.30
   b. alle 11.30

3. Molti italiani cenano alle _____.
   a. 18.00
   b. 20.00

4. Gli italiani del Sud mangiano _____ degli italiani del Nord.
   a. più tardi
   b. prima

Leggiamo!

A. Prima di leggere. Look at the title and illustration and answer the following question. The idiomatic expression *schiacciare un pisolino* has a meaning similar to the word *riposo* which appears in the reading. From looking at the picture, can you guess the meaning of these two terms?

a.   look at a map
b.   eat a snack
c.   take a nap

B. Vero o falso? Read the text and look at the map of Italy to decide if the following sentences are **vero** or **falso**.

	vero	falso
1. More than half of Italians take a nap.	☐	☐
2. Italians usually nap in the afternoon.	☐	☐
3. Most Italians who nap do so once or twice a week.	☐	☐
4. People in Northern Italy nap more than in Southern Italy.	☐	☐

C. Parole nuove. Now, scan the text again and see if you can find the Italian equivalents of the following words.

1.   distribution   _____

2.   percentage   _____

3.   week   _____

4.   rest   _____

Lettura

Ti piace schiacciare un pisolino?

Sicilia contro Lombardia: l'Italia della pennichella[1]

Circa il **34%** degli italiani, quotidiana-mente[2] (**14,6%**) o qualche volta alla settimana[3] (**19,4%**) dedica le prime ore del pomeriggio al riposo.

I confini invisibili

Chi schiaccia un pisolino

Nel disegno,[4] la distribuzione percentuale degli italiani dediti[5] al "pisolino".

[1]*borders* [2]*nap* [3]*daily* [4]qualche... *a few times a week* [5]*drawing* [6]*devoted*

◑ In Italia, Culture a confronto, Un po' di cultura e Regioni d'Italia

Using the information from the **In Italia** feature in the book and from the activities marked with the ◑, decide whether the following statements are **vero** or **falso**. If the statement is false, change the word in bold to make it true.

		vero	falso
1.	In Italia, per gli orari dei treni, i programmi TV e gli orari dei negozi si usano i numeri da 0 a **24.**	☐	☐
	_____		
2.	L'orario di 24 ore si chiama **militare.**	☐	☐
	_____		
3.	Gli studenti italiani usano lo smartphone soprattutto per **scrivere.**	☐	☐
	_____		
4.	In Italia ci sono **88** milioni di cellulari su 60 milioni di abitanti.	☐	☐
	_____		
5.	In Italia è **proibito** (*forbidden*) usare il cellulare durante gli esami ufficiali.	☐	☐
	_____		

Scriviamo!
Strategie di scrittura

Brainstorming. Brainstorming is a widely used tool to stimulate creative thinking. The primary "rule" for brainstorming is that all ideas are welcome; this is not the time for negative judgments! For this activity, use a separate sheet of paper and begin your brainstorming session by listing activities that might appeal to each of three personality types: **un secchione / una secchiona, uno sportivo / una sportiva, un pigrone / una pigrona** (*couch potato*). To get started, think of people you know (actors, politicians, musicians, TV characters, or your friends). Use vocabulary from the **Capitolo 3** vocabulary list in the textbook as a point of departure. Next, for each personality type, draw a horizontal line to create a timeline with **mattina** to the far left, **pomeriggio** in the middle, and **sera** to the far right. Distribute each person's activities as evenly as possible across each timeline. Finally, select your favorite among these personality types and use this information in the following activity. Be prepared to hand in your brainstorming activity.

Genere: Narrating a daily schedule

Tema: On a separate sheet of paper, describe the typical weekday and weekend of your favorite person from your brainstorming session, who belongs to one of the personality types listed above. Organize relevant supporting details into two paragraphs, as follows:

1. Introduce your favorite person by giving his/her first name and his/her personality type. Then describe his/her personality and general lifestyle: **Il mio amico (La mia amica) si chiama... . Studia giorno e notte: è un secchione (una secchiona).**

2. Now describe one or two activities your person typically does on a weekday morning, afternoon, and evening, in that order. Then add several weekend activities that he/she enjoys. Elaborate on your description by including specific times of day (e.g., **Alle nove di mattina...**) and weather expressions (**Quando fa caldo...**). End your paragraph by mentioning one to two activities that this person does *not* enjoy.

When you have finished your description, check your work by using the **Facciamo la verifica!** checklist.

Facciamo la verifica!

I have used:

☐ the **Strategia di scrittura** for this activity;

☐ relevant vocabulary and expressions from **Capitoli 1, 2,** and **3** of the textbook.

I have proofread my writing and checked:

☐ for spelling errors, including apostrophes and accent marks;

☐ that I have used time and weather expressions correctly;

☐ that the endings for regular **-are, -ere,** and **-ire** verbs are correct;

☐ that the forms for irregular verbs are correct;

☐ that I used **gli piace** or **le piace** correctly;

☐ that all adjectives agree in gender and number with the nouns that they modify;

☐ that I have described my favorite person in such a way that the reader will be able to easily figure out why I characterized him/her as this personality type.

Che bella famiglia!

Strategie di comunicazione

A. Ripasso. You have been invited to a party by one of your Italian friends. In order to meet people, you need to ask questions. Complete each mini-dialogue with the appropriate question from the list below.

Come stai?   **Come ti chiami?**   **Che cosa fai?**   **Di dove sei?**   **Quanti anni hai?**

1. —Ciao, _____

   —Non c'è male, grazie.

2. —_____

   —Gianpiero.

3. —_____

   —Di Rimini, vicino a Bologna.

4. —_____

   —Ventuno.

5. —_____

   —Studio l'italiano.

B. Che bello! Comment on situations and things you like and don't like. Match each item from Column A with one of the expressions with **che** in Column B. **Attenzione!** Adjectives must agree with the noun.

A	B
1. _____ un documentario lungo e noioso	a. Che divertenti!
2. _____ la casa è molto sporca (*dirty*)	b. Che buoni!
3. _____ i gelati del Bar Vivoli a Firenze	c. Che mattone!
4. _____ i film di Roberto Benigni	d. Che città meravigliosa!
5. _____ Roma	e. Che schifo!

C. Domande. You will hear a series of four statements. Each one will be read twice. The second time, write the letter of the statement that best matches each question.

1. _____ Che cosa fai?   3. _____ Chi è?

2. _____ Che tempo fa?   4. _____ Cos'è?

Pronuncia

La lettera c   Pronunciation of the letter c

La lettera c.

- Before **a, o,** and **u** the consonant **c** has a hard sound, as in *cup*.

- Before **e** or **i** the consonant *c* has a soft sound, as in *cheap*.

- The combination **ch** only appears before **e** or **i** and has a hard sound.

  Listen and repeat the following words. Note the difference between the hard and soft sounds.

Hard c:	casa	cantare	conto	culla	Cuba
Soft c:	ci	c'è	docente	cibo	Cina
Hard c:	che	chi	Chianti	maschi	chiodo

Dettato.

Parte prima.   You will hear each of the following words twice. Complete each word with **c** or **ch**.

1. Mar____ella   5. Mar____e

2. gio____i   6. ____ena

3. bar____a   7. for____etta

4. re____uperare   8. arriveder____i

Parte seconda.   Now write the words you hear. You will hear each word twice.

1. _____   4. _____   7. _____

2. _____   5. _____   8. _____

3. _____   6. _____   9. _____

▶ *Check your answers to this activity in the* Answer Key *at the back of the workbook.*

Lessico

Che bella famiglia! Talking about your family

A. I parenti. Match the family members in Column A with the corresponding definition in Column B.

	A		B
1.	___ il cugino	a.	la sorella della madre o del padre
2.	___ la zia	b.	è sposata (*married*) con il marito
3.	___ la moglie	c.	la madre della madre o del padre
4.	___ il nonno	d.	il marito della nonna
5.	___ lo zio	e.	il figlio di una sorella o di un fratello
6.	___ i nonni	f.	il fratello del padre o della madre
7.	___ la nonna	g.	il figlio di uno zio
8.	___ il nipote	h.	i genitori del padre o della madre

B. La famiglia di Dina. Look at the picture of Dina and her family and decide whether the statements that she makes are **vero** or **falso.**

(*continued*)

	vero	falso
1. Ho quattro figli.	☐	☐
2. Non ho un marito.	☐	☐
3. Non ho figlie.	☐	☐
4. I miei genitori non sono nella fotografia.	☐	☐
5. Non abbiamo animali.	☐	☐
6. Nella foto ci sono solo due fratelli.	☐	☐
7. La mia famiglia è formata da cinque persone.	☐	☐

C. La famiglia di Sandra. Complete the description of Sandra's family with the following words. Each word is used once.

| cugino | famiglia | figlia | figlio | genitori | marito | nipote | nipoti |

Ciao! Sono Sandra Martini. Sono insegnante d'italiano all'Università di Bologna. Mi piace insegnare italiano: è una bellissima lingua. Lavoro molto, ma mi piace anche passare (*pass*) tempo con la mia

_____¹.

Siamo in quattro: io, mio _____² Antonio, mio _____³ Giuliano e mia _____⁴ Patrizia. Io e Antonio siamo sposati (*married*) da quattro anni. Anche lui è insegnante come me: insegna inglese nella mia stessa (*same*) università.

Giuliano ha due anni ed è molto simpatico. Patrizia è più grande, ha tre anni. A loro piace giocare con il _____⁵ Massimiliano, il figlio di mia sorella Valentina.

Mio _____⁶ Massimiliano viene spesso (*often*) a casa nostra e qualche volta (*sometimes*) dorme da noi, soprattutto (*most of all*) durante il weekend.

I miei _____⁷ sono anziani, ma vengono spesso a trovarci (*visit us*) perché gli piace stare con i loro _____⁸: giocano con loro e fanno insieme lunghe passeggiate al parco.

D. L'albero genealogico (*family tree*) **di Martina.**

Parte prima. Listen to Martina describe her family and fill in the missing names in the family tree. You will hear the passage twice.

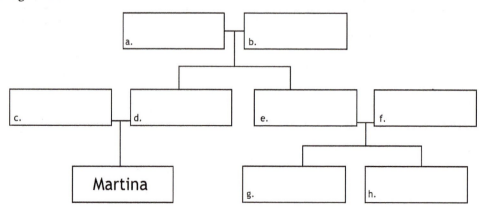

Parte seconda. Listen to Martina's description of her family again and choose the correct answer.

		a.	b.	c.
1.	Martina ha ____.	12 anni	14 anni	13 anni
2.	I suoi nonni abitano a ____.	Palermo	Termoli	Salerno
3.	Martina va a stare dai nonni ____.	ogni estate	ogni mese	questo mese
4.	Sua zia Giulia ha ____.	tre figlie	due figlie	due figli
5.	Le sue cugine sono più ____ di lei.	grandi	alte	piccole
6.	La madre di Martina insegna ____.	ingegneria	storia	italiano
7.	I suoi genitori ____ molto.	studiano	lavano	lavorano

E. La casa di Bianca.

Parte prima. Listen to Bianca describe the members of her family. Write the names of the four people in the house.

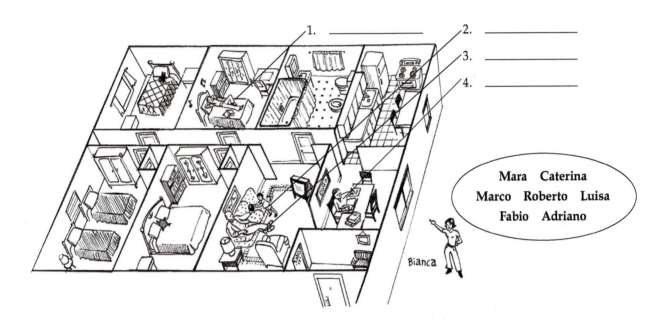

1. _____ 2. _____
3. _____
4. _____

Mara   Caterina
Marco   Roberto   Luisa
Fabio   Adriano

Bianca

Parte seconda. Listen to Bianca's description of her family again and fill in the missing information in the chart.

	Che cosa fa?	Quanti anni ha?
Mara		
Caterina		
Luisa		
Roberto		
Fabio		

F. Un incontro fra amici d'infanzia. Pino and Veronica are childhood friends but they have not seen each other for a long time. Listen to their conversation and then choose the correct response to each question. You will hear their conversation twice. **Attenzione!** Improve your comprehension by reading the questions before listening to the conversation.

1. Dove abita Pino adesso?
   a. a Firenze
   b. a Napoli
   c. a Pisa

2. Chi è Gianni?
   a. un cugino di Pino
   b. il fratello di Pino
   c. il fratello di Veronica

3. Dove lavora Laura?
   a. in un negozio
   b. in un ufficio
   c. all'università

4. Secondo (*According to*) Veronica, perché Gianni non ha una ragazza?
   a. non vuole (*doesn't want*) una ragazza
   b. studia molto
   c. lavora molto

5. Adesso dove abita Gianni?
   a. con Veronica
   b. da solo (*alone*)
   c. con gli amici

6. Quanti anni ha Gianni?
   a. 24
   b. 35
   c. 28

G. Tocca a te! Complete only the statements that pertain to your family.

1. Mia madre si chiama _____.

2. La mia mamma ha _____ anni.

3. Mia madre fa _____.

4. Mio padre si chiama _____.

5. Il mio papà ha _____ anni.

6. Mio nonno si chiama _____.

7. Mia nonna si chiama _____.

8. Mio fratello si chiama _____.

9. I miei fratelli si chiamano _____.

10. Mia sorella si chiama _____.

11. Le mie sorelle si chiamano _____.

12. Il mio cane si chiama _____.

13. Il mio gatto si chiama _____.

Strutture

4.1 Com'è tua madre? Possessives with family members

A. Come si dice? Complete each phrase with the appropriate definite article, if necessary.

1. _____ mia figlia
2. _____ nostra famiglia
3. _____ vostri parenti
4. _____ tuo cugino
5. _____ loro amiche
6. _____ tua macchina
7. _____ suo nonno
8. _____ miei occhiali
9. _____ loro zie
10. _____ mia madre

B. La famiglia di Alessandra.

Parte prima. Alessandra is describing her family. Complete her description with the correct form of the possessive adjective (**mio, mia, miei, mie**) and the definite article, when necessary.

_____[1] famiglia è molto numerosa (*big*). _____[2] genitori si chiamano Giuliano e Giuseppina. Ho un fratello e due sorelle. _____[3] padre è architetto e ha 52 anni; _____[4] mamma è casalinga e ha 50 anni. _____[5] fratello si chiama Gianluca, ha 17 anni e studia al liceo (*high school*). _____[6] sorelle si chiamano Simona e Fabiana, e hanno tutte e due 8 anni perché sono gemelle. Io ho 21 anni e studio medicina all'università. _____[7] nonni abitano con noi e non lavorano perché sono in pensione (*retired*). _____[8] cane si chiama Max ed è molto pigro ma bravo. Zio Franco e zia Gianna abitano vicino a (*nearby*) noi e hanno una figlia che si chiama Isabella. La domenica mangiamo sempre a casa loro perché zia Gianna cucina molto bene!

▶ *Check your answers to the* **Parte prima** *in the* Answer Key *at the back of the workbook before doing the* **Parte seconda.**

Parte seconda. Now reread the passage from the **Parte prima** and decide whether the statements about Alessandra are **vero** or **falso.**

	vero	falso
1. La madre di Alessandra ha 52 anni.	☐	☐
2. Alessandra ha due sorelle e un fratello.	☐	☐
3. Le sue sorelle studiano al liceo.	☐	☐
4. Suo nonno lavora e sua nonna è in pensione.	☐	☐
5. Il cane di Alessandra si chiama Max.	☐	☐
6. Alessandra ha una cugina.	☐	☐

C. Le cose che faccio... Complete the statements with a possessive adjective and a definite article, if necessary, then decide if the statements are **vero** or **falso** according to your personal habits.

	vero	falso
ESEMPIO: Mangio spesso con __*la mia*__ famiglia.	☑	☐
1. Studio sempre con _____ amici.	☐	☐
2. Parlo spesso al telefono con _____ genitori.	☐	☐
3. Vado spesso a casa di _____ nonna.	☐	☐
4. Conosco bene _____ cugini.	☐	☐
5. Parlo molto con _____ fratello.	☐	☐
6. Prendo spesso il caffè con _____ professoressa d'italiano.	☐	☐

D. Quale possessivo? Complete each of the following statements with the appropriate possessive adjective and a definite article, if necessary.

1. Gianna ha due zie a Milano. _____ zie sono modelle (*models*); sono molto belle.

2. Ho una macchina piccola. _____ macchina è rossa e blu e va molto veloce.

3. Tu e Giulia avete un cugino italiano. _____ cugino abita a Napoli.

4. Io e Marcella abbiamo due figli gemelli. _____ figli hanno quattro anni.

5. Marco ha un gatto. _____ gatto è grasso e vecchio.

6. Tu sei sposato e hai un figlio. _____ moglie è professoressa all'università.

7. Io non conosco bene i miei parenti italiani. _____ nonno vive a Torino e ha settantacinque anni.

8. Fabrizio e Giada parlano italiano, francese e inglese. _____ figli parlano solo (*only*) italiano.

E. Com'è la sua famiglia? You will hear a series of statements about Gianni's family. Listen to each one, then choose the possessive adjective that best completes the statement. You will hear each statement twice. Repeat the response.

ESEMPIO: *You hear:* Gianni ha una sorella.
You see: _____ sorella è alta e bionda.
a. Mia   b. Sua   c. La loro

You choose: b. Sua
You say: Sua sorella è alta e bionda.

1. _____ fratello è pigro e tranquillo.
   a. Tuo   b. Vostro   c. Mio

2. _____ nonni sono anziani e allegri.
   a. I nostri   b. I loro   c. I miei

3. _____ cugino è magro e ha la carnagione chiara.
   a. Nostro   b. Tuo   c. Suo

4. _____ sorella è stressata e nervosa.
   a. La loro   b. Sua   c. Nostra

5. _____ zii sono impegnati e stressati.
   a. I vostri   b. I tuoi   c. I suoi

6. _____ genitori sono giovani e innamorati.
   a. I suoi   b. I vostri   c. I loro

F. La tua famiglia. You will hear a series of questions. Answer them according to how each person would be related to you. Use a possessive adjective in your answer. You will hear each question twice. After a brief pause, you will hear the correct answer.

> ESEMPIO: *You hear:*   Chi è la sorella di tua madre?
> *You say:*   È mia zia.
> *You hear:*   È mia zia.

1. ...   2. ...   3. ...   4. ...   5. ...   6. ...   7. ...

4.2 Quanti anni hai?   The interrogatives **quanto** (*how much*) and **quale** (*which*)

A. Qual è?

Parte prima. Choose the response in Column B that best corresponds to each question word in Column A.

	A		**B**
1.	____ Quando... ?	a.	Prendo un caffè.
2.	____ Con chi... ?	b.	€ 350.
3.	____ Perché... ?	c.	Esco con Mario e Matteo.
4.	____ Dove... ?	d.	Partiamo domani mattina alle 7.35.
5.	____ Che cosa... ?	e.	Preferisco i film di Fellini.
6.	____ Quali... ?	f.	Andiamo al cinema.
7.	____ Quanto... ?	g.	Studio italiano perché mi piace l'Italia.

▶ *Check your answers to the* **Parte prima** *in the* Answer Key *at the back of the workbook before doing the* **Parte seconda.**

Parte seconda. Now write the correct question for each answer in the **Parte prima.** The first one has been done for you.

1. *Quando partite? (d. Partiamo domani mattina alle 7.35.)* _____

2. _____

3. _____

4. _____

5. _____

6. _____

7. _____

B. Qual è la parola giusta? Choose the interrogative expression that best completes each of the following questions.

1. <u>Dove / Quanto</u> andiamo a mangiare, al ristorante o in pizzeria?
2. <u>Perché / Che cosa</u> facciamo stasera?
3. <u>Quando / Quale</u> arrivano Luca e Andrea?
4. <u>Con chi / Quanto</u> vai in montagna in agosto?
5. <u>Quanta / Quanti</u> pasta mangi?
6. <u>Quali / Quale</u> libro è più difficile, il libro d'italiano o il libro di chimica?
7. <u>Quante / Quanto</u> costa un appartamento a Milano?
8. <u>Qual è / Quale</u> il tuo animale preferito?

C. Qual è la risposta giusta? You will hear a series of questions. For each question, choose the best answer from the following list.

a. Psicologia, matematica e italiano.   d. Sette.

b. Dodici.   e. Il rosso.

c. € 20.000.   f. I ravioli.

1. _____   2. _____   3. _____   4. _____   5. _____   6. _____

D. Le domande.

Parte prima. Complete each of the following questions with the appropriate form of **quanto** or **quale.**

1. _____ materia preferisci, la storia o la matematica?

2. _____ costa un viaggio (*trip*) in Italia?

3. _____ sorelle ha tua madre?

4. _____ programma preferisci alla TV?

5. _____ studenti ci sono nella (*in*) tua classe d'italiano?

6. _____ giornale leggi, *USA Today* o *The New York Times*?

7. _____ libri hai nello zaino? È pesante (*heavy*)!

8. _____ è il tuo film preferito?

▶ *Check your answers to the* **Parte prima** *in the* Answer Key *at the back of the workbook before doing the* **Parte seconda.**

Parte seconda. Now, listen to each question and give your own answer.

1. . . .   2. . . .   3. . . .   4. . . .   5. . . .   6. . . .   7. . . .   8. . . .

E. Un nuovo semestre.

Parte prima. Listen to Gabriella and Elena as they talk about their new semester at the university. Complete their conversation with the appropriate interrogative expressions. You will hear their conversation twice.

GABRIELLA: Allora Elena, _____¹ corsi segui questo semestre?

ELENA: Seguo filosofia, storia dell'arte e letteratura inglese. E tu, _____² corsi segui?

GABRIELLA: Quattro e anch'io seguo storia dell'arte. _____³ hai lezione di arte?

ELENA: Alle 10.30.

GABRIELLA: In _____⁴ giorni?

ELENA: Il lunedì, il mercoledì e il giovedì.

GABRIELLA: _____⁵ è il tuo professore?

ELENA: Il professor Bianchi. Anche tu hai lo stesso professore?

GABRIELLA: Sì! Che bello!

▶ *Check your answers to this activity in the* Answer Key *at the back of the workbook.*

Parte seconda. Based on the conversation in the **Parte prima,** choose the best answer to each of the following questions.

1. Quanti corsi segue Elena questo semestre?
   a. tre   b. quattro   c. due

2. Quale corso hanno in comune (*in common*) le due ragazze?
   a. filosofia   b. storia dell'arte   c. letteratura inglese

3. Quanti giorni alla settimana hanno lezione insieme?
   a. due   b. cinque   c. tre

4. Quando hanno lezione insieme?
   a. di mattina   b. di pomeriggio   c. di sera

5. Com'è Gabriella alla fine (*end*) della conversazione?
   a. arrabbiata   b. contenta   c. nervosa

F. Scrivi la domanda! Formulate a question for each of the following answers.

1. _____

   —Andiamo al ristorante alle otto.

2. _____

   —Mia sorella abita a Milano.

3. _____

   —Usciamo con Teresa e Natalia.

4. _____

   —Ho cinque libri nello zaino.

(*continued*)

5. _____

—Vanno a studiare in biblioteca.

6. _____

—Il mio sport preferito è il calcio.

4.3 Sai sciare?   More irregular verbs

A. Tanti verbi irregolari!

Parte prima. Complete the following paragraph about Nicola and Gianpiero's family by choosing the appropriate verb for each sentence.

Nicola e Gianpiero <u>sono / fanno</u>[1] fratelli e amano[a] studiare. Il loro padre è medico[b] e la loro madre è casalinga. Il loro fratellino si chiama Gabriele, <u>ha / è</u>[2] sette anni e <u>sta / sa</u>[3] giocare bene a calcio, ma non è molto bravo a scuola. Ogni venerdì i loro genitori <u>danno / escono</u>[4] perché amano andare a teatro o al cinema. Il venerdì sera Nicola e Gianpiero <u>stanno / hanno</u>[5] a casa con Gabriele e <u>hanno / fanno</u>[6] i compiti insieme. La domenica i tre ragazzi <u>vanno / hanno</u>[7] a casa della nonna e la nonna <u>dà / fa</u>[8] un po' di[c] soldi ai suoi nipoti.

[a]*love* [b]*doctor* [c]*un... some*

▶ *Check your answers to the* **Parte prima** *in the* Answer Key *at the back of the workbook before doing the* **Parte seconda.**

Parte seconda. Now, based on the paragraph in the **Parte prima**, decide whether the following statements are **vero** or **falso.** If a statement is false, rewrite it.

		vero	falso
1.	Gabriele ama nuotare in piscina.	☐	☐
	_____		
2.	Ogni venerdì i genitori vanno al cinema o a teatro.	☐	☐
	_____		
3.	Il venerdì sera Nicola e Gianpiero escono con gli amici.	☐	☐
	_____		
4.	La domenica i ragazzi vanno a casa della nonna.	☐	☐
	_____		
5.	La nonna dà il gelato ai ragazzi.	☐	☐
	_____		

B. *Conoscere o sapere?* Choose the appropriate verb for each question, then answer each question.

1. Conosci / Sai bene Roma?

   _____

2. Conosci / Sai nuotare bene?

   _____

3. Tua madre conosce / sa i tuoi amici?

   _____

4. Conosci / Sai leggere il cinese (*Chinese*)?

   _____

5. Conosci / Sai chi è il presidente degli Stati Uniti?

   _____

6. Il tuo migliore amico (*best friend*) / La tua migliore amica conosce / sa i tuoi zii?

   _____

7. I tuoi nonni conoscono / sanno i Musei Vaticani (*Vatican Museums*)?

   _____

8. Conosci / Sai a che ora parte il treno per Milano?

   _____

C. Un weekend a Parigi. Complete the following paragraph about Mara and Patrizia's weekend in Paris with the appropriate forms of **conoscere** or **sapere**.

Questo weekend io e la mia amica Patrizia andiamo a Parigi. Patrizia _____[1] bene

la città perché sua madre è francese e a Parigi ha molti parenti. Io non _____[2] nessuno

(*anyone*) a Parigi e non _____[3] parlare francese, ma Patrizia _____[4]

parlare bene il francese e tutti i suoi parenti _____[5] l'italiano. Patrizia

_____[6] molti ragazzi carini e loro _____[7] dove sono tutte le discoteche

più (*most*) famose della città. Fortunatamente io _____[8] ballare bene!

D. Cosa facciamo oggi? You will hear a brief phone conversation between Alberto and Cristina. After their conversation you will hear a series of statements. Decide whether each statement is **vero** or **falso.** You will hear the conversation and the questions twice.

Vocabolario utile: la gelateria (*ice cream store*)

	vero	falso			vero	falso
1.	☐	☐	4.		☐	☐
2.	☐	☐	5.		☐	☐
3.	☐	☐	6.		☐	☐

E. Cosa sai fare?

Parte prima. You will hear a series of statements about Marcella's family and friends and their activities. Match each statement you hear with the corresponding illustration. You will hear each statement twice.

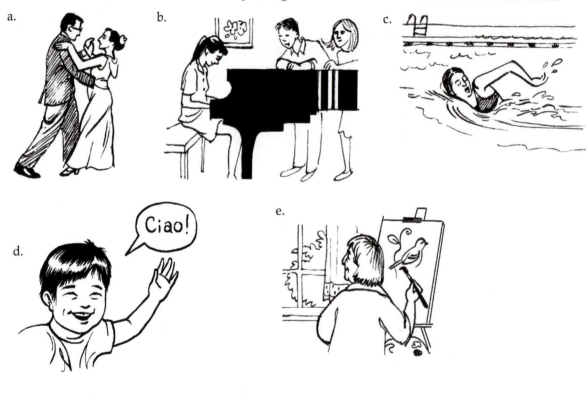

1. _____ 2. _____ 3. _____ 4. _____ 5. _____

Parte seconda. Now, listen again and write the sentence you hear for each illustration.

1. La nonna _____

2. Mio nipote _____

3. Io e mio marito _____

4. Gaia _____

5. (Io) _____

▶ *Check your answers to this activity in the* Answer Key *at the back of the workbook.*

4.4 L'italiano è più bello di... The comparative

A. Quale aggettivo? Complete each sentence with one of the following adjectives. **Attenzione!** Be sure to make the adjective agree with the subject! Use each adjective only once.

facile	forte	grande	lento	vecchio	veloce

1. Una villa è più _____ di un appartamento.

2. Una nonna è più _____ di una nipote.

3. Una tartaruga (*turtle*) è più _____ di un coniglio (*rabbit*).

4. Un caffè americano è meno _____ di un espresso.

5. Una macchina è più _____ di una bicicletta.

6. Un esame di calcolo (*calculus*) è meno _____ di un esame di algebra.

B. Più o meno? Compare each of the following, using **più** or **meno** and the adjective in parentheses.

ESEMPIO: una bambina di 5 anni / una donna di 35 anni (piccolo)
Una bambina di 5 anni _è più piccola di_ una donna di 35 anni.

1. un viaggio in Africa / un viaggio in Europa (esotico)

_____

2. un corso di francese / un corso di arabo (*Arabic*) (difficile)

_____

3. un padre / un figlio (vecchio)

_____

4. una festa / una lezione di matematica (divertente)

_____

5. un cane / un elefante (grande)

_____

6. un film comico / un documentario (noioso)

_____

7. due studentesse che non fanno i compiti / due studentesse che studiano molto (serio)

_____

C. Chi è più alto? Read the statements, then answer the question with a sentence comparing the two people mentioned.

ESEMPIO: Antonella lavora dieci ore al giorno. Fausto lavora cinque ore al giorno.
Chi è più stanco?

Antonella è più stanca di Fausto.

1. Elisa guarda la TV. Sandra gioca a tennis. Chi è più pigra, Elisa o Sandra?

_____

2. Gino ha 55 anni. Marco ha 33 anni. Chi è più giovane?

_____

3. Patrizia non lavora e segue un corso all'università. Anna Maria ha due lavori (*jobs*) e segue tre corsi all'università. Chi è più impegnata, Patrizia o Anna Maria?

_____

4. Michele è sempre nervoso e non dorme. Fabiana è tranquilla e dorme bene. Chi è meno stressato?

_____

5. Alberto arriva a scuola in dieci minuti. Guido arriva a scuola in quindici minuti. Chi è più lento?

_____

6. Valentina ha quattro figli. Silvia ha solo una figlia. Chi è più libera, Valentina o Silvia?

_____

7. Stefano sta sempre a casa. Beatrice va in palestra tutti i giorni. Chi è meno attivo?

_____

D. Chi è più... ? You will hear a series of statements comparing two people. Answer the question that follows each statement by choosing the appropriate name. Repeat the response.

ESEMPIO: *You see:* Diego   Marcello
You hear: Diego ascolta sempre i genitori, ma Marcello non ascolta mai i genitori. Chi è più disubbidiente (*disobedient*)?

You choose: Marcello
You say: Marcello è più disubbidiente di Diego.

1. Valeria   Stefania

2. Enrico   Mario

3. Carlo   Anna

4. Anna   Michele

5. Gessica   Valentina

6. Stefano   Antonio

E. Vediamo! Compare the person on the left in each illustration to the person on the right using the appropriate adjective from the list. After a brief pause, listen to verify your answer, then repeat it.

| allegro | alto ✓ | anziano | nervoso | stanco | veloce |

ESEMPIO:

Antonella   Maria

ESEMPIO: *You see:* Antonella e Maria
You hear: Antonella...
You say: Antonella è meno alta di Maria.

1.

Marcello   Pietro

2.

Vanessa   Luigi

3.

Gigi   Riccardo

4.

Susanna   Roberto

5.

Sofia   Amanda

Ascoltiamo!

La famiglia italiana oggi

A. Com'è la famiglia italiana? The following statements are based on information you learned from the **Ascoltiamo!** presentation about the Italian family. Decide if each statement is **vero** or **falso**.

		vero	falso
1.	La famiglia italiana moderna è piccola.	☐	☐
2.	Nelle famiglie italiane oggi ci sono pochi bambini.	☐	☐
3.	In genere gli immigrati hanno famiglie numerose.	☐	☐
4.	Poche donne italiane oggi lavorano fuori casa.	☐	☐

B. Una famiglia moderna o tradizionale? The following statements describe Italian families. Decide if the family being described is **moderna** or **tradizionale**.

		moderna	tradizionale
1.	Nella mia famiglia siamo in sei.	☐	☐
2.	Mia nonna abita con noi.	☐	☐
3.	Mio fratello abita lontano, a Milano.	☐	☐
4.	Io sono figlio unico.	☐	☐
5.	Mio padre è del Senegal e mia madre è di Milano.	☐	☐

C. Qual è la differenza? Listen to Maria's conversation with her American friend Barbara who is living in Italy. You will hear their conversation twice. The first time, just listen. The second time, complete the following sentences by writing **M** if the statement describes Maria's family or **B** if the statement describes Barbara's family.

1. _____ ha un fratello.

2. _____ non ha tanti parenti.

3. I genitori di _____ sono divorziati.

4. _____ ha molti cugini.

5. _____ è figlia unica.

Leggiamo!

⟳ Strategie di lettura

A. Recognizing cognates. In this **Leggiamo!** you will practice using all of the reading strategies you've encountered so far in order to learn about a family that played a significant role in Italy's cultural history, the Medici. Scan the first paragraph of the reading to find the **parole simili** for the following English phrases. Then, write the Italian equivalents of the italicized words.

1. *Florentine* family = famiglia _____

2. *financial* activities = attività _____

3. *merchants* = _____

4. *principal* European capitals = _____ capitali europee

B. False cognates. Here are some words that may look like **parole simili**, but in fact have a slightly different meaning. See if you can match them with their correct meanings.

1. _____ corte   a. work of art, literature (not operas)

2. _____ improvvisamente   b. old, ancient (but not antique)

3. _____ antica   c. royal court (not municipal court)

4. _____ opera   d. suddenly (not improvisationally)

Lettura

Read the following passage about the Medici family and complete the activities.

La famiglia de' Medici

La famiglia de' Medici è importantissima nella storia italiana del Rinascimento. È un'antica famiglia fiorentina, di origine popolare, che poi diventa ricca[1] grazie alle sue attività finanziarie. È una famiglia di mercanti e di uomini d'affari[2] che aprono banche in tutte le principali capitali europee.

    Lorenzo, nipote di Cosimo il Vecchio, con cui ha inizio la Signoria de' Medici,[3] nasce a Firenze nel 1449. Dopo la morte del padre, Piero il Gottoso,[4] a soli[5] vent'anni Lorenzo prende in mano[6] il governo della città.

    Lorenzo (il «Magnifico») è un astuto diplomatico e uomo politico. Favorisce le arti e dà un grande impulso alla vita culturale fiorentina. Invita alla sua corte artisti e filosofi ed è anche lui autore di numerose opere in poesia e in prosa.

    Lorenzo muore[7] improvvisamente nel 1492. Lascia un grande vuoto[8] nel mondo politico e artistico del Quattrocento.[9]

[1]che... *that then becomes rich*   [2]uomini... *businessmen*   [3]con... *with whom the de' Medici dynasty begins*   [4]il... *the Gouty, a nickname*
[5]a... *at only*   [6]prende... *takes over*   [7]*dies*   [8]Lascia... *He leaves a huge void*   [9]*1400s*

A. Skimming. Skim the reading to complete sentences 1 and 2 about the Medici family. Then, use what you've learned to complete sentences 3 and 4.

figlio   nipote   nonno   padre

1. Lorenzo è il _____ di Cosimo.

2. Lorenzo è il _____ di Piero.

3. Cosimo è il _____ di Lorenzo.

4. Cosimo è il _____ di Piero.

B. Scanning. Scan the reading to find the following dates, then choose the correct answer.

1. 1449 _____   a. Lorenzo nasce.   b. Inizia la Signoria de' Medici.

2. 1492 _____   a. Lorenzo invita molti artisti a corte.   b. Lorenzo muore.

C. Understanding cultural conventions. Write the following dates in Italian.

ESEMPIO: 2005 duemilacinque

1. 1449 _____

2. 1492 _____

D. Dopo la lettura. Based on the information presented in the reading, which of the following adjectives describe Lorenzo de' Medici? Choose up to five.

_____ attivo   _____ giovane   _____ lento

_____ creativo   _____ grande   _____ pigro

_____ debole   _____ intelligente   _____ ricco

◑ In Italia, Culture a confronto, Un po' di cultura e Regioni d'Italia

Using the information from the **In Italia** feature in the textbook and from the activities marked with the ◑, decide whether the following statements are **vero** or **falso**. If the statement is false, change the word in bold to make it true.

		vero	falso
1.	Molte grandi **imprese** (*businesses*) italiane sono controllate da famiglie.	☐	☐
	_____		
2.	La famiglia Benetton viene dal **Piemonte.**	☐	☐
	_____		
3.	Il «**mammismo**» è un rapporto molto forte ed esagerato tra madre e figlio.	☐	☐
	_____		
4.	Il **basket** è lo sport più popolare d'Italia.	☐	☐
	_____		
5.	Ogni città italiana—piccola o grande—ha almeno una squadra di **calcio.**	☐	☐
	_____		
6.	Ci sono più famiglie unipersonali nell'Italia **meridionale.**	☐	☐
	_____		

Scriviamo!

 Strategie di scrittura

Synthesis. In this activity you will be writing a letter to the host family that you will be staying with during an upcoming year abroad. This is your opportunity to reuse some of the writing strategies that are already familiar to you. You might, for example, use semantic mapping and brainstorming to create a list of questions on different topics to ask your host family or to describe each member of your own family in more detail for your host family. By drawing on the vocabulary and structures introduced thus far, you will also solidify your existing knowledge of Italian and avoid translating overly complex concepts from your native language. Be prepared to show evidence that you used at least two of the strategies you've learned so far; e.g., brainstorming notes or the semantic map.

Genere: Letter of introduction

Tema: Choose the city in Italy that you would most like to visit. Then, on a separate sheet of paper, write a letter to your host family, introducing yourself.

1. Open with **Buon giorno!** Say why you are excited about visiting Italy or the city where your host family lives (e.g., **Sono contento/a di venire in Italia (a Genova...) a passare l'anno da voi perché... . Che bel paese! / Che bella città!**).
2. Describe yourself and your family in detail, using vocabulary from **Capitoli 1** through **4**.
3. End your letter by asking your host family questions about their pets (**animali domestici**), their leisure activities, where they go on the weekend, and the weather.
4. Close with **Non vedo l'ora di arrivare a** (name of city). **A presto!** Then sign your letter.

When you have finished your description, check your work by using the **Facciamo la verifica!** checklist.

Facciamo la verifica!

I have used:

☐ the **Strategie di scrittura** introduced in **Capitoli 1, 2**, and **3**;

☐ relevant expressions and vocabulary from **Capitoli 1–4**.

I have proofread my writing and checked:

☐ for spelling errors, including apostrophes and accent marks;

☐ that each possessive adjective agrees in gender and number with the noun it precedes (e.g., **la mia famiglia**);

☐ that I have used the definite article with possessive adjectives except with singular, unmodified members of the family (e.g., **il mio amico**, but **mio padre**);

☐ for subject verb agreement with all verbs, and the correct forms of the irregular verbs **avere, essere, fare, dare, sapere, stare, dire, uscire**;

☐ that I have used the correct interrogative expressions: **chi, cosa, dove, quando, perché, quanto, quale**, and so on;

☐ that, after reading my letter, my host family will have learned a lot about why I'm interested in Italy and about my family, but also that I'm very interested in them.

A tavola!

Strategie di comunicazione

A. Grazie, ma non posso. Marco dice sempre di no agli inviti. Completa le frasi con l'espressione giusta. Usa ogni espressione *una sola volta*.

    a. Non posso b. Forse c. Devo d. Ho un impegno

    ESEMPIO: —Marco, ti va di andare al cinema oggi?

                —No grazie, oggi ___*non posso*___. Va bene domani?

1.   —Ciao, Marco! Ti piacerebbe mangiare un gelato più tardi?

     —_____ domani, non ho tempo oggi.

2.   —Buona sera, Marco! Ti va di fare una passeggiata adesso?

     —Adesso? _____ perché è pronta la cena.

3.   —Come stai, Marco? Ti va di ballare stasera?

     —Stasera non posso. _____ con mia nonna.

4.   —Caro Marco, ti piacerebbe prendere un caffè?

     —No, grazie. _____ fare i compiti.

B. *Ti piacerebbe o Le piacerebbe?* Scegli la persona giusta per le seguenti situazioni.

1.   Se dico: «Ti piacerebbe venire a casa mia?», parlo con _____.
    a.   la signora Rossi
    b.   un mio amico, Gianni
    c.   a o b

2.   Se dico: «Buon giorno, Le piacerebbe andare in montagna?», parlo con _____.
    a.   un ragazzo giovane
    b.   il signor Carli
    c.   a o b

3.   Se dico: «Ciao, Maria! Ti piacerebbe prendere un caffè?», parlo con _____.
    a.   un'amica
    b.   una professoressa
    c.   a o b

4.   Se dico: «Buona sera, Le piacerebbe prendere un gelato?», parlo con _____.
    a.   la signora Bianchi
    b.   il signor Bianchi
    c.   a o b

C. Ti piacerebbe... ? In base alla situazione, invita la tua amica a fare l'attività appropriata. Usa l'espressione **ti piacerebbe**. Dopo la pausa, ascolta e ripeti la risposta giusta.

ESEMPIO: *Vedi e senti:* —Ho sete.

Dici: —Ti piacerebbe andare al bar?

Senti e dici: —Ti piacerebbe andare al bar?

> ✓andare al bar   andare al mare   fare shopping in centro
>
> venire in biblioteca con me   prendere qualcosa da mangiare

1. _____ Ho fame.

2. _____ Ho bisogno di un vestito nuovo per il matrimonio.

3. _____ In città fa molto caldo.

4. _____ Devo studiare per un esame.

D. Ho un'idea! Ascolta le domande e scrivi la lettera della risposta giusta. Ogni domanda sarà ripetuta (*repeated*) due volte. **Attenzione!** Leggi tutte le risposte prima di ascoltare le domande. Usa ogni risposta *una sola volta*. Ci sono sei risposte; devi usarne solo cinque.

1. _____   a. Sì, certo! Andiamo al bar qui vicino?

2. _____   b. Grazie, ma stasera devo studiare.

3. _____   c. Come no?! Mi piace andare al cinema.

4. _____   d. Beh, non mi piace molto viaggiare.

5. _____   e. Sì, grazie. Mi piacerebbe molto. Ho solo un cane.

                 f. Sì, grazie. Non mi piace cucinare.

Pronuncia

La lettera *g*   Pronunciation of the letter *g*

 La lettera *g*.

- Before the vowels **a**, **o**, and **u** the consonant **g** has a hard sound, as in the word *game*.

- Before the vowels **e** or **i** the consonant **g** has a soft sound, like the first sound in the word *jelly*.

- The combination **gh** appears only before **e** or **i** and has a hard sound.

  Listen and repeat the following words. Note the difference between the hard and soft sounds.

hard **g:**	**pagare**	**prego**	**ragù**
soft **g:**	**gelato**	**vegetariano**	**cugini**
hard **gh:**	**spaghetti**	**sughi**	**paghi**

Dettato.

Parte prima. Completa le parole che senti con **g** o **gh**. Ogni parola sarà ripetuta due volte.

1. fa____iolini
5. ____iotto
9. ori____ine

2. man____iare
6. reg____iano
10. dipin____ere

3. parmi____iano
7. su____o

4. ve____etale
8. pa____iamo

Parte seconda. Adesso scrivi le parole che senti. Ogni parola sarà ripetuta due volte.

1. _____
5. _____
9. _____

2. _____
6. _____
10. _____

3. _____
7. _____

4. _____
8. _____

▶ *Check your answers to this activity in the* Answer Key *at the back of the workbook.*

Lessico

Tutti a tavola!   Restaurant terms and items on an Italian menu

A. Mangiamo! Abbina i cibi dell'insieme A alle categorie dell'insieme B.

	A		B
1.	____ il gelato	a.	antipasti
2.	____ l'insalata	b.	primi piatti
3.	____ il prosciutto	c.	secondi piatti
4.	____ gli spaghetti	d.	contorni
5.	____ la mozzarella	e.	formaggi
6.	____ il parmigiano	f.	dolci
7.	____ il tiramisù	g.	bevande
8.	____ il vitello		
9.	____ i tortellini		
10.	____ la birra		
11.	____ il pesce		
12.	____ il salame		

B. Una cena da Il Gondoliere.

Parte prima. Ecco un dialogo fra il signor Norberti, un cliente che va spesso al ristorante Il Gondoliere, e Dino, il cameriere. Le frasi non sono nell'ordine corretto. Numera le frasi da 1 a 9, secondo l'ordine giusto. Il numero 1 è già stato inserito.

a. — CAMERIERE: Cosa prende da bere stasera?

b. — CAMERIERE: E per primo? Oggi abbiamo delle linguine alle vongole eccezionali.

c. — CAMERIERE: Benissimo, grazie.

d. — SIGNOR NORBERTI: Mah... no... preferisco gli spaghetti al sugo di pomodoro. Sono sempre buonissimi qui.

e. — CAMERIERE: Prende anche il secondo?

f. — SIGNOR NORBERTI: Sì, il vostro famoso pollo alla griglia «alla Gondoliera».

g. _1_ CAMERIERE: Buona sera, signor Norberti!

h. — SIGNOR NORBERTI: Buona sera!

i. — SIGNOR NORBERTI: Acqua gassata. Una bottiglia grande, per favore.

Parte seconda. Adesso ascolta il dialogo e controlla se le tue risposte sono giuste.

C. Una cena per gli amici.
Gianni invita tre amici a cena a casa sua. Ma cosa deve preparare? Telefona a tutti e tre per chiedere cosa preferiscono. Ascolta i dialoghi e decidi quale piatto Gianni deve preparare per ogni persona. I dialoghi saranno ripetuti due volte.

Dialogo 1

FRANCO: a. i tortellini in brodo
          b. la mozzarella di bufala
          c. le patate fritte

Dialogo 2

ELEONORA: a. il pesce spada alla brace
           b. le lasagne
           c. il prosciutto e il salame

Dialogo 3

VIRGINIA: a. la bistecca alla fiorentina
           b. i funghi e le zucchine
           c. gli affettati misti

D. Il coperto. Scrivi i nomi degli oggetti che vedi nel disegno.

1. _____   4. _____
2. _____   5. _____
3. _____   6. _____

E. A tavola! Decidi se le seguenti frasi sono **vere** o **false**. Se la frase è falsa, cambia una parola per renderla vera.

		vero	falso
1.	Il paté di fegato è un dolce.	☐	☐
2.	Gli gnocchi sono un antipasto.	☐	☐
3.	Il pollo è un secondo.	☐	☐
4.	Il sugo al pomodoro è un sugo rosso.	☐	☐
5.	Il conto arriva dopo il pranzo.	☐	☐
6.	Al ristorante paghiamo il menu.	☐	☐
7.	La bistecca è un primo.	☐	☐
8.	I peperoni sono un tipo di salame.	☐	☐

F. Di chi è l'ordinazione?

Parte prima. Quattro clienti ordinano il cibo e le bevande in un ristorante. Scrivi chi ha fatto (*made*) ogni ordinazione. Le ordinazioni saranno ripetute due volte.

a.

b.

c.

d.

1. _____ 2. _____ 3. _____ 4. _____

Parte seconda. Adesso tocca a te! Immagina di essere in un ristorante e ordina al cameriere quello che vedi nei due disegni.

Ordinazione n. 1

_____

Ordinazione n. 2

_____

G. Che mangi? Completa le frasi con la parola giusta. Dopo leggi dall'alto in basso le lettere nelle caselle (*boxes*) per ottenere la risposta alla domanda finale.

1. Non mi piace il pesce, preferisco la... ☐ __ __ __

2. Amo gli spaghetti al sugo di... __ ☐ __ __ __ __ __

3. A tavola bevo sempre l'acqua... __ __ ☐ __ __ __ __

4. Il mio piatto preferito è il pollo... __ __ __ __ ☐ __

5. Alla fine del pranzo a volte si mangia il... __ ☐ __ __ __

6. La pizza margherita ha il pomodoro e la... __ __ __ ☐ __ __ __

7. Sulla pizza mi piacciono molto i... f __ ☐ __ __ __

8. Dopo il primo si ordina il... __ __ __ ☐ __ __ __

9. Cosa si mangia insieme al secondo? Il __ __ __ __ __ __ __ __

H. Tocca a te! E tu, che cosa ordineresti (*would you order*)? Guarda il menu del ristorante La Torre e scrivi quello che ordineresti tu. Scegli un antipasto, un primo, un secondo con contorno, un dolce e una bevanda.

La Torre

Via delle due Torri, 46
Bologna

Antipasto

paté di fegato 4,50
liver pâté

prosciutto e melone 6,00
cured ham and melon

salmone affumicato 10,30
smoked salmon

affettati misti 8,50
assortment of sliced meats and sausages

Primi Piatti

tortellini in brodo 7,00
tortellini in broth

gnocchi al sugo di pomodoro . 6,50
dumplings with tomato sauce

risotto alla marinara 8,50
creamy rice with seafood

spaghetti alla bolognese 6,30
spaghetti with meat sauce

Secondi Piatti

braciola di vitello 9,30
veal cutlet

pollo arrosto con funghi 8,00
roast chicken with mushrooms

pescespada alla brace 13,00
charcoal-grilled swordfish

bistecca fiorentina 15,00
Florentine steak

Contorni

peperoni alla griglia 3,50
grilled peppers

zucchine e fagiolini 5,20
zucchini and green beans

patate fritte 3,70
french fries

insalata mista 3,00
mixed salad

Formaggi

mozzarella di bufala 6,50
fresh buffalo milk mozzarella

gorgonzola 5,00
Gorgonzola cheese

parmigiano 5,50
Parmesan cheese

formaggi misti 8,50
mixed cheeses

Dolci

frutta fresca di stagione 4,50
seasonal fresh fruit

gelato alla crema 3,50
cream ice cream

torta al cioccolato 5,00
chocolate cake

Bevande

vino della casa   house wine
mezzo litro (1/2 liter) 4,00
litro 6,00
Pinot/Chardonnay 20,00
Merlot/Lambrusco 18,00
acqua minerale (naturale/frizzante)
mineral water (still/sparkling)
mezzo litro (1/2 liter) 2,00
litro 3,00
birra   beer
piccola 2,00
media 3,00

coperto (cover charge): 2,50

Vorrei _____

_____

_____

_____

_____

_____

_____

_____

_____

_____

_____

Strutture

5.1 Il più buono! The superlative

A. A proposito di mangiare. Scegli il soggetto giusto per completare le frasi.

1. <u>Gli spaghetti / Gli gnocchi</u> sono il piatto italiano più famoso del mondo (*world*).

2. <u>I fagiolini / Le patate fritte</u> sono il contorno più sano (*healthy*).

3. <u>Il cappuccino / L'acqua minerale</u> è la bevanda più fresca quando fa caldo.

4. <u>Il tiramisù / La ciambella</u> è il dolce italiano più conosciuto (*well known*) in America.

5. <u>La mozzarella / Il gorgonzola</u> è il formaggio più magro (*low fat*).

6. <u>La verdura / La carne</u> è il cibo più importante per un vegetariano.

7. <u>Le patate fritte / I peperoni alla griglia</u> sono il contorno più grasso (*fatty/greasy*).

B. È il migliore o il peggiore? Completa le frasi con la forma giusta di **migliore** o **peggiore**.

1. Non andiamo in quella pizzeria. Fanno le pizze peggior_____ di tutta la città.

2. Quando siamo a Venezia mangiamo nei ristoranti miglior_____ della città.

3. Oh no! Stasera cucina mio padre! È il cuoco peggior_____ di tutti.

4. Per i miei gusti, il Chianti è il vino miglior_____.

5. Se vuoi fare colazione, so dove fanno le paste miglior_____della città.

6. Prendiamo un caffè qui. Questo bar ha il servizio miglior_____.

7. Poveri noi! Stasera abbiamo la cameriera peggior_____!

C. Chi è la persona più... ? Guarda l'immagine di un gruppo di amiche. Ascolta e scegli la persona che corrisponde ad ogni descrizione. Ogni descrizione sarà ripetuta due volte.

Carla   Arianna   Paola   Sandra

	Carla	Arianna	Paola	Sandra
1.	☐	☐	☐	☐
2.	☐	☐	☐	☐
3.	☐	☐	☐	☐
4.	☐	☐	☐	☐
5.	☐	☐	☐	☐

D. Parole in disordine! Forma delle frasi mettendo in ordine le parole.

1. contorno / più / il / è / insalata / l' / leggero (*light*)

   _____

2. sono / antipasto / gli / comune / affettati misti / l' / più

   _____

3. il / è / grasso / pesce / secondo / meno / il

   _____

4. il / ha / Italia / migliore / del / gelato / l' / mondo

   _____

5. i / sono / la / piselli / verdura / amata (*liked*) / meno / dai bambini

   _____

E. Gli amici di Gianni.
Ascolta le descrizioni degli amici di Gianni. Dopo scrivi una frase per ognuno usando il superlativo di uno dei seguenti aggettivi. Ogni descrizione sarà ripetuta due volte.

ESEMPIO: *Senti:* Elisabetta è molto contenta perché fra poco finiscono le lezioni e parte per la Sardegna.

  Scrivi: Elisabetta __*è la più allegra*__.

> ✓ allegro   ricco   socievole   sportivo   studioso   tranquillo

1. Carla _____
2. Simone _____
3. Sara e Francesca _____
4. Marcello e Giovanni _____
5. Alberto e Angela _____

▶ *Check your answers to this activity in the* Answer Key *at the back of the workbook.*

F. Secondo te... Rispondi alle domande con delle frasi complete.

1. Qual è il piatto italiano più famoso in America?

   _____

2. Chi è il cuoco migliore della tua famiglia?

   _____

3. Qual è il ristorante peggiore della tua città?

_____

4. Quali sono i due primi migliori della cucina italiana?

_____

5. In quale ristorante della tua città ci sono i camerieri migliori?

_____

5.2 Vuoi mangiare qualcosa? Verb + infinitive

A. Quante decisioni! Cosa devono fare le seguenti persone? Leggi le domande e scegli la risposta giusta.

ESEMPIO: Laura domani ha una riunione (*meeting*) molto importante. Cosa deve fare?

Vedi: a. Deve uscire con le amiche.

         b. Deve rileggere dei documenti importanti.

         c. Deve guardare i suoi programmi preferiti.

Scegli: b.

1. Io e Silvana lunedì abbiamo un esame di biologia. Cosa dobbiamo fare questo weekend?
   a. Dovete uscire con gli amici.
   b. Dovete fare molte domande.
   c. Dovete studiare in biblioteca.

2. Parti per le vacanze domani mattina alle 5.30. Cosa devi fare stasera?
   a. Devo preparare le valigie (*suitcases*).
   b. Devo andare al cinema con il mio ragazzo / la mia ragazza.
   c. Devo leggere un bel libro.

3. Tu e un collega di lavoro (*colleague*) dovete andare a mangiare al ristorante con il vostro capo (*boss*). Il capo paga per tutti e voi avete molta fame. Cosa dovete fare?
   a. Dobbiamo ordinare qualcosa che costa moltissimo.
   b. Dobbiamo invitare un altro collega.
   c. Dobbiamo osservare quello che (*what*) fa il capo e seguirne l'esempio.

4. Michele non ha molti amici ed è molto triste. Cosa deve fare?
   a. Non deve parlare con nessuno (*anyone*).
   b. Deve uscire e incontrare altre persone.
   c. Deve stare a casa con sua mamma a guardare la TV.

5. Gianna e Luisa sono allergiche ai latticini (*milk products*). Cosa non devono mangiare al ristorante?
   a. Non devono mangiare i fagiolini.
   b. Non devono mangiare le zucchine.
   c. Non devono mangiare il gelato.

B. Cosa vuole? Alessio dice le sue preferenze. Digli (*Tell him*) cosa può fare. Ogni preferenza sarà ripetuta due volte. Ripeti la risposta.

ESEMPIO: *Senti:*   Non voglio leggere e non voglio fare sport.

         Vedi: a. Puoi andare in biblioteca.

                   b. Puoi andare a teatro.

                   c. Puoi giocare a tennis.

         Scegli e dici: b. Puoi andare a teatro.

1. a. Puoi andare all'università.
    b. Puoi guardare la TV.
    c. Puoi leggere gli appunti (*classnotes*).

2. a. Puoi telefonare a Sara.
    b. Puoi incontrare Sara per prendere un caffè al bar.
    c. Puoi andare a casa di Sara.

3. a. Puoi prendere la macchina di tua madre.
    b. Puoi prendere la moto.
    c. Puoi andare in centro in autobus.

4. a. Puoi ascoltare la radio.
    b. Puoi andare in discoteca.
    c. Puoi andare al cinema.

5. a. Puoi andare in un ristorante elegante.
    b. Puoi andare in pizzeria.
    c. Puoi andare da McDonald's.

6. a. Puoi bere una birra.
    b. Puoi bere un'aranciata.
    c. Puoi bere un po' di vino.

C. Che vuoi fare stasera? Completa il dialogo con i verbi corretti.

ANNA: Che vuoi / puoi[1] fare stasera? Preferisci andare al cinema o uscire con Valeria e Francesca?

MARTINA: Devo / Voglio[2] andare al cinema ma non devo / posso[3] perché non ho soldi.

ANNA: Senti, non dobbiamo / possiamo[4] andare al cinema se non devi / puoi[5], ma non mi va di uscire con Valeria e Francesca. Sai che non mi piacciono tanto. Sono un po' noiose.

MARTINA: E allora, che facciamo?

ANNA: Se puoi / vuoi[6], posso / voglio[7] pagare io il cinema stasera. Tu puoi / vuoi[8] pagare la prossima (*next*) volta.

MARTINA: Va bene, grazie! È una buon'idea!

D. I desideri. Cosa vogliono fare queste persone questo weekend? Ascolta le loro preferenze e rispondi scegliendo una delle espressioni della lista. Usa il verbo **volere**. Ogni frase sarà ripetuta due volte.

ESEMPIO: *Senti:* Gianna ama lo sport.

   Dici: b. Vuole giocare a tennis.

VOLERE + ...
   a. andare in biblioteca
   b. giocare a tennis ✓
   c. suonare la chitarra
   d. andare al cinema
   e. comprare un telefonino
   f. preparare una cena per gli amici

1. ...   2. ...   3. ...   4. ...   5. ...

E. Cosa vogliamo fare? Guarda le immagini e scrivi delle frasi per descrivere che cosa vogliono fare le seguenti persone.

1.

2.

3.

4.

5.

1. Laura _____

2. Fausto e Carla _____

3. Maria e Giuseppe _____

4. Carlo e Lorenzo _____

5. Mario _____

6. E tu? Cosa vuoi fare? _____

F. Cosa dobbiamo fare? Scrivi che cosa devono fare le persone in ciascuna situazione.

> ESEMPIO: Tiziana vuole studiare in America.
>   _Deve studiare bene l'inglese_ .

1. Maria sta male. Ha la febbre (*fever*) e la nausea.

    _____

2. Tu e Mirella avete l'esame di chimica domani.

    _____

3. Mark vuole andare in Italia con la sua ragazza per quindici giorni, ma non ha soldi.

    _____

4. Gina e Francesca vogliono fare una festa a casa loro, ma la casa è in disordine (*messy*).

    _____

5. Paola abita a Roma e vuole andare a Parigi, ma non vuole prendere l'aereo.

    _____

5.3 Andiamo al ristorante   Prepositions

A. Quale preposizione? Completa le frasi con le preposizioni della lista. **Attenzione!** Puoi usare ogni preposizione *una sola volta*.

a	con	da	di	in	per	su

1. L'aereo arriva a Parigi _____ New York domani mattina alle 8.40.
2. Io e mio marito andiamo _____ Spagna in viaggio di nozze (*honeymoon*).
3. Adesso vado _____ casa perché sono stanco.
4. Se vinco alla lotteria, compro una macchina nuova _____ mia moglie.
5. Questo libro è molto vecchio: è _____ mio nonno.
6. Il tuo gatto è _____ quella sedia.
7. Quest'estate Carlo e Lisa vanno in Inghilterra _____ i loro genitori.

B. Espressioni con *a* e *in*. Dove vanno queste persone? Rispondi usando **a** o **in** + nome del posto (*place*). Dopo la pausa, ascolta e ripeti la risposta giusta.

> ESEMPIO: *Senti:*   Dove va Marco?
>   *Vedi e dici:*   Va in discoteca.
>   *Senti e dici:*   Va in discoteca.

1.

2.

3.

4.

5.

C. La preposizione giusta. Completa le frasi con la preposizione semplice o articolata appropriata.

1. Metto il cellulare <u>allo / nello</u> zaino <u>di / del</u> Giacomo.

2. Per andare <u>a / alla</u> scuola devo uscire di casa <u>a / alle</u> 8.00.

3. <u>Nel/sul</u> tavolo ci sono una birra e un panino <u>con / per</u> il prosciutto.

4. Nel pomeriggio Mario va sempre <u>a / dalla</u> casa di Stefania.

5. Questa macchina non è mia, è la macchina <u>alla / della</u> mamma.

6. Chi è quella signora <u>con / di</u> tua madre?

7. A che ora arrivate <u>a / in</u> New York? <u>A / Alle</u> mezzanotte o <u>al / all'</u> una?

8. Perché oggi non vai <u>a / in</u> piscina <u>con / a</u> Massimo e Paolo?

9. L'ultimo (*The latest*) libro di Antonio Tabucchi è molto bello: è <u>di / da</u> leggere!

D. Ancora le preposizioni. Completa il testo con le preposizioni semplici o articolate appropriate.

Io e Stefania andiamo sempre _____[1] biblioteca il sabato pomeriggio _____[2] due fino _____[3] cinque. Il sabato sera andiamo spesso _____[4] cinema _____[5] i nostri amici. Dopo il film prendiamo qualcosa da bere o da mangiare _____[6] bar più vicino. Qualche volta[a] andiamo _____[7] discoteca e torniamo _____[8] casa tardi! La domenica facciamo una passeggiata o giochiamo _____[9] tennis insieme, ma andiamo _____[10] letto presto perché il lunedì mattina _____[11] 8.30 abbiamo lezione _____[12] biologia e abbiamo molte cose _____[13] fare.

[a]Qualche... *Sometimes*

E. Tante domande!

Parte prima. Scrivi le domande che senti. Ogni domanda sarà ripetuta due volte.

ESEMPIO: *Senti e scrivi:* A che ora arrivi all'università?

1. _____
2. _____
3. _____
4. _____
5. _____
6. _____

▶ *Check your answers to the* **Parte prima** *in the* Answer Key *at the back of the workbook before doing the* **Parte seconda.**

Parte seconda. Ora ascolta le domande di nuovo e rispondi con frasi complete.

ESEMPIO: *Senti:* A che ora arrivi all'università?
Dici: Arrivo all'università alle 9.00.

1. ... 2. ... 3. ... 4. ... 5. ... 6. ...

5.4 Compro del pane   The partitive

A. Vuoi il latte? Completa le frasi con la forma giusta del partitivo. **Attenzione!** Puoi usare alcune forme più di una volta.

del	dello	dell'	della	dei	degli	delle

1. A pranzo voglio mangiare _____ pasta.

2. Oggi devo comprare _____ zucchero.

3. A cena bevo _____ vino rosso.

4. Stasera la nonna prepara _____ belle bistecche.

5. Mangio _____ insalata con la carne.

6. La mamma mette sempre _____ spinaci nel mio piatto.

7. Domani, al mercato, prendo _____ fagiolini freschi.

8. Nell'insalata metto spesso _____ mozzarella.

9. A pranzo i nonni vogliono _____ funghi.

10. C'è _____ sugo da mettere sulla carne.

B. La lista della spesa di Marco.

Parte prima. Ascolta la conversazione fra Marco e Marianna e segna le cose che Marco ha comprato (*bought*). La conversazione sarà ripetuta due volte.

La spesa
gelato
carne
frutta
pane
mozzarella
prosciutto
bottiglie d'acqua
minerale
salmone
dolci

Parte seconda. Adesso scrivi le cose che Marco ha comprato con la forma giusta del partitivo.

_____

_____

▶ *Check your answers to this activity in the* Answer Key *at the back of the workbook.*

C. Un po' di... Ripeti le parole che senti sostituendo **un po' di** con il partitivo. Ripeti la risposta.

ESEMPIO: *Senti:*   Mangio ___*un po' di*___ pane.
   Dici: Mangio ___*del*___ pane.

1. ...   2. ...   3. ...   4. ...   5. ...   6. ...

D. Cosa compra la nonna? Guarda l'immagine e scrivi quello che può comprare la nonna al mercato stamattina. Usa il partitivo.

La nonna può comprare...

1. _____   5. _____

2. _____   6. _____

3. _____   7. _____

4. _____

E. Tocca a te! Una bella cena. Stasera devi preparare una cena per un gruppo di amici. Che cosa vuoi preparare? Che cosa devi comprare al supermercato per preparare questa cena? Quando puoi, usa il partitivo.

Voglio preparare...

_____

_____

Devo comprare...

_____

_____

Ascoltiamo!

Il galateo a tavola

A. Cosa dicono? Abbina ogni frase alla persona che la dice.

a. Salute!
b. Grazie, altrettanto!
c. Che bei fiori!
d. Buon appetito!

 **B. Beneducato o maleducato?** Ascolta le frasi. Decidi se l'azione descritta nella frase è **beneducata** o **maleducata** secondo le regole del galateo italiano. Le frasi saranno ripetute due volte.

ESEMPIO: *Senti:* «Tengo il tovagliolo intorno il collo.»

Scegli: **beneducato**   **maleducato**

☐   ☑

	beneducato	maleducato
1.	☐	☐
2.	☐	☐
3.	☐	☐
4.	☐	☐

C. Quale cultura? Ascolta le frasi e decidi se l'azione è tipica di una persona beneducata in Italia, in America o in tutti e due i posti. Le frasi saranno ripetute due volte.

ESEMPIO: *Senti:* Dire **Buon appetito!** prima di mangiare.

Scegli: **in Italia** **in America** **in tutti e due i posti**

☑ ☐ ☐

	in Italia	**in America**	**in tutti e due i posti**
1.	☐	☐	☐
2.	☐	☐	☐
3.	☐	☐	☐
4.	☐	☐	☐
5.	☐	☐	☐

Leggiamo!

Strategie di lettura

Relating graphics and text. The illustrations, photos, and graphics that accompany a text can be helpful keys to understanding the text's message.

Look only at the photo and the headline of the text. Without reading anything else, which of the following statements do you predict best summarizes its content?

1. Ice cream now comes in non-traditional flavors.
2. Ice cream is classified as a vegetable.
3. Vegetables should be served in ice cream cones.

Lettura

Leggi il testo e fai le attività di comprensione.

Altro che fragola e limone, dal tartufo[1] alla rucola[2] i nuovi gusti del gelato

(Roma, 18 lug.) Frutta ma non solo, anche verdura. E alle classiche creme è ormai[3] indispensabile affiancare[4] ricette originali [...] giocando con il salato e il piccante. E se la stracciatella[5] vi sembra banale potete scegliere di mettere nella coppetta[6] gusti un po' più glamour [...]

Una delle ultime novità, semplice quanto sana e a misura di vegani, è il gelato all'Aloe Vera: biologico, super vitaminico, nutriente, dissetante,[7] salutare e dietetico allo stesso tempo. Senza glutine, può essere preparato anche nella versione vegana, sostituendo il latte tradizionale con quello di soia, riso o mandorle.[8] Per restare in tema «veg», i maestri gelatieri brianzoli[9] de «L'albero[10] dei gelati» a New York hanno portato l'orto[11] in gelateria: da loro potete provare gusti come melanzana, lattuga,[12] fagiolini e menta, rucola.

[1]*truffle* [2]*arugula* [3]*by now* [4]*place side-by-side* [5]*chocolate chip* [6]*cup* [7]*thirst-quenching* [8]*almonds*
[9]*from Brianza, an area in northwest Lombardy* [10]*tree* [11]*vegetable garden* [12]*lettuce*

A. Quale gusto? Decidi se il gusto del gelato è tradizionale o no.

		tradizionale	non tradizionale
1.	fragola	☐	☐
2.	fagiolini e menta	☐	☐
3.	tartufo	☐	☐
4.	rucola	☐	☐
5.	crema	☐	☐
6.	aloe vera	☐	☐
7.	melanzana	☐	☐
8.	lattuga	☐	☐
9.	stracciatella	☐	☐
10.	limone	☐	☐

B. Un gusto ideale. Secondo il testo, quale gruppo contiene un aggettivo che **non descrive** il gelato all'aloe vera?

1. biologico, dietetico, dissetante

2. sano, semplice, senza glutine

3. piccante, nutriente, salutare

C. Siamo famosi! La gelateria «L'albero dei gelati» di New York è nominata nel testo perché _____.

1. i proprietari sono italiani

2. i proprietari fanno gelati di vari gusti vegetali

3. nella gelateria c'è un orto

4. 1 e 2

5. 1, 2 e 3

◖ In Italia, Culture a confronto, Un po' di cultura e Regioni d'Italia

Utilizzando le informazioni delle sezioni **In Italia** e delle attività di cultura contrassegnate da ◖ nel libro, decidi se le frasi seguenti sono **vere** o **false**. Se una frase è falsa, cambia la parola in **neretto** per renderla vera.

		vero	falso
1.	In alcuni ristoranti in Italia, la **mancia** è già inclusa nel conto sotto «coperto e servizio».	☐	☐
2.	Di solito in Italia il cameriere porta un conto per **ciascuno** (*each person*).	☐	☐
3.	La pizzeria è un locale molto **formale.**	☐	☐
4.	La specialità di Modena è l'aceto **balsamico.**	☐	☐
5.	L'università di **Cambridge** è la più antica università d'Europa.	☐	☐
6.	Bologna viene chiamata «la **Rossa**» per la sua gastronomia.	☐	☐

Scriviamo!

Strategie di scrittura

Using visual prompts. Visual prompts are readily available and can greatly enhance your descriptive writing skills while inspiring your creativity. Choose an Italian food website to write about. You may want to use one of the following terms to search: **ricette, cucina.**

First, study the images and then answer the following questions on a separate sheet of paper.

1. How would you describe the cuisine (**raffinata** [*refined*], **rustica, ricca, povera, vegetariana**)?
2. What type of cook does it appeal to (**esperto, bravo, discreto** [*fair*], **principiante** [*beginner*])?
3. How difficult or easy are the recipes to prepare (**una preparazione impegnativa, semplice, veloce**)?
4. How easy or difficult are they to understand (**l'italiano è facile; c'è un video... ; è difficile; devi usare un buon dizionario...**)?

Next, evaluate the website. Based on the images, how do you describe it? How easy or difficult is it to navigate? Print out the photos or jot down useful phrases and captions. You will need this information to write both a description and brief review of the website. Be prepared to hand in the answers to the questions and your notes with your review.

Genere: Valutazione sito web

Tema: Vuoi condividere con il mondo le tue opinioni sul cibo. Decidi di creare un blog. Scegli un sito Internet dedicato alla cucina italiana da valutare sul tuo blog.

1. Descrivi il tipo di cucina che trovi (come sono le ricette, quanto sono facili/difficili).
2. Valuta il sito stesso (com'è la homepage, come sono le immagini, com'è paragonato ad altri siti simili).
3. In base a quello che hai scritto in 1 e 2, assegna le stelle (da 0 a 5) al sito.

Alla fine, rileggi quello che hai scritto tenendo conto (*taking into account*) delle indicazioni di **Facciamo la verifica!**

Facciamo la verifica!

I have used:

☐ the **Strategia di scrittura** for this activity;

☐ relevant vocabulary and expressions from **Capitolo 5** of the textbook and the models provided.

I have proofread my writing and checked:

☐ for spelling errors, including apostrophes and accent marks;

☐ that the use of superlatives is appropriate, including the form of the definite article, that the number and gender of the adjective match the accompanying noun, and that the form of **di** + the definite article is correct;

☐ for subject-verb agreement with all verbs, and the correct forms of the irregular verbs **dovere, volere,** and **potere;**

☐ that I used the correct forms of prepositions with definite articles (**sulla, del, al...**);

☐ that definite, indefinite, and partitive articles are used in appropriate contexts and that the form of each agrees in gender and number with the noun it precedes;

☐ that my reader will get a good sense of the website based on my review.

Capitolo

I vestiti e la moda | 6

Strategie di comunicazione

A. Mi puoi... ? / Mi può... ?

Parte prima. Abbina ogni risposta alla domanda corrispondente.

1. _____ «Certo! È 045.78.57.939»

2. _____ «Oddio, la mia età non la dico a nessuno!»

3. _____ «Sì, signorina. Eccolo.»

4. _____ «Mi dispiace. Non ho l'orologio.»

5. _____ «Certo! Mi chiamo Michele.»

a. «Mi può dare l'orario dell'ufficio?»

b. «Mi puoi dire il tuo nome?»

c. «Mi può dire quanti anni ha?»

d. «Mi puoi dare il tuo numero?»

e. «Mi può dire l'ora?»

 Parte seconda. Rispondi alle domande e, dopo la pausa, ascolta una possibile risposta.

ESEMPIO: *Senti:* Mi puoi dire il nome di tua madre?
Dici: Certo! Si chiama Eleonora.
Senti: Certo! Si chiama Maria.

1. ... 2. ... 3. ... 4. ... 5. ... 6. ...

B. Scusa/Scusi, posso... ? Completa le domande con **posso** e l'infinito appropriato. **Attenzione!**
Usa ogni verbo una sola volta. C'è un verbo in più.

| cercare | entrare | fumare | parlare | provare | studiare |

1. —Scusi, sono qui con il mio cane. _____?

   —Certo! Gli animali sono benvenuti qui.

2. —Scusa, Maria, non ho capito la lezione di matematica. _____ con te?

   —Sì, ma non l'ho capita bene neanch'io!

3. —Scusi, _____ in aeroporto?

   —No, è vietato (*prohibited*). Non c'è una zona fumatori (*smoking area*).

4. —Scusi, vorrei comprare delle scarpe. _____ queste nere?

   —Certo! Che numero porta?

5. —Pronto.

   —Ciao, Sandra! Sono Lucia.

   —Ciao, Lucia!

   —_____ con Davide?

   —Mi dispiace, ma Davide non c'è.

 C. Mi puoi... ? / Mi può... ? / Posso... ? Fabio e Mario vogliono comprare dei jeans e parlano con il commesso. Ascolta le domande e scegli l'immagine giusta. Le domande saranno ripetute due volte.

a.

Fabio

b.

Mario

1. _____   3. _____

2. _____   4. _____

Pronuncia

La lettera *z*   Pronunciation of the letter *z*

 La lettera z.

The letter **z** sometimes has the sound [dz] as in the word *beds,* and sometimes has the sound [ts] as in the word *bets.* The double consonant **zz** is lengthened [tts] or [ddz].
Listen and repeat the following words:

zero	zona	pranzo
calzini	grazie	alzarsi
pizza	mazzo	mezzo

Dettato.

Parte prima. Completa le parole che senti con **z** o **zz.** Ogni parola sarà ripetuta due volte.

1. ____ucchero
2. pi____o
3. cola____ione
4. pa____o
5. ____ia
6. pe____o
7. ____agabria
8. ____en____ero
9. vacan____e
10. ini____iare

Parte seconda. Adesso scrivi le parole che senti. Ogni parola sarà ripetuta due volte.

1. _____
2. _____
3. _____
4. _____
5. _____
6. _____
7. _____
8. _____
9. _____
10. _____

▶ *Check your answers to this activity in the* Answer Key *at the back of the workbook.*

Lessico

Cosa porti?   Describing your clothes

A. I vestiti e gli accessori. Osserva le immagini e scrivi il nome dei vestiti o degli accessori adatti al tempo.

> la borsa da spiaggia   il costume da bagno   la felpa   l'impermeabile
>
> la maglietta   il maglione   i pantaloncini   i pantaloni   gli stivali

1.

_____

_____

_____

_____

2.

_____

_____

_____

_____

B. Cosa portano? Scegli l'abbigliamento più appropriato per ogni persona.

1. Alfredo porta _____.
   a. una gonna gialla
   b. i pantaloni neri

2. Mio fratello porta _____.
   a. una borsa a fiori
   b. una maglietta a righe

3. Mia sorella porta _____.
   a. un vestito rosa
   b. una cravatta marrone

4. La signora Rossi indossa _____.
   a. una cravatta verde
   b. un costume da bagno

5. Per un funerale, Lucio indossa _____.
   a. una giacca nera
   b. una camicia rossa

6. Al mare, mio padre porta _____.
   a. gli occhiali da sole
   b. un giubbotto

C. Il rebus. Quale parte del corpo è? Trova le parti del corpo nascoste (*hidden*). Alla fine, scrivi le lettere corrispondenti ai numeri indicati. Le lettere formeranno una parte del corpo.

AMGBA	TDIO	OMAN
__ __ __ __ __ 1	__ __ __ __ 2	__ __ __ __ 3
SNAO	CBOAC	ANPCAI
__ __ __ __ 4	__ __ __ __ __ 5	__ __ __ __ __ __ 6
COOCHI	DIEPE	ROECHCIO
__ __ __ __ __ __ 7	__ __ __ __ __ 8	__ __ __ __ __ __ __ __ 9

La risposta: __ __ __ __ __ __ __ __ __
        1 2 3 4 5 6 7 8 9

D. Dove sono? Ascolta le descrizioni delle persone e decidi dove sono secondo il tipo di vestiti che portano. Abbina ogni situazione alla descrizione corrispondente. Ogni descrizione sarà ripetuta due volte.

> a. a un concerto rock   b. al mare   c. a un matrimonio   d. a una partita di tennis

1. _____   2. _____   3. _____   4. _____

E. Quale dei due? Nelle immagini ci sono tre coppie di gemelli vestiti in modo simile ma con una differenza. Ascolta la descrizione di uno dei due gemelli di ogni coppia e poi decidi quale dei due parla. Ogni descrizione sarà ripetuta due volte.

Paolo   Luca

Marina   Manuela

Nora   Lorella

1. _____   2. _____   3. _____

F. I regali. Sei a Milano, di fronte alla vetrina (*store window*) di Versace, e vuoi comprare dei regali (*gifts*) per la tua famiglia. Un tuo amico ti chiede cosa vuoi comprare per ogni persona. Rispondi alle sue domande. Ogni domanda sarà ripetuta due volte. Ripeti la risposta.

ESEMPIO: *Senti:*   Che vuoi comprare per tua madre?

           Dici: Per mia madre voglio comprare una gonna.

1. ...   2. ...   3. ...   4. ...   5. ...   6. ...

G. Che cos'è? Scrivi il nome della cosa descritta (described).

> ESEMPIO: *Vedi:* Le donne portano questa per metterci dentro le loro cose.
> *Scrivi:* __la borsa__

1. Si porta questa d'inverno intorno al collo (neck). _____
2. È un sinonimo di trench. _____
3. Si mettono questi prima delle scarpe. _____
4. Si porta questo quando fa freddo al posto di una t-shirt. _____
5. Wrangler e Levi's sono famose marche di _____
6. Si portano queste ai piedi per giocare a tennis. _____
7. Versace e Valentino sono due _____
8. Sono simili ai pantaloni, ma più corti. _____
9. Gli stilisti presentano le nuove collezioni alle _____

H. Adesso tocca a te! Rispondi alle domande con delle frasi complete.

1. Se vai a una festa elegante, cosa ti piace mettere?

   _____

   _____

2. Cosa ti piace indossare nel tempo libero?

   _____

   _____

Strutture

6.1 Lo stilista dà il vestito alla modella   Direct and indirect objects

A. Qual è? Decidi se l'elemento in **neretto** è il soggetto, un complemento diretto o un complemento indiretto.

	soggetto	complemento diretto	complemento indiretto
1. Giulia prepara **gli spaghetti.**	☐	☐	☐
2. **Paola e Valeria** comprano i costumi da bagno nuovi.	☐	☐	☐
3. Stamattina mia zia deve scrivere un'e-mail **a mia madre.**	☐	☐	☐
4. Per il suo compleanno, mia nonna vuole **una bella gonna.**	☐	☐	☐

	soggetto	complemento diretto	complemento indiretto
5. Lisa telefona **a Marco** stasera.	☐	☐	☐
6. **La nostra professoressa** porta gli stivali rossi.	☐	☐	☐
7. Porti **la borsa** in discoteca?	☐	☐	☐
8. Pietro dà tutte le sue cravatte vecchie **al suo amico Mario.**	☐	☐	☐
9. **Io e Dario** ascoltiamo la musica insieme.	☐	☐	☐

B. Complemento diretto o indiretto? Scegli il complemento giusto per completare le frasi.

1. Tuo nonno ascolta _____ in macchina.
   a. la radio   b. alla radio

2. Telefoni _____ stasera o domani?
   a. Maria   b. a Maria

3. Per il regalo di Federica do i soldi _____.
   a. Salvatore   b. a Salvatore

4. Lisa e Anna guardano _____.
   a. il telefilm   b. al telefilm

5. Io e Giacomo vogliamo scrivere un'e-mail _____ stamattina.
   a. Silvia   b. a Silvia

6. Dai un paio di orecchini _____?
   a. la tua ragazza   b. alla tua ragazza

7. Carla vede _____ tutti i giorni sull'autobus.
   a. Mario   b. a Mario

C. Quale complemento? Ascolta le frasi e decidi se hanno **un complemento diretto**, **un complemento indiretto**, o **un complemento diretto e un complemento indiretto.** Ogni frase sarà ripetuta due volte. Dopo una breve pausa sentirai la risposta giusta.

	diretto	indiretto	diretto e indiretto
1.	☐	☐	☐
2.	☐	☐	☐
3.	☐	☐	☐
4.	☐	☐	☐
5.	☐	☐	☐
6.	☐	☐	☐
7.	☐	☐	☐

D. Un po' di creatività. Completa le frasi con un complemento diretto o indiretto appropriato. **Attenzione!** Il complemento indiretto richiede (*requires*) sempre una preposizione.

1. Il sabato mattina pulisco _____.

2. I miei amici cucinano _____ alle 7.00.

3. Il mio professore / La mia professoressa d'italiano dà sempre _____ a tutti gli studenti.

4. Compro un anello _____ per il suo compleanno.

5. Ascolto _____ quando sono in macchina.

6. La mattina alle 8.00 bevo _____ al bar.

7. La prossima volta che vado a fare shopping compro _____ nuovo.

8. Telefono _____ stamattina.

6.2 Che stai facendo?   Present progressive

A. La famiglia di Enrico. Ascolta Enrico che descrive delle situazioni. Poi scegli la frase corrispondente a ogni situazione. Ogni descrizione sarà ripetuta due volte. Ripeti la risposta.

1. ____
   a. Sta preparando la pasta per il pranzo.
   b. Sta andando in pizzeria.

2. ____
   a. Stiamo andando in farmacia (*pharmacy*).
   b. Stiamo andando al bar.

3. ____
   a. Sta guardando la partita di calcio a casa.
   b. Sta leggendo un libro di fantascienza (*science fiction*).

4. ____
   a. Stanno andando al cinema con le amiche.
   b. Stanno ascoltando la musica alla radio.

5. ____
   a. Stiamo guardando il telegiornale.
   b. Stiamo leggendo degli articoli interessanti.

6. ____
   a. Sta dormendo in camera sua.
   b. Sta facendo aerobica.

B. Il verbo giusto. Completa le frasi con i verbi della lista. Usa il presente progressivo.

| apparecchiare | cantare | giocare | mangiare | nuotare | provare | pulire |

1. I cani non _____. Forse non hanno fame o non gli piace quel cibo.

2. Io e Lorenzo _____ in piscina con mia sorella.

3. (*Noi*) _____ la cucina perché è sporchissima (*very dirty*)!

4. Io _____ la tavola perché tra poco dobbiamo mangiare.

5. Che bello! La mia squadra (*team*) _____ alla televisione.

6. Oddio! Mara _____ un'altra gonna in camerino (*fitting room*)!

7. Mario _____ sotto la doccia. Non ha una bella voce (*voice*)!

C. Ma che state facendo?! È sabato pomeriggio e tutti stanno facendo attività diverse. Ascolta le frasi, poi riscrivi i verbi dal presente al presente progressivo. Ogni frase sarà ripetuta due volte.

ESEMPIO: *Senti:*   Marco lava la macchina di sua madre.

Scrivi: Marco ___*sta lavando*___ la macchina di sua madre.

1. Sara _____ la TV con suo fratello.

2. Maria e Filippo _____ a calcio con i compagni.

3. Beatrice _____ sul diario.

4. Luigi e Carlo _____ la musica in macchina.

5. Enrico _____ dei biscotti al cioccolato.

6. Benedetta e Antonella _____ i compiti d'inglese.

7. Gemma _____ una camomilla.

▶ *Check your answers to this activity in the* Answer Key *at the back of the workbook.*

D. Tocca a te! Adesso tu stai facendo i compiti d'italiano, ovviamente! Cosa stanno facendo i tuoi amici o i membri della tua famiglia in questo momento? Se non lo sai, usa la fantasia e scrivi almeno cinque frasi.

_____

_____

_____

_____

_____

6.3 Cosa mi metto oggi?   Reflexive verbs

A. La mattina di Mauro.

Parte prima. Completa il seguente paragrafo con i verbi giusti.

si alza	si annoia	si lava	si mette	si rade	si sveglia	si veste

La mattina Mauro _____[1] alle 7.00, ma _____[2] alle 7.10. Subito dopo va in bagno, dove _____[3] e poi _____[4] i denti e la faccia (*face*). Alle 7.35 torna in camera e _____:[5] _____[6] i pantaloni, la camicia, la cravatta, la cintura, i calzini e le scarpe. Per andare al lavoro deve sempre portare vestiti eleganti. Alle 7.45 va in cucina e fa colazione velocemente: di solito mangia dei biscotti e beve un caffellatte. Alle 8.10 esce di casa e va al lavoro. Alle 8.30 arriva in ufficio, e per il resto del giorno _____[7] moltissimo perché non gli piace il suo lavoro.

▶ *Check your answers to this activity in the* Answer Key *at the back of the workbook before doing the* **Parte seconda.**

Parte seconda. Ascolta le frasi e decidi se sono **vere** o **false**. Ogni frase sarà ripetuta due volte.

	vero	falso
1.	☐	☐
2.	☐	☐
3.	☐	☐
4.	☐	☐
5.	☐	☐

B. La coniugazione dei verbi riflessivi.

Parte prima. Scrivi il significato dei seguenti verbi e poi completa la tabella con le forme giuste.

	truccarsi	svegliarsi	sentirsi	arrabbiarsi
	_____	_____	*to feel*	_____
io				mi arrabbio
tu		ti svegli		
lui, lei; Lei			si sente	
noi				
voi	vi truccate			
loro				

Parte seconda. Nella coniugazione dei verbi italiani l'accento segue uno schema (*pattern*) particolare.* Lo schema non cambia quando il verbo è riflessivo. Ascolta la coniugazione di **vestirsi**; le sillabe accentate sono sottolineate. Ripeti la coniugazione.

	vestirsi (*to get dressed*)
io	mi _ve_sto
tu	ti _ve_sti
lui, lei; Lei	si _ve_ste
noi	ci ve_stia_mo
voi	vi ve_sti_te
loro	si _ve_stono

Parte terza. Scrivi il pronome riflessivo appropriato per ogni verbo, poi di' ad alta voce *pronome + verbo*, infine ascolta e verifica la tua pronuncia.

1. _____ mettono
2. _____ sbagliamo
3. _____ sentono
4. _____ lava
5. _____ annoiate
6. _____ rado
7. _____ guardi
8. _____ chiama
9. _____ alzano

---

*In Italian verb conjugations the stress shifts from the root of the verb to the ending (**desinenza**) in the **noi** and **voi** forms. Remember that the stress pattern of the **loro** form is just like the **io, tu,** and **lui/lei** forms.

C. La giornata di Roberta.

Parte prima. Ascolta le frasi e scegli l'immagine corrispondente a ogni frase. Le frasi saranno ripetute due volte.

ESEMPIO: *Senti:* Mi sveglio alle otto meno venti.
Scegli: g.

a.

b.

c.

d.

e.

f.

✓ g.
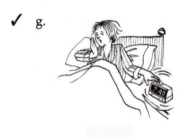

1. _____ 2. _____ 3. _____ 4. _____ 5. _____ 6. _____

Parte seconda. Adesso osserva le immagini e descrivi la giornata di Roberta. Scrivi una frase per ogni immagine.

ESEMPIO: *Vedi:* g.

Scrivi: _Roberta si sveglia alle 7.40_.

1. _____

2. _____

3. _____

4. _____

5. _____

6. _____

D. È riflessivo o no? Completa le frasi con la forma giusta del verbo.

1. Tu e Marta vi svegliate / svegliate ogni mattina alle 6.30?

2. Io mi chiamo / chiamo la mamma due volte alla settimana.

3. Ti senti / Senti bene oggi? Non parli e sei molto pallido (*pale*).

4. Tommaso e Francesca si svegliano / svegliano la loro figlia alle sette per andare a scuola.

5. Anna Maria si trucca / trucca solo quando esce la sera con i suoi amici.

6. La piccola Paola si veste / veste sempre le sue bambole (*dolls*).

7. Io mi lavo / lavo i denti ogni sera prima di andare a letto.

8. Non ti senti / senti mai il telefono quando squilla (*rings*).

E. Tocca a te! Descrivi la tua mattina tipica. Scrivi almeno sette frasi e usa almeno cinque verbi riflessivi.

La mattina (io)... _____

_____

_____

_____

_____

_____

6.4 Parlo bene l'italiano! Adverbs

A. Aggettivo o avverbio? Scegli la parola giusta per completare le frasi.

1. La zia di Marco ama riposarsi nel weekend e la domenica esce di casa raro / raramente.

2. Silvana lavora in un negozio ma non è gentile / gentilmente con i clienti.

3. Devo andare immediato / immediatamente in ufficio. Sono in ritardo.

4. Questo treno è veloce / velocemente e va direttamente a Milano.

5. Il professore d'italiano parla molto lento / lentamente e capiamo sempre tutto a lezione!

6. Lisa ama il suo lavoro ed è sempre puntuale / puntualmente.

B. Una bella giornata.

Parte prima. Ascolta la conversazione e scrivi tutti gli avverbi che senti. La conversazione sarà ripetuta due volte.

MARIA: Allora, che facciamo _____[1]?

GAIA: Perché non andiamo in centro a fare shopping? Mi piacerebbe vedere le nuove collezioni per l'inverno.

MARIA: _____[2] oggi non mi va. Ci sono già andata (*I went*) _____[3] Non possiamo andare sempre a fare shopping! Facciamo qualcos'altro, dai!

GAIA: OK. Come vuoi. Allora andiamo in centro a bere qualcosa. Di solito ci sono dei bei ragazzi in giro (*around*) a quest'ora.

MARIA: Perfetto. Vado a prepararmi. Torno _____.[4]

GAIA: Va bene, ma non facciamo _____.[5]

▶ *Check your answers to the* **Parte prima** *in the* Answer Key *at the back of the workbook before doing the* **Parte seconda.**

Parte seconda. Rileggi la conversazione della **Parte prima** e decidi se le frasi seguenti sono **vere** o **false.** Se la frase è falsa, riscrivila per renderla vera.

	vero	falso
1. Gaia vuole andare a fare shopping perché vuole vedere le nuove collezioni per la primavera.	☐	☐
_____		
2. Oggi Maria vuole andare a fare shopping.	☐	☐
_____		
3. Maria è andata a fare shopping ieri.	☐	☐
_____		
4. Gaia vuole andare a bere qualcosa perché fa caldo.	☐	☐
_____		
5. Prima di uscire, Maria deve prepararsi.	☐	☐
_____		

C. Guarda bene!

Parte prima. Metti le seguenti parole nella categoria giusta.

> bene   gentile   immediato   male   onesto   presto
> puntuale   raramente   sinceramente   veloce

aggettivi	avverbi
1. _____	1. _____
2. _____	2. _____
3. _____	3. _____
4. _____	4. _____
5. _____	5. _____

▶ *Check your answers to the* **Parte prima** *in the* Answer Key *at the back of the workbook before doing the* **Parte seconda.**

Parte seconda. Adesso trasforma gli aggettivi della **Parte prima** in avverbi.

1. _____

2. _____

3. _____

4. _____

5. _____

D. Scrivi bene! Adesso scrivi delle frasi originali con i seguenti aggettivi e avverbi.

1. bene _____

2. cattivo _____

3. tardi _____

4. lento _____

5. regolarmente _____

6. presto _____

7. gentile _____

Ascoltiamo!

La moda italiana

A. La moda in Italia. Ascolta le frasi e scrivi il numero della frase accanto all'immagine corrispondente. Le frasi saranno ripetute due volte.

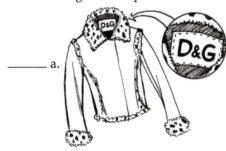

——— a.

——— b.

——— c.

——— d.

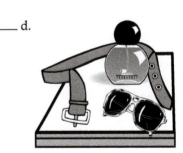

B. Vero o falso? Ascolta le frasi. Tre frasi sono vere e due false. Le frasi saranno ripetute due volte. Se la frase è falsa, scegli la parola appropriata della lista per renderla vera.

> eleganti   Milano   molta   ✓ nuova

ESEMPIO: *Senti:*   Una sfilata presenta una vecchia collezione.

             Scegli: **vero** ☐   **falso** ☑

                  parola: <u>*nuova*</u>

	vero	falso	
1.	☐	☐	parola: _____
2.	☐	☐	parola: _____
3.	☐	☐	parola: _____
4.	☐	☐	parola: _____
5.	☐	☐	parola: _____

C. Trova la categoria giusta! Scrivi le parole che senti nella categoria giusta. Le parole saranno ripetute due volte. **Attenzione!** Alcune categorie si ripetono.

Stilisti	Accessori e gioielli	Abiti

▶ *Check your answers to this activity in the* Answer Key *at the back of the workbook.*

Leggiamo!

Strategie di lettura

Deriving word meaning from context. Even when you read in your first language, you often encounter words that you don't know. When this happens, you probably try a number of strategies to allow you to keep reading; for example, you may skip the word if you think it isn't important to understanding the text or you may keep reading to see if something else in the text gives you a clue to the meaning of the word you don't know. Finally, if you can't figure out the word from the context and it seems important to understanding the text, you probably look it up in a dictionary.

When you read in Italian, you will encounter many words that you don't know. If you try to look them all up in the dictionary it will slow down your reading so much that you may want to give up reading altogether. Instead, try to use the same strategies you use in English before you open the dictionary.

Lettura

I personaggi (*characters*) della Commedia dell'arte sono immediatamente riconoscibili (*recognizable*) dai vestiti che portano. Guarda le figure, leggi le descrizioni e abbina ogni immagine alla descrizione giusta.

1.

2.

3.

4.

5.

_____ **a.** Arlecchino, il servo[1] sciocco,[2] indossa un abito multicolore.

_____ **b.** Brighella, il servo furbo, indossa camicia e pantaloni bianchi.

_____ **c.** Il Dottore è un avvocato (o un medico) di Bologna che sa tutto ed esprime la sua opinione su tutto. Porta un abito serio ed elegante, nero, con colletto e polsini bianchi, un grande cappello, una giacca e un mantello.[3]

_____ **d.** Pantalone è un vecchio mercante di Venezia. Porta pantaloni molto stretti, una giacca rossa e un lungo cappotto nero. Ha molti soldi ma non vuole mai spenderli.

_____ **e.** Pulcinella, il servo napoletano, porta un camiciotto bianco e un berretto a punta.

[1]*servant*   [2]*silly, foolish*   [3]*cloak, cape*

A. Le immagini, le parole e i personaggi. Scegli la risposta giusta.

1. Guarda l'immagine 3. Basandoti sulla tua conoscenza della parola **camicia**, **camiciotto** significa _____.

    a. una camicia voluminosa
    b. una camicia piccola
    c. una camicia piegata (*folded*) in otto parti

2. Guarda l'immagine 3. Basandoti sulla tua conoscenza della parola **punto, a punta** significa _____.
   a. a forma di **v** invertita
   b. arrotondata
   c. bassa

3. Guarda l'immagine 4. Basandoti sulla tua conoscenza della parola **collo** e della parola **polso, il colletto e i polsini** sono _____.
   a. *necklace and bracelets*
   b. *collar and cuffs*
   c. *top and bottom*

B. Il carattere (*personality*) dei personaggi. Ogni personaggio della Commedia dell'Arte ha un carattere particolare. Rileggi il testo un'ultima volta e abbina il personaggio alla sua caratteristica peculiare.

1.	Arlecchino	a.	avaro (*stingy*)
2.	Brighella	b.	furbo
3.	il Dottore	c.	pigro
4.	Pantalone	d.	sciocco
5.	Pulcinella	e.	vanitoso

◖ In Italia, Culture a confronto, Un po' di cultura e Regioni d'Italia

Utilizzando le informazioni delle sezioni **In Italia** e delle attività di cultura contrassegnate da ◖ nel libro, decidi se le frasi seguenti sono **vere** o **false**. Se una frase è falsa, cambia la parola in **neretto** per renderla vera.

	vero	falso
1. In italiano è possibile indicare «no» usando solo un **dito.**	☐	☐
2. Donatella Versace è un'importante stilista **italiana.**	☐	☐
3. Per gli italiani è sempre importante dare un'impressione **positiva,** cioè (*that is*) «fare bella figura».	☐	☐
4. Gli stilisti presentano le nuove collezioni alle **vetrine.**	☐	☐
5. In Italia, il primo centro commerciale chiuso fu costruito a **Roma** e si chiama Galleria Vittorio Emanuele.	☐	☐
6. La Camera Nazionale della Moda Italiana promuove la **moda** Made in Italy.	☐	☐

Scriviamo!

Strategie di scrittura

Add more details and fuller descriptions. In this chapter, you will be writing an ad to sell some personal effects on the Internet. As you compose your list of items for sale, engage your readers by including additional adjectives and details. Describe your items in terms of color, size, condition, fabric, and other characteristics to attract buyers. Specify gender and age category for clothing items as needed. Read the sample ads, then use the grid provided to organize your ideas. Be prepared to hand in your notes with your finished ad.

Genere: Annuncio (*Classified ad*)

Tema: Vuoi vendere degli articoli personali. Utilizzando gli annunci qui sotto come modelli, scrivi un breve annuncio destinato a siti come www.bakeka.it o www.secondamano.it. Descrivi tutti i particolari degli articoli che vuoi vendere e perché li vendi, cercando di convincere qualcuno a comprarli.

> ### Vendo vestiti nuovissimi e carinissimi!!
> Svuoto (*I'm emptying*) l'armadio!
> Vendo bellissimi bermuda, taglia 40, in cotone turchese, ottimi per la nuova stagione. Molto carini sono gli inserti in stoffa (*fabric*) con fiorellini (*piccoli fiori*) all'interno delle tasche e sulla cintura! Mai messi (*worn*), sono nuovissimi! Prezzo: € 15 . Vendo anche pantaloni Blasting marroni, taglia 42, a gamba stretta ma elasticizzati. Molto chic! € 20. Vendo anche una bella giacca in jeans con maniche (*sleeves*) particolari, messa solo due volte, taglia M per € 20.
>
> **Cell: 012 345 67890.**

> ### *Abito da sposa*
>
> NON MI SPOSO. VENDO ABITO DA SPOSA DI EGÒ DI VALENTINI COLLEZIONE 2012. TAGLIA 44/46. PAGATO (*paid*) 4.000 EURO. VENDO A 2.000 EURO. IN REGALO ANCHE CUSCINO (*pillow*) E FEDI (*wedding rings*). CONTATTAMI: nonpiangopiu@libero.it

> ### *Giubbotto Vera Pelle Moto GP*
>
> Vendo (per taglia sbagliata) Giubbotto Vera Pelle Moto GP NUOVO MAI INDOSSATO (*worn*) Vera Pelle Foderato (*lined*) Taglia XXL Euro 100. superuomo@hotmail.it

Ecco le informazioni che devi includere nel tuo annuncio:

1.	Descrizione dettagliata degli oggetti:	
2.	Perché vuoi vendere gli oggetti:	
3.	Taglia, numero, prezzo degli oggetti:	
4.	Numero di telefono/e-mail:	

1. Comincia il breve annuncio descrivendo in modo dettagliato gli oggetti che vuoi vendere.
2. Spiega perché vuoi vendere questi oggetti.
3. Indica la taglia o il numero (se applicabili) e il prezzo di ciascun oggetto.
4. Dai il il tuo contatto.

Alla fine, rileggi quello che hai scritto tenendo conto dei consigli di **Facciamo la verifica!**

Facciamo la verifica!

I have used:

☐ the **Strategia di scrittura** for this activity;

☐ relevant vocabulary and expressions from **Capitolo 6** of the textbook and the models provided;

☐ a wide range of adjectives and other expressions to describe the articles for sale.

I have proofread my writing and checked:

☐ for spelling errors, including apostrophes and accent marks;

☐ that the adjectives agree in gender and number with the nouns they accompany;

☐ that I used the correct forms of prepositions with definite articles (**sulla, del, al, ...**);

☐ that I have described my item in an appealing way that will attract buyers.

Cosa hai fatto questo weekend?

Strategie di comunicazione

A. Cosa dici? Completa le frasi con l'interiezione appropriata. Scegli fra quelle della lista. **Attenzione!**
Usa ogni interiezione *una sola volta*.

a. Oddio   b. Ahi   c. Magari   d. Boh   e. Macché   f. Dai

ESEMPIO: —Aspetta! (*Wait!*) Devo finire di mangiare.

—Ma *dai*, dobbiamo uscire adesso!

1.   —Domani c'è l'esame di fisica.

—Domani? _____, non ho studiato!

2.   —Ettore, quale gelato vuoi, alla fragola (*strawberry*) o al cioccolato?

—_____, non lo so. Mi piacciono tutti e due.

3.   —Cosa c'è, Anna?

—_____, mi fa male il braccio.

4.   —Federico, chi è al telefono? Annarita?

—_____! La ragazza più bella della città non telefona a casa mia.

5.   —Tuo padre ha comprato una BMW nuova?

—Mio padre? Una BMW? _____, ha comprato una piccola Fiat 500.

B. Cos'è successo? Trova nell'insieme B il consiglio adatto ad ogni problema dell'insieme A. Scrivi la
lettera corrispondente.

A	B
_____ 1. Ho mangiato molto!	a. Devi rileggere gli appunti.
_____ 2. Ho fatto le ore piccole!	b. Bevi una camomilla.
_____ 3. Non ho capito il passato prossimo!	c. Devi chiedere alla biglietteria (*ticket booth*).
_____ 4. Ho perso (*I lost*) l'orario dell'autobus!	d. Vai a dormire.

C. Uffa! Ascolta le frasi e scrivi la lettera della risposta giusta. Le frasi saranno ripetute due volte. **Attenzione!** Leggi le risposte prima di ascoltare le frasi. Usa ogni risposta *una sola volta*. Ci sono sei risposte; devi usarne solo cinque.

1. _____
2. _____
3. _____
4. _____
5. _____

a. Dai! Non sono così difficili!
b. Peccato! Non vedo l'ora di conoscerla (*meet her*).
c. Ehilà! Come stai?
d. Magari! Devo lavorare.
e. Boh!? Alle 9.00?
f. Mamma mia! È incredibile.

Pronuncia

La combinazione *sc*   Pronunciation of *sc*

La combinazione *sc*.

- Before the vowels **a, o,** and **u** the combination **sc** has a hard sound, as in *sky*.
- Before the vowels **e** or **i** the combination **sc** has a soft sound, as in *she*.
- The combination **sch** appears only in front of **e** or **i** and has a hard sound.

Listen and repeat the following words. Note the difference between the hard and soft sounds.

hard **sc:**	**pesca**	**ascoltare**	**scusa**
soft **sc:**	**scegliere**	**pesce**	**sciarpa**
hard **sch:**	**pesche**	**maschio**	**schiena**

Dettato.

Parte prima. Completa le parole che senti con **sc** o **sch**. Ogni parola sarà ripetuta due volte.

1. _____i
2. ri_____io
3. li_____a
4. vi_____io
5. u_____ire
6. va_____e
7. cono_____ere
8. li_____io

Parte seconda. Adesso scrivi le parole che senti. Ogni parola sarà ripetuta due volte.

1. _____
2. _____
3. _____
4. _____
5. _____
6. _____
7. _____
8. _____
9. _____

▶ *Check your answers to this activity in the* Answer Key *at the back of the workbook.*

Lessico

Il mio weekend   Talking about your weekend activities

A. Il weekend di Giorgia. Scegli le parole giuste per completare le frasi.

1. Nel weekend, alle nove di mattina, Giorgia fa sempre un giro _____.
    a. al compleanno   b. in teatro   c. in bici

2. Il pomeriggio del sabato le piace _____ gli amici.
    a. regalare   b. visitare   c. andare a trovare

3. Il sabato sera le piace andare a _____ uno spettacolo a teatro.
    a. vedere   b. festeggiare   c. suonare

4. La domenica mattina deve fare _____.
    a. il museo   b. il bucato   c. la musica

5. La domenica pomeriggio va sempre _____ di calcio con il suo ragazzo.
    a. alla partita   b. alla gita   c. allo spettacolo

6. Qualche volta va a visitare _____ d'arte moderna.
    a. un paziente   b. una gita   c. un museo

7. Ogni weekend _____ molte e-mail alle sue amiche.
    a. regala   b. scrive   c. canta

8. Le piace anche ascoltare _____ di Laura Pausini.
    a. le lezioni   b. l'e-mail   c. le canzoni

Giorgia e i suoi amici, Antonio e Valerio

B. Ogni quanto? (*How often?*) Riscrivi le frasi. Sostituisci le espressioni sottolineate con un avverbio di tempo. Scegli l'avverbio giusto fra quelli della lista. Puoi usare alcuni avverbi più di una volta.

non... mai   ogni tanto   sempre

una volta all'anno   una volta alla settimana   una volta al mese

ESEMPIO: Prepara il pranzo _tutti i giorni_ .
            Prepara _sempre_ il pranzo.

1. Fa il bucato <u>il lunedì sera</u>.

    _____

2. <u>Il primo weekend del mese</u> va a teatro con gli amici.

    _____

3. <u>In nessun giorno</u> può fare feste a casa perché ha una casa piccola.

    _____

4. <u>Il sabato</u> gioca a tennis con suo fratello.

    _____

5. <u>In agosto</u> va a trovare i nonni in Italia.

    _____

6. <u>In nessuna stagione</u> fa sport, perché non le piace.

    _____

7. <u>Quando può</u> fa la spesa al supermercato.

    _____

8. Cena a casa <u>tutte le sere</u>.

    _____

9. Va al museo <u>l'ultima domenica di ogni mese</u> perché non paga l'ingresso.

    _____

C. Come passano il weekend? Ascolta cosa fanno le seguenti coppie di amiche e poi decidi a chi si riferiscono le frasi. I testi saranno ripetuti due volte.

		Lucia e Isabella	Marta e Roberta
1.	Sabato vanno a vedere *Otello*.	☐	☐
2.	Sabato sera vanno a sentire Ligabue dal vivo (*live*).	☐	☐
3.	Domenica sera vanno alla discoteca Gilda.	☐	☐
4.	Domenica vogliono vedere la mostra (*exhibition*) di Raffaello.	☐	☐
5.	Amano molto la musica moderna.	☐	☐
6.	Hanno una grande passione per il teatro drammatico.	☐	☐

D. In che ordine?

Parte prima. Ascolta la descrizione del tipico sabato di Teresa e metti in ordine cronologico le immagini. Numera le immagini da 1 a 6. Il testo sarà ripetuto due volte.

a. _____   b. _____   c. _____

d. _____   e. _____   f. _____

Parte seconda. Descrivi, in ordine cronologico, quello che fa Teresa il sabato. Scrivi una frase per ogni immagine.

1. _____
2. _____
3. _____
4. _____
5. _____
6. _____

▶ *Check your answers to this activity in the* Answer Key *at the back of the workbook.*

E. Tocca a te! Quali sono le tue attività preferite? Scrivi un breve paragrafo. Descrivi almeno quattro attività diverse.

_____

_____

_____

_____

Strutture

7.1 Che hai fatto questo weekend? The present perfect of regular verbs

A. Chi l'ha fatto? Decidi chi ha fatto le seguenti cose: **Francesco, Francesca** o **non si sa.**

	Francesco	Francesca	Non si sa.
1. Ha parlato al telefono.	☐	☐	☐
2. È tornata a casa alle 20.15.	☐	☐	☐
3. È andata a trovare lo zio.	☐	☐	☐
4. Ha dormito due ore.	☐	☐	☐
5. È uscita di casa alle 7.15.	☐	☐	☐
6. Ha guardato la TV.	☐	☐	☐
7. Ha lavato la macchina.	☐	☐	☐
8. È arrivato a casa alle 14.30.	☐	☐	☐
9. Ha pulito il bagno (*bathroom*).	☐	☐	☐
10. È andato all'università.	☐	☐	☐

B. Chi parla?

Parte prima. Leggi le seguenti frasi e decidi quale di queste persone ha fatto l'azione descritta. Scrivi la lettera corrispondente.

a. Carlo   b. Roberta   c. Marcello e Diego   d. Sofia e Marianna

ESEMPIO: *Vedi:*   È entrata in albergo alle 16.00.
            Scegli: b.

1. _____ È partito per New York ieri sera.
2. _____ Sono uscite con i genitori.
3. _____ È andata a cena con la zia.
4. _____ Sono tornati a casa presto.
5. _____ È andato al concerto di Ligabue.
6. _____ Sono arrivate tardi al cinema.
7. _____ È uscita con gli amici alle 21.15.
8. _____ Sono stati al bar per tre ore.

Parte seconda. Scrivi il soggetto di ogni frase che senti. Le frasi saranno ripetute due volte.

ESEMPIO: *Senti:* È entrata in casa alle 20.10.

  Scrivi: b.

a. Carlo   b. Roberta   c. Marcello e Diego   d. Sofia e Marianna

1. _____   5. _____

2. _____   6. _____

3. _____   7. _____

4. _____   8. _____

C. I verbi al passato prossimo.

Parte prima. Scrivi la coniugazione dei seguenti verbi al passato prossimo. **Attenzione!** Prima decidi quale ausiliare hanno, **avere** o **essere**.

	andare	ballare	capire	partire	uscire
io					
tu					
lui					
lei					
noi					
voi					
loro (*m.*)					
loro (*f.*)					

Parte seconda. Ascolta e ripeti la coniugazione dei seguenti verbi al passato prossimo.

	arrivare	credere	dormire
io	sono arrivato/a	ho creduto	ho dormito
tu	sei arrivato/a	hai creduto	hai dormito
lui, lei; Lei	è arrivato/a	ha creduto	ha dormito
noi	siamo arrivati/e	abbiamo creduto	abbiamo dormito
voi	siete arrivati/e	avete creduto	avete dormito
loro	sono arrivati/e	hanno creduto	hanno dormito

Parte terza. Scrivi il pronome soggetto che accompagna ogni verbo. Poi ripeti ad alta voce *soggetto* + *verbo* e, dopo la pausa, ascolta e verifica la tua pronuncia.

1. _____ sono entrati
2. _____ ha comprato
3. _____ sono tornata

4. _____ è uscita
5. _____ è uscito
6. _____ ha dimenticato

7. _____ avete parlato
8. _____ abbiamo studiato
9. _____ siamo partite

D. Quando l'hai fatto? Ascolta le frasi e decidi quando le persone hanno fatto le varie attività. **Attenzione!** Alcune frasi sono al **presente** e alcune frasi sono al **passato prossimo.** Le frasi saranno ripetute due volte. Dopo una breve pausa, sentirai la risposta giusta.

ESEMPIO: *Senti:* Marco è uscito con Paola.
Vedi: a. la settimana prossima   b. la settimana scorsa
Scegli: b. la settimana scorsa

1. _____   a. ieri sera   b. domani sera
2. _____   a. domenica scorsa   b. domani
3. _____   a. la settimana scorsa   b. oggi
4. _____   a. sabato scorso   b. sabato prossimo
5. _____   a. tre giorni fa   b. domani pomeriggio
6. _____   a. ieri mattina   b. domani mattina

E. Le nostre vacanze.

Parte prima. Rita parla delle sue vacanze con Lucio. Ascolta e scrivi tutti i verbi che senti. Il testo sarà ripetuto due volte.

ESEMPIO: *Senti:* Abbiamo mangiato in un ristorante elegante.
Scrivi: _abbiamo mangiato_

1. _____
2. _____
3. _____
4. _____

5. _____
6. _____
7. _____
8. _____

Parte seconda. Adesso ascolta il testo di nuovo e rispondi alle seguenti domande con delle frasi complete.

1. Dove sono andati in vacanze Lucio e Rita?

_____

2. A che ora sono partiti da Milano?

_____

3. Che cosa hanno visitato martedì?

_____

4. Che cosa ha fatto Rita ogni giorno? E Lucio?

_____

5. Quando sono partiti da Roma per Milano?

_____

6. Quando sono tornati al lavoro?

_____

▶ *Check your answers to this activity in the* Answer Key *at the back of the workbook.*

F. Sapere o conoscere? Scegli il verbo giusto per completare le frasi.

1. Marco <u>ha conosciuto / ha saputo</u> Alessia ad una festa l'anno scorso.

2. Gianluca <u>ha conosciuto / ha saputo</u> oggi che Maria non esce più con Matteo.

3. <u>Ho conosciuto / Ho saputo</u> molte persone nuove all'università quest'anno.

4. Laura e Giulia <u>hanno conosciuto / hanno saputo</u> che Paolo stasera va in discoteca.

5. Tu e Filippo <u>avete conosciuto / avete saputo</u> tante ragazze in Spagna quest'anno.

6. <u>Abbiamo conosciuto / Abbiamo saputo</u> perché non sei andato alla partita la settimana scorsa.

7. <u>Hai conosciuto / Hai saputo</u> perché Massimo non ha superato (*did not pass*) l'esame di filosofia?

G. Che ha fatto la famiglia Marini venerdì scorso? Scrivi che cosa hanno fatto venerdì scorso le varie persone nelle immagini. Scrivi delle frasi complete.

Franco   Barbara e Luca   Giulia

Susanna   Giuliano

_____

_____

_____

_____

_____

7.2 Ieri abbiamo vinto la partita   The present perfect of irregular verbs

A. Regolare o irregolare? Decidi se i seguenti participi passati sono regolari o irregolari, poi scrivi l'infinito di tutti i verbi.

		regolare	irregolare	l'infinito
1.	ho festeggiato	☐	☐	_____
2.	ho visto	☐	☐	_____
3.	ho scelto	☐	☐	_____
4.	sono entrata	☐	☐	_____
5.	ho offerto	☐	☐	_____
6.	sono arrivato	☐	☐	_____
7.	ho detto	☐	☐	_____
8.	ho scritto	☐	☐	_____

B. La giornata di Gabriele.

Parte prima. Gabriele parla di quello che (*what*) ha fatto oggi. Segna l'infinito di ogni verbo che senti. Il testo sarà ripetuto due volte.

1.	☐	andare	9.	☐	partire
2.	☐	arrivare	10.	☐	perdere
3.	☐	bere	11.	☐	rimanere
4.	☐	chiudere	12.	☐	rompere
5.	☐	correre	13.	☐	scegliere
6.	☐	dormire	14.	☐	scrivere
7.	☐	leggere	15.	☐	tornare
8.	☐	offrire	16.	☐	uscire

Parte seconda. Ascolta il testo di nuovo e decidi se le frasi sono **vere** o **false.**

		vero	falso
1.	Gabriele è uscito di casa alle otto meno un quarto.	☐	☐
2.	Ha fatto colazione a casa.	☐	☐

3. A colazione ha bevuto un cappuccino.	☐	☐
4. È andato al lavoro in macchina.	☐	☐
5. Dopo pranzo ha dormito due ore.	☐	☐
6. È rimasto a casa tutto il pomeriggio.	☐	☐

Parte terza. Per ogni verbo della lista, di' ad alta voce la forma in **io** al passato prossimo. Dopo la pausa, ascolta la risposta giusta.

1. scrivere
2. leggere
3. bere
4. chiudere
5. perdere

6. vincere
7. prendere
8. offrire
9. rompere
10. scegliere

C. E per te? Completa le frasi con il passato prossimo di un verbo della lista nella forma in **io**. Poi decidi se la frase è vera o no per te.

andare	bere	fare	perdere	prendere	rimanere	scrivere	vedere	vincere

	vero	falso
1. Sabato sera non sono uscito/a: _____ a casa.	☐	☐
2. Ieri mattina _____ un caffè.	☐	☐
3. Stamattina _____ presto all'università.	☐	☐
4. Lo scorso fine settimana _____ un bel film al cinema.	☐	☐
5. _____ molte volte le chiavi.	☐	☐
6. _____ una passeggiata sotto la pioggia (*rain*).	☐	☐
7. _____ una poesia (*poem*) d'amore per una persona speciale.	☐	☐
8. _____ la metropolitana (*subway*) a Milano.	☐	☐
9. _____ una borsa di studio (*scholarship*).	☐	☐

D. Che hai fatto? Ascolta le domande e rispondi con una frase completa. Ogni domanda sarà ripetuta due volte.

ESEMPIO: *Senti:* Hai studiato italiano lo scorso weekend?
Rispondi: Sì, lo scorso weekend ho studiato italiano.
(No, lo scorso weekend non ho studiato italiano.)

1. ... 2. ... 3. ... 4. ... 5. ... 6. ...

E. Tocca a te! Che hai fatto lo scorso weekend? Descrivi quello che hai fatto lo scorso weekend. Scrivi almeno sei frasi.

_____

_____

_____

7.3 Non studio mai dopo mezzanotte! Negative expressions

A. E tu? Scegli l'espressione negativa giusta per completare le frasi.

1. A lezione non parlo con <u>nessuno / niente</u> e ascolto sempre il professore.
2. Non studio <u>niente/ più</u> chimica perché è troppo difficile.
3. La mattina non bevo <u>nessuno / niente</u>.
4. Non bevo <u>mai / niente</u> la birra.
5. Non ho conosciuto <u>nessuno / niente</u> il primo giorno di scuola.
6. Non studio <u>mai / nessuno</u> durante il weekend.
7. Non guardo <u>niente / più</u> i cartoni (*cartoons*) il sabato mattina.
8. Quando sono in vacanza non faccio <u>nessuno / niente</u>.

B. Il negativo. Trasforma le seguenti frasi da affermative a negative. Usa le parole tra parentesi.

ESEMPIO: Guardo sempre la TV la sera. (non... mai)
Non guardo **mai** la TV la sera.

1. Ho visto molte persone a casa di Giacomo sabato sera. (non... nessuno)

   _____

2. Io e Natalia abbiamo comprato molti vestiti a Roma l'anno scorso. (non... niente)

   _____

3. I miei genitori hanno visto i loro amici ieri sera. (non... nessuno)

   _____

4. Vedo i miei compagni in biblioteca ogni sera. (non... mai)

   _____

5. Lavoro ancora al negozio (*store*) dopo le lezioni. (non... più)

   _____

6. Ieri mattina ho speso 10 euro. (non... niente)

   _____

7. Laura e Matteo parlano sempre al telefono la sera. (non... mai)

   _____

C. Hai mai... ? Ascolta le domande e rispondi con l'espressione **non... mai** quando è necessario. Ogni domanda sarà ripetuta due volte.

ESEMPIO: *Senti:* Hai mai studiato il cinese?
Dici: Sì, ho studiato il cinese.
(No, non ho mai studiato il cinese.)

1. ...   2. ...   3. ...   4. ...   5. ...   6. ...

D. Cosa c'è scritto? Forma delle frasi complete mettendo le parole nell'ordine giusto. **Attenzione!** Tutte le frasi sono al passato prossimo e usano **non... mai** o **non... più**.

1. non / la / bevuto / mai / ha / birra

   Gianni è astemio. _____

2. gelateria / Anna / più / lavorato / non / quella / ha / in

   Dopo il furto (*robbery*), _____

3. venuta / non / casa / mia / è / a / mai

   Marianna non esce mai. _____

4. preso / mai / l' / non / aereo / ha

   La nonna ha paura di viaggiare. _____

5. parlato / dopo / amici / le / vacanze / ho / più / ai / non / miei

   Sono troppo impegnato. _____

6. uno spettacolo / non / al Teatro Romano / visto / io e mio marito / mai / abbiamo
   Anche se andiamo spesso a Verona, _____

Il programma del Teatro Romano a Verona

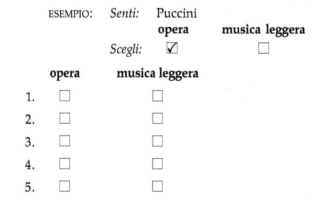

Ascoltiamo!

La musica in Italia

A. Come finisce? Scegli la parola giusta per completare le frasi.

1. I creatori di un'opera lirica sono il compositore e <u>il tenore / il librettista</u>.

2. Il teatro d'opera italiano più famoso del mondo è il Teatro alla Scala di <u>Milano / Roma</u>.

3. In Italia la musica non classica (come la musica pop, R&B, ecc.) si chiama musica <u>leggera / giovane</u>.

4. Tutti gli anni c'è un grande festival di musica pop nella città di <u>Siracusa / Sanremo</u>.

5. Un'attività molto diffusa tra i giovani è <u>cantare il karaoke / ballare in discoteca</u>.

B. Che tipo di musica compone? Ascolta i nomi di cinque artisti italiani. I nomi saranno ripetuti due volte. Segna la categoria di musica giusta per ogni artista.

ESEMPIO: *Senti:* Puccini

	opera	**musica leggera**
Scegli:	☑	☐

	opera	**musica leggera**
1.	☐	☐
2.	☐	☐
3.	☐	☐
4.	☐	☐
5.	☐	☐

C. Hai buona memoria? Ascolta le frasi. Due frasi sono vere e tre false. Le frasi saranno ripetute due volte. Se la frase è falsa, scegli l'espressione appropriata della lista per renderla vera.

> **i giovani   opere liriche   leggera**

ESEMPIO: *Senti:* Rossini fu compositore di musica funk.

	vero	**falso**	
Scegli:	☐	☑	l'espressione: opere liriche

	vero	**falso**	
1.	☐	☐	l'espressione: _____
2.	☐	☐	l'espressione: _____
3.	☐	☐	l'espressione: _____
4.	☐	☐	l'espressione: _____
5.	☐	☐	l'espressione: _____

Leggiamo!

Strategie di lettura

Using contextual cues to tense. Verbs help us identify and organize the order of events in a story. While verb tense is the most reliable indicator of when the action occurred, what you know about how stories are told, the structure of the story (**atto primo, atto secondo**), and adverbs of time (**ieri, poi, l'anno prossimo**) can also help you figure out when events happen. As you read this summary of the opera *Turandot* by Puccini, ⟨circle⟩ the verbs that are in the present indicative and <u>underline</u> the verbs that are in the past. Verbs in the future appear in **bold.**

Lettura

Riassunto dell'opera *Turandot*

La principessa Turandot è così bella che tutti gli uomini si innamorano di lei appena[1] la vedono. Oltre che bellissima, però, è anche molto crudele[2]: i suoi pretendenti[3] devono risolvere tre enigmi[4] e se non danno le risposte esatte,[5] vengono decapitati. Chi, invece, **riuscirà** a risolvere gli enigmi **avrà** la mano della bella principessa.

Nel primo atto, il principe Calaf vede Turandot e si innamora pazzamente[6] di lei.

Nel secondo atto il principe risolve i tre enigmi. La principessa, infuriata, vuole sapere il nome di questo principe che ora deve, ma non vuole, sposare. Il principe, a sua volta, propone alla principessa un enigma: se **riuscirà** a indovinare[7] entro 24 ore il vero nome del principe, non **dovrà** sposarlo. Turandot ordina a tutti di non dormire finché[8] non **riuscirà** a scoprire il nome del principe.

Nel terzo atto la principessa dice di aver indovinato il nome del principe: si chiama «Amore», perché anche la bellissima Turandot alla fine si è innamorata di Calaf.

Un'aria famosa

Quest'opera ha un'aria bellissima e molto famosa, «Nessun dorma» ("Let no one sleep"), che il principe canta nel secondo atto. Ecco il testo dell'aria:

Nessun dorma!... Nessun dorma!...

Tu pure, o Principessa,

nella tua fredda stanza[9]

guardi le stelle che tremano[10]

d'amore e di speranza![11]

Ma il mio mistero è chiuso in me,

il nome mio nessun **saprà!**[12]

[1]*as soon as* [2]*cruel* [3]*suitors* [4]*enigmas, riddles* [5]*exact* [6]*madly* [7]*guess* [8]*until* [9]*room* [10]*stelle... stars that tremble*

[11]*hope* [12]*will know*

A. La storia. Leggi le seguenti frasi e metti in ordine cronologico le azioni della *Turandot*.

1. __1__ Gli uomini si innamorano di Turandot appena la vedono.

2. _____ Turandot deve risolvere un enigma: indovinare il nome del principe Calaf.

3. _____ Calaf risolve gli enigmi.

4. _____ I pretendenti che non risolvono gli enigmi vengono decapitati.

5. _____ Secondo Turandot, il principe si chiama «Amore» perché anche lei si è innamorata.

6. _____ Turandot si arrabbia perché a questo punto lo deve sposare, ma non vuole.

B. Un lieto fine (*Happy ending*). Come cambia l'atteggiamento (*behavior*) della principessa nel corso dell'opera? Completa le frasi con gli aggettivi della lista. **Attenzione!** Nota l'uso degli avverbi per raccontare la progressione degli eventi: **all'inizio, dopo che, poi, alla fine.**

> crudele   disperata   infuriata   innamorata

All'inizio Turandot è _____^{1} ma, dopo che Calaf risolve gli enigmi, è _____.^{2} Poi, quando Calaf propone un suo enigma e Turandot non riesce a risolverlo, diventa _____.^{3} Alla fine, però, Turandot è pazzamente _____^{4} anche lei.

🌓 In Italia, Culture a confronto, Un po' di cultura e Regioni d'Italia

Utilizzando le informazioni delle sezioni **In Italia** e delle attività di cultura contrassegnate da 🌓 nel libro, decidi se le frasi seguenti sono **vere** o **false.** Se una frase è falsa, cambia la parola in **neretto** per renderla vera.

		vero	falso
1.	Laura Pausini è famosa in tutto il mondo non solo per le sue canzoni in italiano, ma anche per quelle in **spagnolo.**	☐	☐
2.	Il primo musicista italiano ad apparire sulla copertina di *Rolling Stone* (edizione italiana) è stato **Jovanotti.**	☐	☐
3.	«La donna è mobile» è una famosa **pubblicità.**	☐	☐
4.	L'Arena, l'anfiteatro romano noto in tutto il mondo per la sua stagione lirica, si trova a **Milano.**	☐	☐
5.	Il Festival di Sanremo celebra la musica **classica** italiana.	☐	☐
6.	«Largo al factotum» è un'**aria** del *Barbiere di Siviglia.*	☐	☐

Scriviamo!

Strategie di scrittura

Organizing ideas. Learning how to group related material into paragraphs will make your writing more coherent. Begin by identifying the single main idea of each paragraph. For this particular activity, in which you recount a recent concert experience, you can devote one paragraph to the events leading up to the concert, another paragraph to the concert itself, and a third to tell what happened after the concert was over. Open each of your paragraphs with a topic sentence, summarizing the main points that you will make in the paragraph. To find key words and phrases that you can use to express yourself, scan the **Capitolo 7** vocabulary list in your textbook and use the **Vocabolario utile** provided here. Don't forget that when writing about completed actions in the past, you'll need to use the **passato prossimo.** Underline the topic sentence in each of your paragraphs.

Genere: Resoconto (*Report*)

Tema: Un amico ha saputo che c'è stato un concerto di un gruppo famoso nella tua città. Ecco l'e-mail che ti ha scritto con tutte le sue domande.

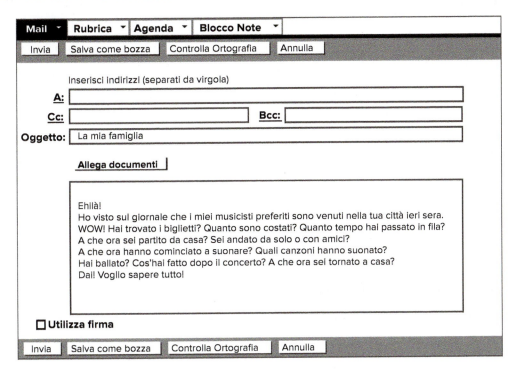

Su un foglio di carta, scrivi un messaggio al tuo amico, rispondendo alle sue domande. Alla fine, rileggi quello che hai scritto tenendo conto dei consigli di **Facciamo la verifica!**

Facciamo la verifica!

I have used:

☐ the **Strategia di scrittura** for this activity;

☐ relevant vocabulary and expressions from **Capitolo 7** of the textbook and the models provided.

I have proofread my writing and checked:

☐ for spelling errors, including apostrophes and accent marks;

☐ that I have used the correct past participle endings for regular verbs (**-ato, -ito, -uto**) and the correct auxiliary verb (**avere** or **essere**) in the **passato prossimo**;

☐ that I have used the correct past participles of irregular verbs (e.g., **ho visto, abbiamo fatto, ho preso**);

☐ that the past participle of each verb conjugated with **essere** agrees in gender and number with the subject (e.g., **siamo andati, Elisa non è venuta**);

☐ that I have used negation correctly with the **passato prossimo** (e.g., **non abbiamo sentito niente**);

☐ that I have described the experience in such a way that a friend would easily understand what happened and when.

Capitolo

8

Che bella festa!

Strategie di comunicazione

A. Rivediamo! Scegli la domanda giusta.

1. «A dir la verità preferisco andare al mare.»
   a. Ti piace nuotare?
   b. Ti piacerebbe andare a Parigi (*Paris*)?

2. «Mi dispiace, non porto mai l'orologio.»
   a. Cos'è successo?
   b. Mi puoi dire l'ora?

3. «Grazie, ma ho un altro impegno alle 13.00.»
   a. Ti piacerebbe cenare a casa mia?
   b. Le piacerebbe pranzare a casa mia?

4. «Insomma. Perché non prendiamo dei fiori invece?»
   a. Ti va bene se portiamo una bottiglia di vino?
   b. Ti piacerebbe uscire?

B. Tanti auguri! Scrivi l'espressione di auguri giusta accanto all'immagine corrispondente.
Attenzione! Ci sono sei auguri, devi usarne solo cinque.

Buon appetito!　　　　Buon anniversario!　　　Buon anno!
Buon compleanno!　　　Buon Natale!　　　　　Buon viaggio!

1.

(*continued*)

147

2.

_____

3.

_____

4.

_____

5.

_____

C. Festeggiamo! Ascolta gli auguri. Saranno ripetuti due volte. Abbina l'augurio alla situazione giusta. Scrivi la lettera corrispondente. **Attenzione!** Leggi le situazioni prima di ascoltare gli auguri.

1. _____   a. prima dell'esame d'italiano

2. _____   b. alla tua amica che va a lavorare

3. _____   c. a mezzanotte il 31 dicembre

4. _____   d. a tavola prima di mangiare

5. _____   e. a tuo fratello che va in Italia

Pronuncia

La combinazione *gli*   Pronunciation of *gli*

La combinazione *gli*.

- The combination **gli** has a palatal sound like *ll* in the word *mi_ll_ion*.
- Listen and repeat the following words:

gli	**famiglia**	**figli**
svegliarsi	**tovagliolo**	**voglia**

- Notice the difference with the pronunciation of **ll**.

collana	**tortellini**	**pollo**

Dettato.

Parte prima. Completa le parole che senti con **gli** o **ll**. Ogni parola sarà ripetuta due volte.

1. mo___e   4. vo___o   7. po___o

2. be___a   5. tagliate___e 8. ba___are

3. ma___etta   6. sce___ere

Parte seconda. Adesso scrivi le parole che senti. Ogni parola sarà ripetuta due volte.

1. _____   5. _____   9. _____

2. _____   6. _____   10. _____

3. _____   7. _____

4. _____   8. _____

▶ *Check your answers to this activity in the* Answer Key *at the back of the workbook.*

Lessico

Buone feste! Talking about Italian and American holiday celebrations

A. Che cos'è? Scegli la parola giusta per completare le frasi.

1. Il 24 dicembre è <u>la festa / la vigilia / il giorno</u> di Natale.

2. Ai bambini che non sono stati buoni la Befana porta <u>il carbone / i regali / le uova</u>.

3. Negli Stati Uniti per Halloween i bambini ricevono <u>la colomba / i dolcetti / il panettone</u>.

4. Babbo Natale porta <u>gli auguri / le nozze / i regali</u> ai bambini.

5. L'anniversario di <u>50 anni / 25 anni / 15 anni</u> di matrimonio sono le nozze d'oro.

6. L'Epifania è <u>il cinque gennaio / il sei gennaio / il sei febbraio</u>.

7. Il giorno del compleanno <u>riceviamo / compriamo / compiamo</u> gli anni.

8. A Natale le famiglie fanno <u>l'albero / i fuochi d'artificio / la calza</u>.

B. Quando è? Scrivi il nome del mese o dei mesi in cui ci sono le seguenti feste.

1. la notte di San Silvestro ——————————————————————

2. l'Epifania ——————————————————————————————————

3. la Pasqua ——————————————————————————————————

4. San Valentino ———————————————————————————————

5. il primo dell'anno ————————————————————————————

6. il Natale ———————————————————————————————————

7. il giorno dell'Indipendenza americana ——————————————

8. il giorno di San Patrizio —————————————————————

9. il giorno del Ringraziamento ————————————————————

C. I programmi per le feste.

Parte prima. Giacomo e Pino sono amici di vecchia data (*old friends*). Si incontrano per strada e discutono dei loro programmi per Natale e Capodanno. Scegli le frasi che completano il loro dialogo in modo appropriato.

   a.   La mattina andiamo in chiesa.
   b.   Facciamo una cena a base di pesce.
   c.   Prepari tu il cenone quest'anno?
   d.   Che bello! Da casa tua si vedono molto bene i fuochi d'artificio.
   e.   Penso alle undici, perché alle nove è troppo presto.
   f.   Tutti eccetto mia sorella, perché torna da Padova il 30 dicembre.

PINO: Ciao, Giacomo. Buon Natale!

GIACOMO: Grazie, altrettanto. Che fate stasera per la vigilia?

PINO: ____.[1]

GIACOMO: Anche noi. E domani?

PINO: ____.[2]

GIACOMO: A che ora?

PINO: ____.[3]

GIACOMO: Allora ci vediamo lì. Viene tutta la tua famiglia?

PINO: ____.[4]

GIACOMO: Bene, così potremo festeggiare l'anno nuovo tutti insieme, anche con tua sorella. Venite a casa mia?

PINO: Sì, volentieri! ____.[5]

GIACOMO: Sì, cucino io! Allora tutti da me per la mezzanotte!

PINO: ____.[6]

GIACOMO: Lo sai che i cenoni di San Silvestro a casa mia sono sempre divertentissimi! Ciao, ci vediamo domani in chiesa.

Parte seconda. Adesso ascolta il dialogo e controlla se le tue risposte sono giuste.

D. La Pasqua di Monica.

Parte prima. Ascolta la descrizione della Pasqua di Monica e metti le immagini in ordine cronologico. La descrizione sarà ripetuta due volte.

a.

b.

c.

d.

e.

1. _____ 2. _____ 3. _____ 4. _____ 5. _____

Parte seconda. Adesso scrivi una descrizione della Pasqua di Monica.

_____

_____

_____

_____

E. Che fanno e che dicono? Ascolta le domande e scegli la risposta giusta. Ogni domanda sarà ripetuta due volte.

ESEMPIO: *Senti:*   Che dicono gli italiani a un amico che parte?
　　　　　 Vedi: a. Crepi!   b. Buon viaggio!   c. Buon compleanno!
　　　　　 Scegli: b. Buon viaggio!

1. _____ a. corrono   b. si baciano   c. discutono

2. _____ a. Buon anno!   b. Buone feste!   c. Tanti auguri!

3. _____ a. di giorno   b. di pomeriggio   c. di notte

4. _____ a. Babbo Natale   b. la Befana   c. l'Epifania

5. _____ a. il pesce   b. la bistecca   c. il pollo

6. _____ a. le nozze d'oro b. il compleanno   c. le nozze d'argento

7. _____ a. la birra   b. lo spumante   c. il succo d'arancia

F. Tocca a te! Quali sono le feste più importanti per la tua famiglia? Che tradizioni avete? Scrivi almeno cinque frasi.

_____

_____

_____

_____

_____

Strutture

8.1 Ci vediamo domani! Reciprocal verbs

A. Cose che si fanno in due. Abbina i verbi alle descrizioni giuste.

a. si baciano b. si telefonano c. si incontrano d. si mettono insieme e. si salutano
f. si separano g. si sposano

1. _____ Lisa e Anna si dicono «buon giorno».

2. _____ Giuseppe e Sofia celebrano il matrimonio in chiesa.

3. _____ Paola va a vivere a Milano e Francesco va a vivere a Napoli.

4. _____ Giorgio e Luisa vogliono stare insieme.

5. _____ Lorenzo ed Emanuela si vedono per strada.

6. _____ Sara e Marianna devono dirsi una cosa importante.

7. _____ Quando degli amici italiani si vedono, si salutano e...

B. Reciproco o no? Scegli la forma giusta del verbo per completare le frasi.

1. Davide e Valentina amano / si amano molto il teatro e vanno spesso a vedere opere liriche.

2. Quando sono in vacanza, io e i miei genitori non scriviamo / ci scriviamo mai.

3. Tu e Giorgio vedete / vi vedete molti film insieme o andate al cinema da soli?

4. Enrico e Stefania non capiscono / si capiscono l'algebra e non vogliono più studiarla.

5. Laura e Giovanna telefonano / si telefonano ogni sera e parlano per un'ora.

6. Paola e Beatrice non salutano / si salutano più Daniela perché non è molto simpatica.

7. Io e mio fratello facciamo / ci facciamo sempre gli auguri di Pasqua per telefono perché io abito a Roma e lui abita a Los Angeles.

C. Due che si innamorano.

Parte prima. Ascolta le frasi che raccontano la storia di Alessandro e Mara e scrivi per ciascuna frase la lettera dell'immagine corrispondente. Ogni frase sarà ripetuta due volte.

a.

b.

c.

d.

e.

1. _____   2. _____   3. _____   4. _____   5. _____

Parte seconda. Adesso guarda le immagini e continua la storia di Alessandro e Mara.

ESEMPIO: Si vedono tutti i giorni.

_____

_____

_____

_____

_____

8.2 Ci siamo visti ieri The present perfect of reflexive and reciprocal verbs

A. Di chi si parla? Scegli il soggetto di ogni frase. Scrivi la lettera corrispondente.

a. Mario   b. Susanna   c. Antonio e Filippo   d. Natalia e Valeria

1. _____ si è annoiata a teatro perché non le piace l'opera lirica.

2. _____ si sono incontrati stamattina alla stazione per andare a Verona.

3. _____ oggi si è alzato presto perché ha una riunione molto importante in ufficio.

4. _____ quando si sono incontrate, si sono baciate.

5. _____ si è arrabbiato con Carla perché lei arriva a casa sua sempre in ritardo.

6. _____ si sono divertiti ieri sera al bar con gli amici.

7. _____ si è messa il giubbotto perché fuori fa molto freddo e nevica.

8. _____ si sono telefonate per parlare dell'esame di chimica.

B. A che ora ti sei alzato? Completa i verbi in modo appropriato. Segui l'esempio.

ESEMPIO: Stamattina Marco si _____ mess_____ la giacca e la cravatta.
Stamattina Marco si <u>è</u> mess<u>o</u> la giacca e la cravatta.

1. Anna non si _____ truccat_____ perché nel pomeriggio va in piscina.

2. Io e Stefano non ci _____ divertit_____ alla festa di Sara.

3. Le bambine si _____ lavat_____ i denti prima di andare a letto.

4. FABIO: A che ora ti _____ svegliat_____ oggi?

   RITA: Mi _____ svegliat_____ alle 7.30.

5. Patrizia e Fabiana si _____ arrabbiat_____ perché Gianni non è andato con loro al mare.

6. Io e mio marito ci _____ conosciut_____ all'università vent'anni fa.

7. Marco e Isabella si _____ separat_____ l'anno scorso a Natale. Che storia triste!

C. La giornata di Luciana e Giovanni. Completa le frasi con i verbi al passato prossimo.

| alzarsi | andare | arrabbiarsi | divertirsi | lavarsi | mettersi | uscire |

1. Luciana e Giovanni _____ alle 7.05 per prepararsi e andare a lavorare.

2. Sotto la doccia Giovanni _____ i capelli e la faccia.

3. Luciana _____ le calze, una gonna e una camicia.

4. Luciana e suo marito _____ di casa alle 8.15.

5. Il direttore (*boss*) _____ con Giovanni perché non ha ancora scritto una lettera urgente a un cliente.

6. La sera Giovanni e Luciana _____ a casa di amici e _____ da matti.

D. Chi fa le azioni?

Parte prima. Abbina i soggetti dell'insieme A ai verbi dell'insieme B e scrivi delle frasi complete.

A	B
Valeria e Riccardo	si è raso
Tamara e Vittoria	si è divertita
Filippo	si sono lasciati
Sandra	si sono incontrate

1. _____
2. _____
3. _____
4. _____

Parte seconda. Di' ad alta voce le frasi della **Parte prima** usando le espressioni di tempo fornite. Dopo la pausa, ascolta e ripeti la risposta giusta.

ESEMPIO: *Vedi e senti:*   La settimana scorsa Valeria e Riccardo...
                Dici: La settimana scorsa Valeria e Riccardo si sono lasciati.
                Senti e ripeti: La settimana scorsa Valeria e Riccardo si sono lasciati.

1. Stamattina Tamara e Vittoria...

2. Ieri sera Filippo...

3. Sabato scorso Sandra...

E. Quando io e Lorenzo ci siamo conosciuti...

Parte prima. Francesca racconta di quando lei e il suo fidanzato (*fiancé*) Lorenzo si sono conosciuti. Ascolta la storia e metti in ordine i verbi che senti. Sentirai la storia due volte. Alcune risposte sono già state inserite.

_8_ baciarsi	___ incontrarsi	___ separarsi
_5_ bere	_3_ innamorarsi	_12_ sposarsi
___ chiedere	_10_ mettersi insieme	___ vedersi
_1_ conoscersi	_6_ parlare	___ finire

Parte seconda. Adesso ascolta la storia una seconda volta e scrivi i verbi nella forma che senti. La storia sarà ripetuta due volte.

1. _ci siamo conosciuti_   7. _____
2. _____   8. _____
3. _____   9. _____
4. _____   10. _____
5. _____   11. _____
6. _____   12. _____

▶ *Check your answers to the* **Parte prima** *and the* **Parte seconda** *in the* Answer Key *at the back of the workbook.*

Parte terza. Ascolta le domande e scegli la risposta giusta. Ogni domanda sarà ripetuta due volte. Ripeti ad alta voce la risposta.

1. a. ad un matrimonio   b. a una festa
2. a. del vino   b. della birra
3. a. due ore   b. tre ore
4. a. in piazza   b. al bar
5. a. ieri   b. la settimana scorsa

F. Tocca a te! Adesso descrivi quello che hai fatto ieri, cominciando da quando ti sei alzato/a. Scrivi almeno otto frasi e usa i seguenti verbi riflessivi e reciproci.

alzarsi	**annoiarsi**	**divertirsi**	**lavarsi**
incontrarsi	**mettersi**	**salutarsi**	**svegliarsi**

Ieri... _____

_____

_____

_____

_____

_____

_____

8.3 L'amore è bello   The use of definite and indefinite articles

A. Decisioni! Scegli l'articolo giusto per completare le frasi.

1. La settimana scorsa ho comprato due magliette e una / la camicia.

2. Una / La fisica è molto difficile, non pensi?

3. Mia sorella ha un / l'amico che lavora a Torino.

4. Io e la mia famiglia andiamo sempre in chiesa una / la domenica.

5. Non so perché una / la professoressa Bellini non è venuta a lezione stamattina.

6. Ieri sera i miei amici hanno visto un / il bel film al cinema, ma non mi ricordo il titolo.

7. Un / Il tuo nuovo appartamento è grande o piccolo?

8. Una / La religione è un argomento (*topic*) difficile da discutere in classe.

9. Martedì è festa e lunedì facciamo un / il ponte. Forse andiamo al mare.

B. L'articolo giusto.

Parte prima. Completa le frasi con l'articolo determinativo o indeterminativo giusto.

1. Il fratellino di Giacomo è nato _____ 23 luglio.

2. Ieri Silvana ha comprato _____ gonna nuova.

3. Hai visto _____ mio gatto? È uscito quando ho aperto la porta e adesso non lo trovo.

4. Devo dire che _____ università è veramente impegnativa (*demanding*). Non è per tutti!

5. Marco e Gino hanno comprato _____ regalo per Gaia perché domani è il suo compleanno.

6. Io e Carla abbiamo lezione di violino ogni settimana, _____ martedì e _____ giovedì.

7. Di solito _____ studenti non mangiano molto bene perché non hanno voglia di cucinare.

8. Ho sentito che _____ tue amiche stasera si incontrano in piazza alle 9.00. Esci con loro?

▶ *Check your answers to the* **Parte prima** *in the* Answer Key *at the back of the workbook before doing the* **Parte seconda.**

Parte seconda. Adesso rileggi le frasi: qual è la regola che giustifica l'uso dell'articolo in ogni frase? Scrivi la lettera corrispondente alla regola giusta. **Attenzione!** Alcune regole si ripetono.

Definite article

a. dates
b. possessives
c. days of the week to indicate a routine activity
d. nouns that refer to universal concepts or general categories or groups

Indefinite article

e. to indicate quantity (the number 1)
f. to express *a* or *an*

1. _____	3. _____	5. _____	7. _____
2. _____	4. _____	6. _____	8. _____

C. Quale articolo? Completa le frasi con l'articolo determinativo o indeterminativo giusto.

1. Non mi piace _____ letteratura americana.

2. Ieri sera Beatrice ha conosciuto _____ bel ragazzo in discoteca, ma era (*it was*) _____ ragazzo della sua amica Alessandra!

3. _____ nostro cane non vuole mai uscire di casa quando piove. Esce solo quando vede _____ altro cane fuori.

4. Conoscete _____ sorella di Massimo? Va a lezione di ballo con Maria _____ martedì sera.

5. _____ 7 dicembre è _____ compleanno del mio migliore amico.

6. Laura si lava _____ denti ogni sera prima di andare a letto.

7. La settimana scorsa Emiliano ha comprato _____ nuovo computer con _____ sua carta di credito.

8. Avete sentito _____ nuova canzone di Laura Pausini? _____ suo nuovo album è bellissimo!

8.4 Non vado in macchina! Vado a piedi!

The prepositions **in** and **a**

A. Dove andiamo?

Parte prima. Abbina ogni risposta alla domanda corrispondente. **Attenzione!** Usa ogni espressione *una sola volta*.

a. in bagno	c. in biblioteca	e. in palestra	g. in piazza
b. in banca	d. in centro	f. in cucina	h. in soggiorno

Dove andiamo...

1. a fare la doccia? _____

2. a preparare la cena? _____

3. a cambiare gli euro in dollari americani? _____

4. a cercare un libro? _____

5. a fare sport? _____

6. a fare shopping? _____

7. a guardare la TV? _____

8. a incontrare i nostri amici? _____

Parte seconda. Ascolta le domande e scegli la risposta giusta. Scrivi la lettera corrispondente. Ogni domanda sarà ripetuta due volte. Ripeti la risposta.

a. in bagno	c. in camera	e. in discoteca
b. in biblioteca	d. in cucina	f. in piscina

1. _____ 2. _____ 3. _____ 4. _____ 5. _____ 6. _____

B. Che giornata! Completa il paragrafo con le preposizioni corrette.

Sabato mattina Daniele e Marco sono partiti <u>in / nella</u>[1] macchina per andare <u>in / nel</u>[2] centro a fare delle commissioni.[a] Prima sono andati <u>in / nella</u>[3] banca e poi hanno fatto colazione <u>a / al</u>[4] bar. Dopo sono andati <u>a / al</u>[5] supermercato a fare la spesa. <u>A / Al</u>[6] mezzogiorno sono tornati <u>a / alla</u>[7] casa e hanno preparato qualcosa da mangiare. Poi, Daniele è andato <u>a / al</u>[8] letto per un'ora e Marco ha guardato la TV <u>in / al</u>[9] soggiorno. Verso le tre del pomeriggio i due ragazzi hanno deciso di andare <u>in / nella</u>[10] piscina con altri due amici.

[a]*errands*

C. Come vai? Leggi le frasi e decidi come andare nei posti descritti.

ESEMPIO: *Leggi:*   Vuoi andare da Boston a San Francisco e vuoi arrivare domani.
            Scrivi: <u>Vado in aereo.</u>

1. Vuoi andare da Roma a Venezia ma non ti piace volare e non ti piace guidare.

_____

2. Tu e il tuo migliore amico / la tua migliore amica volete andare da New York a Venezia.

_____

3. Devi andare a casa di tua nonna, che abita nella tua stessa città. Sei molto sportivo/a e ti piace fare attività fisica, ma non ti va di andare a piedi.

_____

4. Vuoi andare in vacanza con la tua famiglia e vuoi avere la possibilità di partire e tornare quando decidi tu.

_____

5. Devi andare dal tuo vicino di casa (*neighbor*) perché hai bisogno di due uova per fare una torta.

_____

D. Un giorno in città? Guarda le immagini e rispondi alle domande. Ogni domanda sarà ripetuta due volte. Ripeti la risposta.

ESEMPIO: *Senti:* Dove va il signor Marchi?
          Dici: Va in ufficio.

il signor Marchi **la signora Ferrara** **Ilaria**

Teresa Giorgio **Martina** **Fausto**

1. ... 2. ... 3. ... 4. ... 5. ...

Ascoltiamo!

Le feste italiane

A. Come finisce? Scegli le parole giuste per completare le frasi.

1. In Italia le feste principali sono di origine _____.
   a. religiosa   b. civile

2. D'estate, la festa principale è _____.
   a. il 25 giugno   b. il 15 agosto

3. In Italia la Festa del lavoro si celebra _____.
   a. il primo lunedì di settembre   b. il primo maggio

4. La settimana di riti religiosi prima della Pasqua si chiama _____.
   a. settimana santa   b. settimana bianca

5. L'8 marzo si regalano fiori di mimosa alle donne perché si celebra la _____.
   a. Festa della mamma   b. Festa della donna

B. La festa di chi? Ascolta la conversazione fra Zach, un ragazzo americano che studia a Firenze, e Roberto, un suo amico. Dopo decidi se le seguenti frasi sono **vere** o **false.** La conversazione sarà ripetuta due volte.

	vero	falso
1. La Festa di San Giovanni si celebra nel mese di luglio.	☐	☐
2. San Giovanni Battista è il santo patrono di Firenze.	☐	☐
3. Per la Festa di San Giovanni gli italiani giocano a calcio.	☐	☐
4. La Festa di San Giovanni è una festa di origine religiosa.	☐	☐
5. Il giorno dell'Indipendenza degli Stati Uniti e la Festa di San Giovanni si festeggiano tutti e due con i fuochi d'artificio.	☐	☐

C. Qual è la festa? Ascolta le descrizioni di cinque feste. Abbina la descrizione alla festa giusta. Le descrizioni saranno ripetute due volte.

1. _____   a. Pasquetta
2. _____   b. Natale
3. _____   c. Festa della donna
4. _____   d. Pasqua
5. _____   e. Carnevale

Leggiamo!

Strategie di lettura

Synthesis. Use all of the reading strategies that you've learned so far to understand this text about a popular festival held in San Terenziano di Gualdo Cattaneo (Perugia).

Lettura

Leggi l'annuncio di un festival molto particolare e poi rispondi alle domande.

13 – 14 – 15 maggio 2016

San Terenziano di Gualdo Cattaneo

Benvenuti a Porchettiamo, un festival dedicato a uno dei cibi più gustosi della tradizione gastronomica italiana: la porchetta.

Per tre giorni, a San Terenziano di Gualdo Cattaneo (PG), i migliori produttori di porchetta invitano a provare questo squisito cibo di strada e a partecipare a una delle più antiche tradizioni culinarie d'Italia. E non solo! Le birre artigianali e il vino, selezionati per l'occasione da Fermento Birra e Strada del Sagrantino, garantiscono un abbinamento ideale alla regina dello street food.

Il festival è un percorso gastronomico attraverso la penisola: sono infatti rappresentati Umbria, Toscana, Lazio, Marche, Emilia-Romagna, Calabria e Sicilia. Tra street food, degustazioni, musica, giochi e passeggiate, c'è da divertirsi per tutti!

A. Relating graphics and text. Guarda l'immagine.

Cosa celebra questa festa?

    a. il pane   b. l'amore   c. la porchetta

B. Deriving word meaning from context. Leggi il testo e rispondi alle domande.

1. Come si dice «street food» in italiano?
   a. cibo di strada   b. porchetta   c. laboratori

2. La porchetta è **la regina del cibo di strada**. Cosa significa **regina**?
   a. piccola regione   b. carne suina (*pork*)   c. figura molto importante (moglie del re)

3. Al festival Porchettiamo le birre artigianali e i vini selezionati sono **un abbinamento ideale** alla porchetta. Quale delle seguenti parole è sinonimo di **abbinamento**?
   a. combinazione   b. divisione   c. separazione

4. Il festival è **un percorso gastronomico**. Quale delle parole seguenti **non** è un sinonimo di **percorso**?
   a. viaggio   b. lezione   c. itinerario

C. Putting it all together.

Parte prima. Nomina tre attività che una persona può fare a questo festival.

1. _____

2. _____

3. _____

Parte seconda. Descrivi una persona a cui questo festival piacerebbe molto. Poi descrivi una persona a cui non piacerebbe per niente.

1. _____

2. _____

◑ In Italia, Culture a confronto, Un po' di cultura e Regioni d'Italia

Utilizzando le informazioni delle sezioni **In Italia** e delle attività di cultura contrassegnate da ◑ nel libro, decidi se le frasi seguenti sono **vere** o **false**. Se una frase è falsa, cambia la parola in neretto per renderla vera.

		vero	falso
1.	Molti italiani festeggiano il Natale a casa con un **pranzo** particolare.	☐	☐
2.	Il giorno dell'Epifania i bambini italiani festeggiano la **Madonna**.	☐	☐
3.	Quando nasce un maschietto si distribuiscono bomboniere con confetti **verdi**.	☐	☐
4.	Regalare **sei** fiori non porta fortuna.	☐	☐
5.	L'espressione «Natale con i tuoi, Pasqua con chi vuoi» significa che per gli italiani è **più** importante stare con la famiglia a Natale che a Pasqua.	☐	☐
6.	**Verona** è famosissima per il suo Carnevale.	☐	☐

Scriviamo!

Genere: Un messaggio pratico

Tema: La signora che ti ospita in Italia è fuori città per lavoro per tutta la settimana e vuole organizzare una festa al suo ritorno. Ecco le istruzioni che ti ha lasciato.

> Ciao!
> Ho invitato i signori Belvedere per una piccola festa sabato sera. Mi puoi fare un favore?
> Puoi pulire un po' la casa e fare la spesa? Ecco il menu: come primo vorrei preparare delle penne al gorgonzola e pistacchi, per secondo del pollo arrosto con un contorno di asparagi e carote, e poi una bella insalata. Come dolce vorrei prendere una buona crostata al limone in quella pasticceria nuova in Via Umberto. Oh, non dimentichiamo di comprare il pane! Puoi anche apparecchiare la tavola? Metti la tovaglia azzurra. Forse bisogna lavarla….
>   Un'altra cosa: per favore, se mia sorella Adelina chiede di lasciare Ringo a casa nostra questo weekend, devi dire di no. Quel cane è troppo disubbidiente e puzza!
> Grazie mille. Non vedo l'ora di tornare a casa!
>
> A sabato,
> Sandra

Su un foglio, prepara un messaggio di tre paragrafi per dire alla signora:

1. quello che sei riuscito/a a (*you were able, managed*) fare: **Ben tornata! Ecco tutto quello che sono riuscito/a a fare: ho comprato… , ho pulito…**

2. quello che non sei riuscito/a a fare o che hai dimenticato: **Purtroppo** (*Unfortunately*) **non sono riuscito/a a fare alcune cose: ho dimenticato di comprare… , di pulire…**

3. Spiega perché hai detto di sì alla zia Adelina, e i problemi che Ringo ha creato: **So che mi hai detto di dire di no alla signora Adelina, ma…**

Alla fine, rileggi quello che hai scritto tenendo conto dei consigli di **Facciamo la verifica!**

Facciamo la verifica!

I have used:

☐ the **Strategie di scrittura** introduced in earlier chapters;

☐ appropriate words and expressions from **Capitoli 1–8** of the textbook and the models provided.

I have proofread my writing and checked:

☐ for spelling errors, including apostrophes and accent marks;

☐ that the adjectives agree in gender and number with the nouns they describe;

☐ that I have used the correct past participle endings for regular verbs (**-ato, -ito, -uto**) and the correct auxiliary verb (**avere** or **essere**) in the **passato prossimo.**

☐ that I have used the correct past participles of irregular verbs (e.g., **ho visto, abbiamo fatto, ho preso**);

☐ that the past participle of each verb conjugated with **essere** agrees in gender and number with the subject (e.g., **siamo andati, Elisa non è venuta**);

☐ that my message is both polite and honest.

La scuola e i giovani

Strategie di comunicazione

A. Cosa fai? / Cosa vuoi fare? Scegli la domanda giusta per ogni risposta.

1. a. Cosa fai?   b. Cosa vuoi fare?
    «Faccio ingegneria.»

2. a. Cosa fai?   b. Cosa vuoi fare?
    «Vorrei fare il professore.»

3. a. Cosa fai?   b. Cosa vuoi fare?
    «Studio filosofia.»

4. a. Cosa fai?   b. Cosa vuoi fare?
    «Sono cameriere.»

5. a. Cosa fai?   b. Cosa vuoi fare?
    «Vorrei fare psicologia.»

B. Quale professione fa? Ascolta le descrizioni di cinque professioni. Per ogni descrizione scrivi la lettera che corrisponde alla professione giusta. Le descrizioni saranno ripetute due volte.

1. _____   a. È notaio.

2. _____   b. È cameriere.

3. _____   c. È cuoco (*chef*).

4. _____   d. È professore.

5. _____   e. È medico.

C. Com'era? / Com'erano? Completa le domande con **Com'era** o **Com'erano**.

> ESEMPIO: —Abbiamo avuto una nuova insegnante di educazione fisica.
>
> —Ah sì? E ___com'era___ l'atmosfera in classe?

1. —Ho seguito un corso sulla storia del cinema.

   —Interessante! _____ i film muti (*silent*)?

2. —Ieri sera ho visto l'ultimo film di Spielberg.

   —Sì? _____?

3. —Ho sempre preso bei voti a scuola.

   —Brava! _____ gli esami della scuola elementare?

4. —L'euro è stato introdotto nel 2002.

   —È vero. _____ prima i soldi?

5. —Mio nonno ha comprato il primo televisore nel 1958.

   —Mamma mia! _____ la TV in bianco e nero?

D. Com'era Sandro? Abbina le parole dell'insieme A a quelle dell'insieme B. Scoprirai com'era Sandro da bambino. Il primo abbinamento è già fatto.

A	B
1. __f__ statura (*height*)	a. erano biondi
2. _____ i suoi capelli	b. era bravo
3. _____ il pomeriggio	c. non voleva mai mangiare la minestra
4. _____ a scuola	d. gli piaceva leggere prima di dormire
5. _____ a cena	e. guardava i cartoni animati
6. _____ la sera	f. era basso

E. Un colloquio di lavoro (*job interview*). Completa il dialogo con le forme appropriate dei verbi al passato prossimo.

> MASSIMO: Ieri (io) _____[1] (andare) a un colloquio di lavoro.
>
> VERA: Sì? Com'è stato?
>
> MASSIMO: Interessante. È una ditta internazionale in centro. _____[2] (prendere) l'autobus e, per fortuna, nonostante (*despite*) il traffico, _____[3] (arrivare) in anticipo. Sai cosa? Al colloquio _____[4] (vedere) Stefania, Paolo e Antonio.
>
> VERA: Davvero? Com'erano?
>
> MASSIMO: Stressati. Molto stressati. Vogliamo tutti trovare lavoro e ci sono pochi posti.

Pronuncia

La combinazione *gn*   The combination *gn*

 La combinazione *gn*.

- The combination **gn** is pronounced like *ny* in the word *canyon*.

  Listen and repeat the following words with the combination **gn:**

  gnocchi   **guadagnare**   **ingegnere**   **insegnare**

- Notice the difference with the pronunciation of **nn.**

  nonno   **anni**   **Gianni**   **compleanno**

 Dettato.

Parte prima. Completa le parole che senti con **gn** o **nn.** Ogni parola sarà ripetuta due volte.

1. so____o
2. complea____o
3. inse____ante
4. a____ello

5. to____o
6. Sarde____a
7. impe____ato
8. a____iversario

9. o____i
10. le____o

Parte seconda. Adesso scrivi le parole che senti. Ogni parola sarà ripetuta due volte.

1. _____
2. _____
3. _____
4. _____
5. _____
6. _____
7. _____
8. _____
9. _____
10. _____

▶ *Check your answers to this activity in the* Answer Key *at the back of the workbook.*

Lessico

Siamo studenti!   Talking about education and professions

A. Le professioni. Scegli la risposta giusta.

1. _____ Lavora in ospedale.
   a. un ingegnere
   b. un infermiere

2. _____ Insegna in una scuola.
   a. una maestra
   b. un cameriere

3. _____ Serve in un ristorante.
   a. un fotografo
   b. una cameriera

4. _____ Lavora in tribunale.
   a. un avvocato
   b. un musicista

5. _____ Lavora in un negozio.
   a. una commessa
   b. un'impiegata

6. _____ Cura gli animali.
   a. un veterinario
   b. un'attrice

7. _____ Lavora in un ufficio.
   a. un maestro
   b. un'impiegata

8. _____ Scrive per una rivista.
   a. un pilota
   b. una giornalista

9. _____ Lavora in un cantiere.
   a. una psicologa
   b. un'operaia

B. Con chi sta parlando? Ascolta le quattro conversazioni di Lorenzo. Devi dire con chi sta parlando Lorenzo. Scegli fra le seguenti persone e scrivi la lettera corrispondente. Ogni conversazione sarà ripetuta due volte.

a. una poliziotta
b. una dirigente
c. una dottoressa
d. un avvocato
e. una commessa
f. un'insegnante

1. _____   2. _____   3. _____   4. _____

C. Chi sono?

Parte prima. Ascolta le frasi e decidi a quale immagine si riferiscono. Ogni frase sarà ripetuta due volte.

a. _____   b. _____   c. _____

d. _____   e. _____   f. _____

Parte seconda. Adesso scrivi il nome di ogni professione accanto alla lettera giusta.

a. _____   d. _____

b. _____   e. _____

c. _____   f. _____

D. Le professioni. Trasforma le seguenti professioni dal maschile al femminile.

maschile	femminile
1. l'attore	_____
2. il professore	_____
3. lo scrittore	_____
4. il veterinario	_____
5. il giornalista	_____
6. l'ingegnere	_____
7. lo psicologo	_____
8. l'insegnante	_____
9. il dirigente	_____

E. Chi chiami? Scrivi la professione della persona che può aiutarti (*help you*) nelle seguenti situazioni.

1. Hai bisogno di un consiglio sulla tua salute. _____

2. Vuoi costruire (*build*) una casa. _____

3. Il tuo cane è ammalato. _____

4. Hai problemi con la legge (*law*) e devi andare in tribunale. _____

5. Hai visto un furto (*robbery*) vicino a casa tua. _____

6. Sei un paziente (*patient*) all'ospedale e hai bisogno di aiuto (*help*). _____

7. Vuoi provare dei vestiti in un negozio. _____

8. Vuoi ordinare da mangiare in una pizzeria. _____

F. Cosa vuole fare da grande? Tre ragazzi stanno pensando alla professione che vogliono fare da grandi e descrivono che cosa gli piace fare. Ascolta le loro descrizioni e aiutali a scegliere una professione. Ogni descrizione sarà ripetuta due volte.

1. Veronica: _____

2. Tommaso: _____

3. Milena: _____

G. Tocca a te! Secondo te, qual è la professione ideale? Perché? Scrivi almeno cinque frasi.

_____

_____

_____

_____

_____

Strutture

9.1 C'era una volta... The imperfect

A. I verbi all'imperfetto.

Parte prima. Forma delle frasi abbinando gli elementi dell'insieme A a quelli dell'insieme B.

A	B
1. Da piccola Giovanna _____	a. giocavamo con le bambole (*dolls*), nostro fratello giocava con le sue macchinine (*little cars*).
2. Mario e Filippo _____	b. studiavate scienze insieme in biblioteca.
3. Io _____	c. dopo la scuola andavi a casa della zia.
4. Di solito tu e Lisa _____	d. era alta e magra.
5. Mentre io e mia sorella _____	e. frequentavano la stessa scuola a Verona.
6. Tutti i giorni (tu) _____	f. da grande volevo fare il medico.

Parte seconda. Scrivi il significato dei verbi e completa le schede con le forme giuste dell'imperfetto.

	dormire _to sleep_	giocare _____	capire _____	volere _____
io				
tu				volevi
lui, lei; Lei		giocava		
noi	dormivamo			
voi			capivate	
loro				

	bere _____	essere _____	fare _____
io			facevo
tu			
lui, lei; Lei			
noi	bevevamo		
voi			
loro		erano	

Parte terza. Scrivi il pronome soggetto appropriato per ogni verbo. Poi leggi ad alta voce _soggetto +_ _verbo,_ infine ascolta e verifica la tua pronuncia.

1. _____ abitavano
2. _____ parlavamo
3. _____ dormivano
4. _____ chiudeva
5. _____ scrivevi
6. _____ dimenticavo
7. _____ servivi
8. _____ mangiavamo
9. _____ prendevate

▶ _Check your answers to this activity in the_ Answer Key _at the back of the workbook._

B. Di chi parla? Ascolta le frasi e decidi qual è il soggetto di ogni frase. Le frasi saranno ripetute due volte. Dopo una breve pausa sentirai la risposta giusta.

ESEMPIO: *Senti:* Di solito andavamo al bar a fare colazione.
Scegli: noi
Senti: noi andavamo

	io	tu	lui/lei	noi	voi	loro
1.	☐	☐	☐	☐	☐	☐
2.	☐	☐	☐	☐	☐	☐
3.	☐	☐	☐	☐	☐	☐
4.	☐	☐	☐	☐	☐	☐
5.	☐	☐	☐	☐	☐	☐
6.	☐	☐	☐	☐	☐	☐
7.	☐	☐	☐	☐	☐	☐
8.	☐	☐	☐	☐	☐	☐

C. Quando Laura era piccola... Guarda le immagini di Laura quando era piccola, ascolta le frasi e decidi se sono **vere** o **false.** Ogni frase sarà ripetuta due volte.

	vero	falso
1.	☐	☐
2.	☐	☐
3.	☐	☐
4.	☐	☐
5.	☐	☐
6.	☐	☐
7.	☐	☐

D. Da bambino...

Parte prima. Completa il paragrafo sulle estati di Giacomo da bambino con l'imperfetto dei verbi dati. **Attenzione!** Devi usare alcuni verbi *due volte*.

> aiutare   andare (2)   avere   cucinare   essere (2)
> fare   giocare   leggere   stare   vivere

Quando (io) _____[1] piccolo, ogni estate io e mio fratello _____[2] a casa dei nonni. I nonni _____[3] in campagna, in una fattoria (*farm*), e _____[4] molti animali. Tutti i giorni io e mio fratello _____[5] il nonno nei campi (*fields*), dove lui lavorava dalle 8.00 di mattina fino a mezzogiorno. L'ora di pranzo _____[6] la mia parte preferita della giornata perché la nonna _____[7] molto bene. Dopo pranzo (noi) _____[8] in casa perché _____[9] caldo. La sera io e mio fratello _____[10] un po' a calcio e _____[11] a letto presto. Prima di andare a dormire, la nonna ci _____[12] qualcosa dal nostro libro preferito. Che bei ricordi!

▶ *Check your answers to the* **Parte prima** *in the* Answer Key *at the back of the workbook before doing the* **Parte seconda.**

Parte seconda. Rileggi il testo e rispondi alle domande con delle frasi complete.

1. Dove vivevano i nonni di Giacomo?

_____

2. A Giacomo piaceva mangiare a casa dei nonni? Perché?

_____

3. Perché Giacomo e suo fratello stavano in casa nel pomeriggio?

_____

4. Secondo te, perché Giacomo e suo fratello andavano a letto presto?

_____

E. L'infanzia di nonno Pietro.

Parte prima. Ascolta nonno Pietro che parla della sua infanzia (*childhood*) e decidi quali verbi della lista sono usati all'imperfetto. I verbi all'imperfetto sono dieci. Il testo sarà ripetuto due volte.

☐ andare   ☐ esserci   ☐ guardare   ☐ sposarsi

☐ ascoltare   ☐ essere   ☐ lavorare   ☐ viaggiare

☐ avere   ☐ fare   ☐ leggere   ☐ visitare

☐ dovere   ☐ guadagnare   ☐ potere   ☐ vivere

▶ *Check your answers to the* **Parte prima** *in the* Answer Key *at the back of the workbook before doing the* **Parte seconda.**

Parte seconda. Ascolta di nuovo il testo e scrivi le forme dei verbi all'imperfetto che hai segnato nella **Parte prima.**

1. _____   6. _____

2. _____   7. _____

3. _____   8. _____

4. _____   9. _____

5. _____   10. _____

Parte terza. Adesso leggi le frasi e decidi se sono **vere** o **false.**

	vero	falso
1. Molti anni fa la gente viaggiava spesso in treno.	☐	☐
2. Molti anni fa la gente ascoltava la radio e leggeva molto.	☐	☐
3. Molti anni fa tutti i ragazzi andavano all'università.	☐	☐
4. Molti anni fa i giovani non si sposavano molto presto.	☐	☐
5. Oggi la vita è molto più facile di una volta.	☐	☐

F. Che dovevi fare? Scrivi la forma giusta di **dovere** all'imperfetto e poi completa le frasi.

ESEMPIO: Stasera (io) ___*dovevo*___ uscire con Sara e invece...

___*sono uscito con Gessica!*___

1. Ieri (tu) _____ andare al supermercato per la mamma e invece...

_____

2. Giulio _____ studiare con Paola a casa sua e invece...

_____

3. Tu e Marco _____ prendere le vitamine stamattina e invece...

_____

4. Domani sera Filippo e Carlotta _____ preparare la cena per tutti e invece...

_____

5. Quest'anno (io) Io _____ risparmiare (*save*) i soldi e invece...

_____

6. Io e Caterina _____ andare in centro oggi e invece...

_____

G. Tocca a te! Che cosa facevi quando eri piccolo/a? Con chi giocavi? A che cosa giocavate? Come si chiamavano i tuoi migliori amici? Quale professione volevi fare da grande? Perché? Scrivi almeno sette frasi all'imperfetto.

_____

_____

_____

_____

_____

_____

9.2 Cosa facevi?   The imperfect versus the present perfect

A. Il passato prossimo o l'imperfetto? Leggi le frasi e decidi se è necessario usare il passato prossimo o l'imperfetto.

1. Ieri <u>abbiamo lavorato / lavoravamo</u> dalle 8.00 di mattina fino alle 7.00 di sera. Che giornata lunga!

2. Da bambina Martina <u>ha voluto / voleva</u> studiare medicina, ma adesso studia legge.

3. La settimana scorsa Silvia <u>ha fatto / faceva</u> domanda per un lavoro a New York.

4. In estate <u>ho aiutato / aiutavo</u> sempre mia nonna in giardino.

5. Da piccola Francesca <u>ha avuto / aveva</u> lezione di violino il martedì pomeriggio.

6. L'anno scorso Roberta <u>si è licenziata / si licenziava</u> dal suo lavoro di operaia a Roma perché voleva tornare a vivere a Milano.

7. Quando eravamo piccoli, una volta <u>siamo andati / andavamo</u> al mare con gli zii.

8. Michele <u>ha vinto / vinceva</u> una borsa di studio per studiare in un'università molto prestigiosa in Inghilterra.

B. Una sola volta o più volte? Ascolta le frasi e decidi se si tratta di azioni fatte **una sola volta** o **ripetute più volte** nel passato. Ogni frase sarà ripetuta due volte. Dopo una breve pausa sentirai la risposta giusta.

	una sola volta	ripetute più volte
1.	☐	☐
2.	☐	☐
3.	☐	☐
4.	☐	☐
5.	☐	☐
6.	☐	☐

C. Mentre studiavo... Completa le frasi con la forma giusta del passato prossimo o dell'imperfetto dei verbi tra parentesi.

1. Mentre Alberto _____ (guardare) la TV, ha telefonato la sua amica Simona.

2. Laura _____ (andare) dal dentista giovedì scorso.

3. Da piccola io _____ (fare) sempre i compiti subito dopo pranzo.

4. Sabato Susanna _____ (tornare) a casa dal lavoro alle due di notte.

5. Mentre Paola e Lisa _____ (leggere) il giornale, la loro madre parlava al telefono con un'amica.

6. Quando ero piccolo, la mamma _____ (preparare) la cena tutte le sere alle sette.

7. Io e Marina _____ (laurearsi) l'anno scorso.

D. La mia vita in America.

Parte prima. Claudia è una studentessa italiana che sta studiando in un'università americana. Ascolta Claudia che parla delle differenze tra la vita studentesca americana e la sua vita di studentessa universitaria in Italia. Scrivi i verbi all'imperfetto che senti. Il testo sarà ripetuto due volte.

1. _____   4. _____

2. _____   5. _____

3. _____   6. _____

▶ *Check your answers to this activity in the* Answer Key *at the back of the workbook.*

Parte seconda. Adesso ascolta di nuovo quello che dice Claudia e decidi se le affermazioni sono **vere** o **false**.

	vero	falso
1. In Italia gli studenti fanno molti compiti.	☐	☐
2. In Italia bisogna frequentare tutte le lezioni.	☐	☐
3. In Italia gli studenti non parlano molto con i professori durante la lezione.	☐	☐
4. Claudia non mangia mai alla mensa in Italia.	☐	☐

E. Dove va?

Parte prima. Segna le espressioni che si usano spesso con l'imperfetto.

1. ☐ all'improvviso
2. ☐ la settimana scorsa
3. ☐ tutti i giorni
4. ☐ di solito
5. ☐ mentre
6. ☐ un giorno
7. ☐ ieri sera
8. ☐ ogni estate
9. ☐ una volta
10. ☐ il lunedì
11. ☐ sempre
12. ☐ venerdì

Parte seconda. Adesso scegli tre espressioni della **Parte prima** con le quali si usa l'imperfetto e tre espressioni con le quali si può usare il passato prossimo, e scrivi delle frasi complete.

l'imperfetto

1. _____

2. _____

3. _____

il passato prossimo

4. _____

5. _____

6. _____

F. Un giorno al mare.

Parte prima. Completa il seguente testo con la forma giusta del passato prossimo o dell'imperfetto dei verbi tra parentesi.

Quando (io) _____[1] (avere) dieci anni, io e i miei amici _____[2] (giocare) sempre insieme. Un giorno i miei genitori _____[3] (decidere) di portarci al mare. Quando (noi) _____[4] (arrivare), _____[5] (iniziare) a giocare sulla sabbia (*sand*) e poi _____[6] (nuotare) un po'.

Mentre (noi) _____[7] (giocare), la mia amica Silvana _____[8] (vedere) una medusa (*poisonous jellyfish*) e dopo noi non _____[9] (volere) più entrare in acqua perché _____[10] (avere) paura. Siamo corsi via, lontano dalla riva (*shore*), e non _____[11] (tornare) mai più in quella spiaggia (*beach*).

▶ *Check your answers to the* **Parte prima** *in the* Answer Key *at the back of the workbook before doing the* **Parte seconda.**

Parte seconda. Adesso rileggi la storia e decidi se le affermazioni sono **vere** o **false**.

		vero	falso
1.	Io e i miei amici andavamo sempre al mare.	☐	☐
2.	Di solito giocavamo insieme.	☐	☐
3.	Mentre giocavamo, abbiamo visto una medusa.	☐	☐
4.	Avevamo tutti paura della medusa.	☐	☐
5.	Silvana è tornata in quella spiaggia la settimana dopo.	☐	☐

9.3 Cosa stavi facendo? The past progressive

A. Che cosa stavano facendo?

Parte prima. Completa le frasi con la forma giusta di **stare** all'imperfetto.

1. Ieri, quando sua moglie è andata all'ospedale, Mario _____ lavorando in cantiere.

2. Ieri pomeriggio, quando sono arrivata in ufficio, tu e Giada _____ mangiando un panino.

3. La settimana scorsa Alessia e Carla _____ studiando in biblioteca quando il cellulare di Carla ha squillato (*rang*).

4. Quando Stefania è arrivata alla stazione, io e Filippo _____ prendendo l'autobus.

5. Giovedì sera, quando sono arrivati i suoi amici, Paola _____ guardando la TV sul divano.

6. Il professore _____ parlando agli studenti quando un cellulare ha squillato.

7. Ho sentito che (tu) _____ ballando con Teresa quando è caduta (*fell*).

Parte seconda. Adesso completa le frasi con il passato progressivo dei seguenti verbi.

> aiutare   bere   cercare   dormire   pranzare   scrivere

1. Quando è andata via la luce, Piero e Luisa _____ al ristorante.

2. Lorenzo _____ in classe e il maestro si è arrabbiato.

3. (Tu) _____ il manager con un nuovo progetto e lui ti ha offerto uno stipendio più alto.

4. Sabato tu e Anna _____ una birra e intanto (*at the same time*) parlavate del vostro lavoro.

5. Ieri mattina Elisabetta _____ una relazione quando, all'improvviso, il suo computer si è bloccato (*froze*).

6. Quando nostro padre è tornato a casa, io e Francesca _____ il nostro cane, Argo.

B. L'estate di Valentina. Guarda le immagini e descrivi quello che stava facendo Valentina quando il suo amico ha fatto la foto.

ESEMPIO: *Vedi:*

Scrivi: Stava dormendo a teatro.

1. _____

_____

2. _____

_____

3. _____

_____

4. _____

_____

(continued)

5. _____   6. _____

_____   _____

C. Dall'imperfetto al passato progressivo. Ascolta le frasi e scrivi il passato progressivo dei verbi che senti all'imperfetto. Ogni frase sarà ripetuta due volte.

    ESEMPIO: *Senti:*   Marco leggeva quando Rita è uscita.

            Vedi: Marco _____ quando Rita è uscita.

            Scrivi: *stava leggendo*

1. Valeria _____ in piscina quando Giovanni ha telefonato.

2. Diego e Sandra _____ al bar quando hanno visto entrare Susanna.

3. Io _____ la cucina quando Luigi è partito.

4. (tu) _____ con Silvia in piazza quando i nonni sono arrivati a casa.

5. Io e Marta _____ una passeggiata quando mia madre mi ha chiamato al telefonino.

6. Tu e Giorgio _____ una pizza venerdì sera quando ha telefonato il padre di Giorgio.

▶ *Check your answers to this activity in the* Answer Key *at the back of the workbook.*

D. Tocca a te! E tu, cosa stavi facendo... ? Adesso descrivi quello che stavi facendo alle ore indicate.

Cosa stavi facendo...

1. ieri alle 6.00 di mattina?

_____

2. ieri sera alle 9.00?

_____

3. venerdì scorso alle 10.00 di mattina?

_____

4. sabato scorso alle 11.00 di sera?

_____

5. domenica scorsa alle 4.00 del pomeriggio?

_____

Ascoltiamo!

Il sistema d'istruzione in Italia

A. Come finisce? Completa le seguenti frasi.

1. Il «classico» è un tipo di _____.
   a. liceo
   b. scuola media

2. La scuola media dura _____.
   a. tre anni
   b. quattro anni

3. Uno studente che vuole diventare ingegnere studia al _____.
   a. liceo linguistico
   b. liceo scientifico

4. La scuola superiore si conclude con _____.
   a. un Esame di Stato
   b. un esame di licenza superiore

5. Nella scuola superiore il minimo per avere la sufficienza in una materia è _____.
   a. 6 su 10
   b. 4 su 10

B. In Italia o in America? Ascolta la descrizione che fa Daniele del sistema universitario in Italia e in America. Poi indica se le seguenti frasi sono vere per l'Italia o per l'America. La descrizione sarà ripetuta due volte.

ESEMPIO: _Senti:_ Nelle superiori gli insegnanti si chiamano «professori».

	In Italia	In America
Scegli:	☑	☐

	In Italia	In America
1. La maggior parte degli esami sono orali.	☐	☐
2. Il voto più alto è una «A».	☐	☐
3. Per un esame puoi ricevere un ventisette ed è un bel risultato.	☐	☐
4. Una facoltà può essere in un edificio dell'anno 1546.	☐	☐
5. C'è un vero e proprio campus universitario.	☐	☐

C. Vero o falso? Ascolta le frasi che descrivono il sistema d'istruzione in Italia e decidi se sono **vere** o **false**. Ogni frase sarà ripetuta due volte.

ESEMPIO: _Senti:_ I bambini più piccoli frequentano l'asilo nido.

	vero	falso
Scegli:	☑	☐

	vero	falso
1.	☐	☐
2.	☐	☐
3.	☐	☐
4.	☐	☐
5.	☐	☐

Leggiamo!

Strategie di lettura

Identifying topic sentences. In the very first paragraph of an expository text you can often find one sentence that states what the entire text is about: the topic sentence. Each subsequent paragraph will contain its own topic sentence that conveys the main idea of the paragraph. Identifying the topic sentence can aid your understanding of the text.

Lettura

L'articolo è stato adattato da **Focus.it** e presenta i modi di studiare più efficaci. Leggi l'articolo e completa le attività. **Un aiuto:** nella prima attività devi abbinare a ogni paragrafo il nome della strategia descritta. Leggi i nomi delle strategie *prima* di leggere l'articolo: funzionano da frasi chiave per ciascun paragrafo.

I 9 modi migliori di studiare secondo la scienza

Quali sono le tattiche "scientificamente provate" per ottimizzare il tempo sui libri e imparare in modo efficace? Ecco 9 dritte scientifiche a misura di studente.

(1) _____: Comprimere[1] tutto quello che c'è da imparare in una lunga sessione di 10 ore di studio *non darà risultati grandiosi*. Piuttosto, meglio dividere il malloppo[2] di pagine da studiare in porzioni più piccole, per esempio 20 brevi sessioni da 30 minuti ciascuna, distribuite nell'arco di una o più settimane.

(2) _____: Una notte trascorsa sui libri rischia di danneggiare[3] le capacità mnemoniche e di elaborazione per i 4 giorni successivi. Meglio organizzarsi prima e stabilire un orario diurno prefissato da dedicare allo studio: il cervello si abituerà facilmente a questa routine, che faciliterà la concentrazione.

(3) _____: Rileggere più volte lo stesso paragrafo e sottolineare i passaggi chiave è una tecnica utilizzata da molti. Ma non necessariamente vincente: alcuni esperti la ritengono anzi controproducente perché rischia di focalizzare l'attenzione su informazioni poco rilevanti. Via libera invece a *diagrammi, schemi, disegni per sintetizzare i concetti chiave*: funzionano sia nelle ore dedicate allo studio, sia se abbozzati[4] in altri contesti, come sull'autobus per andare a scuola.

(4) _____: Non deve essere necessariamente ambizioso (imparare l'intero programma di chimica...). Può trattarsi di un'abilità specifica (bilanciare[5] le equazioni chimiche, imparare a coniugare i verbi francesi): raggiungere il traguardo aumenterà la tua autostima e renderà le cose più facili. Mentre persegui il tuo obiettivo, ricorda: se non riesci a spiegarlo con chiarezza, non l'hai capito abbastanza bene.

(5) _____: In alcuni esperimenti scientifici è stato chiesto a due diversi gruppi di studenti di studiare alcuni passaggi di un testo. A un gruppo è stato detto che avrebbe dovuto superare un test, a un altro che avrebbe dovuto insegnare i concetti studiati. Nel secondo caso, i passaggi chiave sono stati memorizzati con più efficacia. Quando è chiamato a insegnare, infatti, il cervello codifica e organizza le informazioni in modo più chiaro e coerente.

(6) _____: Sarà anche scontato[6], ma la pratica non è mai abbastanza. Mettiti continuamente alla prova, anche con test che ti sembrano "precoci" o per i quali non ti senti abbastanza pronto. Sbagliare ti aiuterà a mettere a fuoco[7] i tuoi punti deboli, a trovare le risposte esatte, ad aumentare la tua autostima in vista di verifiche, esami o interrogazioni.

(7) _____: Scegli un luogo tranquillo, ordinato e ben illuminato, che abbia tutto l'occorrente[8] per lavorare: quando lo raggiungerai, il cervello capirà, per un effetto automatico di condizionamento[9], che è il momento di concentrarsi e dedicarsi all'apprendimento.

(8) _____: Non così in fretta. Se studi passati hanno appurato[10] che studiare con un sottofondo di musica classica può favorire la concentrazione, ricerche più recenti evidenziano come avere un ritmo costante nelle orecchie possa al contrario distrarre dall'obiettivo. Ma c'è un altro motivo (vedi punto successivo) per cui è bene evitare le cuffie nelle orecchie.

(9) _____: Stare continuamente connessi e rispondere alle notifiche di chat e social network non agevolerà[11] l'apprendimento. Lo sappiamo bene, ma quanti si ricordano di allontanare il cellulare dalla scrivania?

02 Settembre 2016 | Elisabetta Intini

[1]*Compress* [2]grande quantità [3]*to damage* [4]sia... abbozzati *even if they are sketched* [5]*to balance* [6]*obvious* [7]mettere... *highlight* [8]il necessario [9]*priming* [10]hanno... *concluded* [11]aiuterà

Source: adapted from: http://www.focus.it/comportamento/scuola-e-universita/i-9-modi-migliori-di-studiare-secondo-la-scienza

A. L'idea principale.
I titoli dei paragrafi funzionano da frase chiave (*topic sentence*) delle nove strategie. Abbina i titoli ai paragrafi appropriati. Il primo abbinamento è già stato fatto.

____ Butta l'evidenziatore.
____ Diluisci (*spread out*) nel tempo.
____ Esercitati continuamente.
____ Fissa un traguardo (*set a goal*).
____ Lascia lo smartphone in un'altra stanza.
____ No alle ore piccole.
____ Ritagliati (*carve out*) un angolo per lo studio.
____ Studia come se dovessi insegnare.
____ Una playlist per studiare?

B. Hai capito?
Ecco una lista di strategie usate frequentemente dagli studenti. Secondo l'articolo, quali sono scientificamente provate essere efficaci? Indica il numero del paragrafo in cui hai trovato l'evidenza che sostiene (*supports*) la tua risposta.

	sì	no
____ a. pulling an all-nighter	☐	☐
____ b. cramming	☐	☐
____ c. finding a quiet place to study	☐	☐
____ d. "practice makes perfect"	☐	☐
____ e. "the best way to learn something is to teach it"	☐	☐
____ e. highlighting the most important information	☐	☐

Utilizzando le informazioni delle sezioni **In Italia** e delle attività di cultura contrassegnate da ◖ nel libro, decidi se le frasi seguenti sono **vere** o **false**. Se una frase è falsa, cambia la parola in **neretto** per renderla vera.

		vero	falso
1.	Gli studenti italiani completano l'equivalente di «general education» al **liceo.**	☐	☐
2.	Un giovane italiano che ha intenzione di entrare direttamente nel mondo del lavoro di solito frequenta una scuola superiore e poi fa un corso di **formazione.**	☐	☐
3.	L'università più antica d'Italia si trova a **Venezia.**	☐	☐
4.	Grazia Deledda ha scritto molti **romanzi** e novelle.	☐	☐
5.	Le neo-mamme italiane che lavorano fuori casa hanno diritto **a 100%** dello stipendio durante l'assenza obbligatoria.	☐	☐
6.	Ci sono più giovani NEET nell'Italia **meridionale** che nell'Italia settentrionale.	☐	☐

Scriviamo!

Strategie di scrittura

Using connecting words. Connectors and transition words create greater cohesion and help your reader to follow the structure of your writing. They also add sophistication to your writing style. Experiment with this technique by using some of the following connectors in your text: **prima** (*first*), **e** (*and*), **poi** (*after, then*), **ma** (*but*), **mentre** (*while*), **adesso** (*now*), **dopo** (*then, after*), **allora** (*so, then*), **però** (*however*), **infine** (*finally*).

Genere: Un racconto personale

Tema: Quale canzone ti ricorda la tua infanzia o la tua adolescenza? Descrivi un momento particolare del tuo passato usando l'imperfetto e il passato prossimo. Non dimenticare di usare **prima, e, poi, ma, mentre, adesso, dopo, allora** e **infine.** Concludi scrivendo se e come le cose sono diverse per te adesso. Segui l'esempio.

ESEMPIO: Una canzone che mi ricorda molto la mia adolescenza è «Beautiful Day», degli U2. Una volta, mentre ero in macchina con gli amici e andavamo al mare, ascoltavamo la radio. Poi, quando hanno fatto sentire «Beautiful Day» abbiamo tutti cominciato a cantare a squarciagola (*at the top of our lungs*). Dopo abbiamo capito che la gente nelle altre macchine ci poteva sentire e siamo scoppiati a ridere (*burst out laughing*)! E così adesso non canto più in macchina ma solo sotto la doccia!

Facciamo la verifica!

I have used:

☐ the **Strategia di scrittura** for this activity;

☐ relevant words and expressions from **Capitolo 9** of the textbook.

I have proofread my writing and checked:

☐ for spelling errors, including apostrophes and accent marks;

☐ that I have used the **imperfetto** and the **passato prossimo** correctly;

☐ that the past participle of each verb conjugated with **essere** agrees in gender and number with the subject (e.g., **siamo andati, Elisa non è venuta**);

☐ that the adjectives agree in gender and number with the nouns they describe;

☐ that I have conveyed how a particular song is meaningful in my life.

La vita e il benessere

Strategie di comunicazione

A. Peccato! Abbina le domande alle risposte corrispondenti.

1. _____ Vai in montagna in agosto?
2. _____ Hai finito i compiti?
3. _____ Hai tempo per un caffè adesso?
4. _____ Giocate a tennis dopo la scuola?

a. Purtroppo non ho potuto. Ero troppo stanca.
b. Purtroppo devo andare dal dottore.
c. Purtroppo non possiamo. Dobbiamo studiare.
d. Purtroppo non ho i soldi per una vacanza.

B. Cosa dici? Scegli la risposta appropriata per ogni domanda.

1. Mi puoi dare il tuo libro?
   a. Mi dispiace, ma devo studiare.
   b. Scusa, ho mal di testa.

2. Questo piatto non è pulito!
   a. Scusi, lo cambio subito.
   b. Scusi, vuole un'aspirina?

3. Non ti sento! Che hai detto?
   a. Mi dispiace, è tutto finito.
   b. Scusa, parlo più forte.

4. Vorrei due biglietti per l'*Aida*.
   a. Mi dispiace. Le presto il mio.
   b. Scusi, per che giorno?

C. Mi dispiace o Scusa/Scusi? Ascolta quello che ti dicono le seguenti persone e rispondi con l'espressione appropriata. Ogni frase sarà ripetuta due volte. Ripeti la risposta. **Attenzione!** Alcune espressioni si ripetono.

| Mi dispiace! | Scusa! | Scusi! |

1. (una signora a teatro) «_____»
2. (un bambino a casa) «_____»
3. (il professore a lezione) «_____»
4. (un'amica in classe) «_____»
5. (tua madre al telefono) «_____»

Pronuncia

L'accento   Stress

🎧 L'accento.

- Usually Italian words are stressed on the second-to-the-last syllable.

  si**gno**ra   a**mi**co   par**la**re

- Some words are stressed on the third-to-the-last syllable.

  isola   **gio**vane   **go**mito

- Every verb in the first and second person plural (**noi** and **voi**) is stressed on the second-to-the-last syllable.

  par**lia**mo   par**la**te

  sap**pia**mo   sa**pe**te

  dor**mia**mo   dor**mi**te

- Many words are stressed on the last syllable. These words always have a written accent on the last vowel.

  caf**fè**   cit**tà**   universi**tà**

- The written accent is also used with a few one-syllable words in order to distinguish them from others that have the same spelling but a different meaning.

si (reflexive pronoun: *herself/himself/itself, oneself, themselves*)	**sì** (*yes*)
da (*from/by*)	**dà** (*she/he/it gives*)
se (*if*)	**sé** (*herself/himself*)
la (direct object pronoun: *her/it*)	**là** (*there*)
li (direct object pronoun: *them*)	**lì** (*there*)
ne (*of it / about it*)	**né** (*neither*)
e (*and*)	**è** (*she/he/it is*)

🎧 L'accento.

Parte prima. Scrivi le parole che senti. Ogni parola sarà ripetuta due volte.

1. _____   5. _____   9. _____

2. _____   6. _____   10. _____

3. _____   7. _____

4. _____   8. _____

Parte seconda. Adesso ascolta di nuovo le 10 parole della **Parte prima**. Sottolinea la sillaba accentata (*accented*).

▶ *Check your answers to this activity in the* Answer Key *in the back of the workbook.*

Lessico

Le attività, gli hobby e il benessere

Activities, hobbies, and well-being

A. Cosa fai? Scegli la risposta appropriata per ogni domanda.

1. Pratichi uno sport?
   a. La mia squadra di calcio preferita è il Milan.
   b. Gioco spesso a calcio con gli amici.

2. Vai in palestra?
   a. Sì, gioco al computer.
   b. Sì, tre volte alla settimana.

3. Sai ballare bene?
   a. Solo il tango argentino.
   b. Solo il pattinaggio.

4. Fai mai equitazione?
   a. No, non amo i cani.
   b. No, non amo i cavalli.

5. Guardi spesso la TV?
   a. Sì, quando gioco a golf.
   b. Un'ora al giorno, la sera.

B. Chi è in forma? Ascolta le descrizioni delle seguenti persone e decidi se sono in forma o no. Ogni descrizione sarà ripetuta due volte.

	È in forma.	Non è in forma.
1.	☐	☐
2.	☐	☐
3.	☐	☐
4.	☐	☐

C. L'intruso. Quale parola non appartiene al gruppo?

1. a. la racchetta b. le scarpe da ginnastica c. il pattinaggio
2. a. i pesi b. la rete c. il culturismo
3. a. la palla b. i pattini c. la pallacanestro
4. a. il casco b. la danza c. il ciclismo
5. a. lo yoga b. la piscina c. il nuoto
6. a. la pallavolo b. l'atletica leggera c. la dieta

D. Che hobby hai? Abbina le domande alle risposte giuste.

1. _____ Andate in montagna a gennaio?
   a. Ma no! Sono attivissimo!
2. _____ Sei sedentario?
   b. Io? No! Ho paura di rompermi una gamba!
3. _____ Dove andate a correre?
   c. Certo! Amiamo sciare sulle Alpi d'inverno.
4. _____ Fai mai skateboard?
   d. Generalmente andiamo in palestra.

E. Logico o illogico? Ascolta le frasi e decidi se sono logiche o illogiche. Ogni frase sarà ripetuta due volte.

	logico	illogico
1.	☐	☐
2.	☐	☐
3.	☐	☐
4.	☐	☐
5.	☐	☐
6.	☐	☐

F. Tocca a te! Cosa fai per mantenerti in forma? Quali sport pratichi, e quando?

_____

_____

_____

_____

Strutture

10.1 Che fai questo weekend? Using the present to talk about the future

A. Cosa fai questo weekend? Ascolta la conversazione telefonica fra Giulia e Chiara e scegli la risposta giusta per ogni domanda. La conversazione sarà ripetuta due volte.

1. Cosa fanno Chiara e Marco venerdì sera?
   a. Vanno all'opera.
   b. Vanno in pizzeria.
   c. Vanno in un ristorante elegante.

2. Con chi escono Chiara e Marco?
   a. Con i genitori di Chiara.
   b. Con Roberto.
   c. Con gli amici di Marco.

3. Con chi esce Giulia venerdì sera?
   a. Con Roberto.
   b. Con la sua madre.
   c. Con Marco.

4. A che ora vanno a mangiare Chiara e Marco?
   a. Alle 8.00.
   b. Alle 7.30.
   c. Alle 9.00.

5. Fra quanto tempo Giulia pensa di richiamare Chiara?
   a. Fra 5 minuti.
   b. Fra 10 minuti.
   c. Fra 45 minuti.

B. Quando lo fai? Completa le frasi con l'espressione di tempo giusta.

> **dopodomani   fra   prossimo**

ESEMPIO: Oggi è lunedì. L'esame di matematica è mercoledì. Ho l'esame di matematica...
Scegli: **dopodomani**

1. Sono le 7.30. Alle 8.30 ho un appuntamento.

   Ho l'appuntamento _____ un'ora.

2. È giugno del 2013. Vado in Italia nel giugno del 2014.

   Vado in Italia l'anno _____.

3. È agosto. Devo cominciare l'università in settembre.

   Comincio l'università il mese _____.

4. Oggi è sabato 6 novembre. Parto per New York sabato 13 novembre.

   Parto per New York _____ una settimana.

5. Sono le 3.00. Vado in palestra alle 5.00.

   Vado in palestra _____ due ore.

6. Oggi è sabato. Comincio la nuova dieta lunedì.

   Comincio la nuova dieta _____.

C. Ma quante domande! Rispondi alle domande con delle frasi complete.

1. Che cosa fai fra un'ora?

   _____

2. Che cosa fai fra due giorni?

   _____

3. Che cosa pensi di fare fra un mese?

   _____

4. Quando pensi di fare sport la prossima volta?

   _____

5. Dove speri di andare in vacanza l'anno prossimo?

   _____

6. Cosa sogni di fare un giorno?

   _____

10.2 Andremo tutti in Italia! The future

A. I verbi al futuro.

Parte prima. Scrivi il significato dei seguenti verbi e completa le schede con le forme giuste.

	camminare *to walk*	perdere _____	dimagrire _____	ammalarsi _____
io				mi ammalerò
tu				
lui, lei; Lei	camminerà			
noi		perderemo		
voi				
loro			dimagriranno	

	andare _____	avere _____	essere _____	mangiare _____	pagare *to pay*
io	andrò				
tu				mangerai	
lui, lei; Lei			sarà		
noi					
voi		avrete			
loro					pagheranno

Parte seconda. Scrivi il pronome soggetto appropriato per ogni verbo. Poi leggi ad alta voce *soggetto + verbo*, infine ascolta e verifica la tua pronuncia.

1. _____ abiterò
2. _____ balleremo
3. _____ puliranno
4. _____ chiederà
5. _____ scriverai
6. _____ ricorderete
7. _____ sarà
8. _____ si alzerà
9. _____ prenderai

▶ *Check your answers to this activity in the* Answer Key *at the back of the workbook.*

B. Che verbo è?

Parte prima. Sentirai otto verbi. Scrivi l'infinito di ciascuno. Ogni verbo sarà ripetuto due volte. Dopo una breve pausa sentirai la risposta giusta.

ESEMPIO: *Senti:*   studierò
              Scrivi: _studiare_

l'infinito

1. _____
2. _____
3. _____
4. _____

5. _____
6. _____
7. _____
8. _____

▶ *Check your answers to the* **Parte prima** *in the* Answer Key *at the back of the workbook before doing the* **Parte seconda.**

Parte seconda. Adesso ascolta di nuovo i verbi e scegli il soggetto di ciascuno. Ripeti la risposta.

ESEMPIO: *Senti:*   studierò
              Scegli: io
              Dici: io studierò

	io	tu	lui/lei	noi	voi	loro
1.	☐	☐	☐	☐	☐	☐
2.	☐	☐	☐	☐	☐	☐
3.	☐	☐	☐	☐	☐	☐
4.	☐	☐	☐	☐	☐	☐
5.	☐	☐	☐	☐	☐	☐
6.	☐	☐	☐	☐	☐	☐
7.	☐	☐	☐	☐	☐	☐
8.	☐	☐	☐	☐	☐	☐

C. Che farai l'estate prossima?

Parte prima. Gianni racconta quello che farà l'estate prossima. Ascolta la storia e scrivi i verbi al futuro che senti. La storia sarà ripetuta due volte.

Forse (*Maybe*) l'anno prossimo io e il mio amico Andrea _____[1] gli Stati Uniti. _____[2] a New York e a Miami. A New York _____[3] la Statua della Libertà e molti musei, e poi _____[4] a teatro a vedere un musical. Sicuramente _____[5] shopping a Manhattan perché ho sentito che i negozi sono veramente belli.

Non _____[6] trovare un albergo a Miami perché lo zio di Andrea abita lì (*there*) e noi _____[7] a casa sua. Io e Andrea pensiamo anche di andare al mare perché _____[8] caldo. Sono sicuro che _____[9] tutte le sere: _____[10] in discoteca o al bar con le cugine di Andrea. Quando sono venute in Italia l'anno scorso ci siamo divertiti molto insieme. Spero (*I hope*) davvero che _____[11] ad andare in America!

▶ *Check your answers to the* **Parte prima** *in the* Answer Key *at the back of the workbook before doing the* **Parte seconda.**

Parte seconda. Adesso rileggi la storia e rispondi alle domande con delle frasi complete.

1. Che cosa vedranno a New York Gianni e Andrea?

_____

2. Chi conoscono Gianni e Andrea a Miami?

_____

3. Dove dormiranno a Miami Gianni e Andrea?

_____

4. Perché andranno al mare?

_____

5. Con chi andranno in discoteca o al bar?

_____

D. Che cosa farà la famiglia di Paola il prossimo inverno?
D'inverno a Milano fa molto freddo e la famiglia di Paola non vuole mai fare niente. Di solito nessuno fa sport e tutti mangiano molto, quindi tutti ingrassano e non si sentono in forma. Adesso, però, Paola vuole cambiare le abitudini della sua famiglia e ha in mente un programma per l'inverno. Completa le frasi di Paola con la forma giusta del verbo al futuro. Scegli il verbo appropriato fra quelli della lista.

ammalarsi	fare	giocare	mangiare	mantenersi

1. Marco _____ solo cose sane: non comprerà dolci, patatine o gelato.

2. Io e i miei amici _____ ginnastica insieme tre volte alla settimana.

3. Tu e papà non _____. Berrete molto succo d'arancia e prenderete molte vitamine.

4. Nel weekend i bambini _____ a pallone e a tennis al centro sportivo con i loro

   amici.

5. Io _____ in forma: camminerò molto e non guarderò la televisione tutto il

   pomeriggio.

E. Che farà Vittoria?

Parte prima. Vittoria è studentessa all'Università di Napoli e studia scienze ambientali. Fra due mesi si laureerà e sta pensando al futuro. Descrivi il futuro di Vittoria usando i verbi al futuro e, dopo la pausa, ascolta e ripeti la risposta giusta.

ESEMPIO: *Senti:* fare una breve vacanza
Dici: Vittoria farà una breve vacanza.
Senti e dici: Vittoria farà una breve vacanza.

1. ... 2. ... 3. ... 4. ...

Parte seconda. Adesso riascolta le frasi della **Parte prima** e scrivi quello che senti. Ogni frase sarà ripetuta due volte.

1. _____
2. _____
3. _____
4. _____

▶ *Check your answers to this activity in the* Answer Key *at the back of the workbook.*

F. Come sarà la mia vita?

Parte prima. Giulia, una studentessa universitaria, vuole conoscere il suo futuro e va da una chiromante (*fortune-teller*). Ascolta le previsioni della chiromante e scrivi la lettera che corrisponde all'immagine giusta. Ogni previsione sarà ripetuta due volte.

a.

b.

Ma dove sei?

c.

d.

e.

1. _____ 2. _____ 3. _____ 4. _____ 5. _____

Parte seconda. Adesso guarda le immagini e descrivi come sarà la vita di Giulia secondo la chiromante.

1. *Si laureerà e sarà molto contenta.* _____
2. _____
3. _____
4. _____
5. _____

10.3 Se farà bel tempo domani... Hypotheticals of probability

A. Se andrai in palestra... Forma delle frasi ipotetiche completando le ipotesi dell'insieme A con le conseguenze dell'insieme B.

	A		B
1.	Se farai yoga tutti i giorni, _____	a.	non avrai più mal di testa.
2.	Se in inverno metterai una sciarpa e una giacca pesante (*heavy*), _____	b.	non potrai giocare a pallavolo.
		c.	sarai meno stressato/a.
3.	Se mangerai sano, _____	d.	ti manterrai in forma.
4.	Se prenderai un'aspirina, _____	e.	non aumenterai di peso.
5.	Se ti romperai il braccio, _____	f.	non prenderai la febbre e il mal di gola.
6.	Se andrai in palestra tutti i giorni, _____		

B. Cosa faremo? Marco e Alessio non sanno che cosa faranno per le vacanze quest'estate. Ascolta le loro ipotesi e scegli una conseguenza appropriata. Le ipotesi saranno ripetute due volte. **Attenzione!** Leggi *le conseguenze* prima di ascoltare *le ipotesi*. Ripeti ogni ipotesi e la sua conseguenza.

1. _____   a. ... potremo andare a trovare mia zia a Chicago.
2. _____   b. ... vedremo la Torre Eiffel.
3. _____   c. ... visiteremo il Vaticano.
4. _____   d. ... nuoteremo e prenderemo il sole.
5. _____   e. ... potremo sciare.
6. _____   f. ... guarderemo la TV e dormiremo fino a mezzogiorno.

C. Quante scelte!

Parte prima. Completa ogni ipotesi con una conseguenza appropriata. **Attenzione!** Devi usare il presente o il futuro.

1. Se studierò molto, _____

2. Se io e i miei amici giochiamo a pallacanestro martedì pomeriggio, _____

3. Se eviterò i cibi grassi, _____

4. Se smetto di fare palestra, _____

5. Se seguirò la dieta, _____

Parte seconda. Scrivi un'ipotesi per ogni conseguenza. **Attenzione!** Devi usare il presente o il futuro.

1. Se _____, non prenderò il raffreddore.

2. Se io e mia sorella _____, non diamo fastidio ai nostri genitori.

3. Se (tu) _____, giocherai a tennis con tua madre.

4. Se Mario non _____, non può uscire con gli amici.

5. Se Anna e Lucia _____, non caleranno mai di peso.

Ascoltiamo!

Lo sport in Italia

A. Come finisce? Completa le frasi con le parole della lista. **Attenzione!** Ci sono due parole in più.

> agonistico   dodici   emblema   nove
> rosa   sportivi   tifosi

1. Quelli che seguono uno sport come spettatori si chiamano

   _____.

2. Uno sport praticato per competizione si dice uno sport

   _____.

3. Il giornale italiano interamente dedicato allo sport, *La Gazzetta dello Sport*, è facile da riconoscere per la sua carta _____.

4. Lo scudetto è un piccolo _____ tricolore che i giocatori di calcio portano sulla loro maglia se vincono la serie.

5. La stagione calcistica (*soccer*) dura _____ mesi.

B. Vero o falso? Ascolta cinque frasi sullo sport in Italia. Decidi se le frasi sono **vere** o **false**. Ogni frase sarà ripetuta due volte.

	vero	falso
1.	☐	☐
2.	☐	☐
3.	☐	☐
4.	☐	☐
5.	☐	☐

Cultura

C. Quale sport? Ascolta le seguenti persone che parlano di vari sport e abbina ogni persona allo sport a cui si riferisce. Ogni frase sarà ripetuta due volte.

1. _____   a. il ciclismo

2. _____   b. il calcio

3. _____   c. l'automobilismo

4. _____   d. la pallavolo

5. _____   e. il basket

Leggiamo!

Strategie di lettura

Identifying types of texts. Recognizing the kind of text you are reading can activate your background knowledge on the topic. It can also help you predict the type of information you expect to find without even reading or understanding much of the text itself.

Parte prima. On the following pages, you will find three different types of texts (numbered 1–3), all of which have something to do with **l'acqua minerale.** Examine the texts, then match them to the text type to which they belong.

1. _____   a. una pubblicità per promuovere il consumo dell'acqua di rubinetto

2. _____   b. un articolo giornalistico sui tipi diversi di acqua

3. _____   c. un sito per promuovere il consumo dell'acqua minerale

Parte seconda. The following items of information were taken from the texts. Using only what you know about the kind of texts they are, *but without looking at them again,* match each item with its probable source by placing a ✓ in the appropriate box.

	TESTO		
	1	**2**	**3**
1. gli effetti negativi sull'ambiente	☐	☐	☐
2. i benefici dell'acqua minerale per la salute	☐	☐	☐
3. le differenze tra acqua minerale e acqua di rubinetto	☐	☐	☐
4. i risultati di una ricerca scientifica	☐	☐	☐

Lettura

Adesso leggi rapidamente i tre testi e poi completa le attività che seguono.

1. **Il mondo dell'acqua minerale**

Il mondo dell'acqua minerale

L'acqua per la vita

Alla base del nostro benessere c'è l'acqua. Ecco dei buoni motivi per berla più spesso.

Minerali e salute

Il benessere ha i suoi elementi. Sono i minerali, integratori indispensabili per la salute del nostro corpo.

Di che acqua sei?

Acqua minerale, a ciascuno la sua. Ma qual è quella giusta per te? Scopriamolo insieme.

Conosci l'acqua minerale naturale

Definizione, classificazioni e tipologie di uno dei beni più preziosi che la natura ci ha dato.

Minerale? Naturale!

Nel dibattito[1] sociale viene spesso messa a confronto l'acqua minerale con l'acqua del rubinetto.[2] Osserviamo le differenze.

Tutto sotto controllo

Oltre la purezza, la sicurezza. L'acqua minerale naturale è tra i prodotti alimentari più controllati.

Per l'ambiente

Plastica riciclabile, contenitori più leggeri, trasporto su rotaia.[3] L'impegno dell'acqua minerale in difesa dell'ecosistema.

[1]*debate*   [2]*tap, faucet*   [3]*su... by rail (train)*

2. **Imbottigliata o di rubinetto**

Imbottigliata o di rubinetto, in Italia non c'è che l'imbarazzo della scelta

Roma, 27 feb. - (AdnKronos) - Acqua del rubinetto o in bottiglia? "Sono due tipologie diverse - spiega all'Adnkronos Alessandro Zanasi, presidente del comitato scientifico del convegno Aquitaly - in Italia fortunatamente l'acqua del rubinetto è di ottima qualità così come quella minerale. La prima serve per tantissimi usi, quella minerale va considerata una bibita e ha proprietà salutistiche che bisogna conoscere, insieme alla composizione, per sfruttarle a pieno".

Detto questo, in Italia non c'è che l'imbarazzo della scelta. A partire dalle acque minerali: ogni consumatore, imparando a leggere l'etichetta, può cercare tra quelle presenti sul mercato l'acqua più adatta alle proprie esigenze.

E quella del rubinetto? In Italia nella maggior parte delle città è ottima, oltre ad essere sempre disponibile ed economica. Salvo situazioni particolari, l'acqua erogata dal rubinetto viene sottoposta per legge a controlli più severi e costanti rispetto alle acque minerali. Inoltre ha in genere un sapore gradevole, ed è indubbiamente più ecologica.

3. Imbrocchiamola! *(Let's put it in the pitcher!)*

CARO CITTADINO, ECCO PERCHÉ PUOI BERE -IN TUTTA TRANQUILLITÀ- L'ACQUA DI RUBINETTO!

acqua pubblica

Imbrocchiamola!

Se vuoi saperne di più e lasciare un commento www.imbrocchiamola.org

1) **L'acqua di rubinetto è sicura e controllata anche più di quella in bottiglia:** basti pensare che sulle acque di rubinetto vengono eseguite numerosissime analisi ogni anno (circa 250.000 controlli), mentre per quelle in bottiglia la normativa vigente prevede la revisione delle analisi solo ogni 5 anni;

2) **L'acqua di rubinetto non produce rifiuti:** solo nel 2006, ci sono volute 350mila tonnellate di PET per confezionare i 12 miliardi di litri di acqua minerale prodotta e imbottigliata. Di questo solo il 35% è stato avviato a riciclo;

3) **L'acqua di rubinetto è amica del clima e non emette CO_2:** Per produrre gli imballaggi necessari alla commercializzazione dell'acqua in bottiglia nel 2006 sono state impiegate 665 mila tonnellate di petrolio e sono state emesse 910 mila tonnellate di CO_2;

4) **L'acqua di rubinetto è "a Km 0" evita l'inquinamento atmosferico dovuto al trasporto:** Spesso l'acqua in bottiglia varca i confini regionali e viene consumata a grandi distanze da dove viene prodotta: ad esempio le acque prodotte lungo l'arco alpino per raggiungere la Puglia percorrano fino a 1000 Km;

5) **L'acqua di rubinetto ha un costo fino a 1000 volte inferiore.**

Allora, perchè pagare di più un acqua non sempre migliore?

Ulteriori informazioni sul dossier di Legambiente "Un Paese in bottiglia" disponibile sul sito www.legambiente.eu

Acqua, quale scegliamo? Cosa ti convince di più? Sottolinea dove si trovano le seguenti informazioni nei testi. Poi rispondi alle domande finali.

1. **Il mondo dell'acqua minerale**
   - l'acqua minerale è salutare (*healthy*)
   - i minerali nell'acqua fanno bene alla salute
   - la qualità dell'acqua minerale è altamente controllata

2. **Imbottigliata o di rubinetto**
   - i due tipi di acqua hanno benefici diversi
   - tutti e due i tipi di acqua sono di ottima qualità, ma quella di rubinetto ha più vantaggi

3. **Imbrocchiamola!**
   - il commercio dell'acqua minerale danneggia l'ambiente
   - l'acqua di rubinetto è una scelta più economica

Domande

1. Secondo te, bere acqua in bottiglia è un problema serio o no?

   _____

2. Quale testo ti ha convinto di più? Perché?

   _____

◖ In Italia, Culture a confronto, Un po' di cultura e Regioni d'Italia

Utilizzando le informazioni delle sezioni **In Italia** e delle attività di cultura contrassegnate da ◖ nel libro, decidi se le frasi seguenti sono **vere** o **false**. Se una frase è falsa, cambia la parola in **neretto** per renderla vera.

		vero	falso
1.	La percentuale di fumatori in Italia è **meno** alta fra i giovani.	☐	☐
2.	Il consumo di alcol dei **genitori** influenza il consumo di alcol dei figli.	☐	☐
3.	Il famoso disegno dell'uomo ideale fatto da **Michelangelo** è chiamato *l'Uomo vitruviano*.	☐	☐
4.	In Italia il Pronto Soccorso è **gratis**, cioè non costa niente.	☐	☐
5.	Sempre **meno** italiani utilizzano le medicine naturali come l'omeopatia.	☐	☐
6.	Il tasso di obesità in Italia è **più** alto che negli Stati Uniti.	☐	☐

Scriviamo!

Genere: Una voce (*entry*) di enciclopedia

Tema: Su un foglio, scrivi un breve articolo su un tipo di medicina naturale (**la fitoterapia, l'omeopatia, l'agopuntura, la riflessologia, l'ayurveda** [*traditional Hindu system of medicine*] o altro) che vuoi provare o che hai provato. Per elaborare meglio il tuo articolo considera i seguenti suggerimenti.

1. Fai una lista di quello che sai già di questo tipo di medicina.
2. Quali informazioni ti mancano? Dove le puoi trovare? Fai una lista di fonti (*sources*) da consultare.
3. Trova le informazioni mancanti e aggiungile alla tua lista.
4. Alla fine dell'articolo scrivi un elenco dei benefici che avrà chi prova questo tipo di medicina (**ti sentirai... avrai più... / meno...**).

Adesso scrivi l'articolo.

Alla fine rileggi quello che hai scritto tenendo conto dei consigli di **Facciamo la verifica!**

Facciamo la verifica!

I have used:

☐ the **Strategia di scrittura** for this activity;

☐ relevant words and expressions from **Capitolo 10** of the textbook.

I have proofread my writing and checked:

☐ for spelling errors, including apostrophes and accent marks;

☐ that I have used the **futuro semplice** correctly;

☐ that the adjectives agree in gender and number with the nouns they describe;

☐ that readers will understand the benefits that they will derive from following this practice.

Capitolo

11

Casa dolce casa

Strategie di comunicazione

A. Niente di niente! Scegli la frase giusta per completare i dialoghi.

1. RINALDO: Sei andata alla lezione di biologia?
   SONIA: Sì, ma era difficilissima! <u>Non ho capito niente!</u> / <u>Non aveva niente da fare!</u>
   RINALDO: Ma dai! Forse devi solo studiare un po' di più!

2. GIORDANA: Com'è stata la festa di compleanno di Sara?
   SIMONA: Insomma non mi sono divertita molto. La festa <u>non era niente di speciale</u> / <u>non ha capito niente.</u>

3. VERA: Mamma, hai fatto la spesa stamattina?
   FRANCA: No, mi dispiace, purtroppo non ho avuto tempo.
   VERA: Ma mamma... io ho fame e <u>non è niente di speciale!</u> / <u>non c'è niente da mangiare!</u> Va beh... niente... vado a prendere qualcosa al bar.

B. Ti dispiace... ? / Le dispiace... ? Scegli la domanda giusta per ogni situazione.
Attenzione! C'è una risposta in più.

> **a. Ti dispiace darmi un passaggio?**
>
> **b. Le dispiace se non parlo?**   **c. Le dispiace abbassare la voce?**
>
> **d. Oh! Scusa! Mi dispiace!**

1. Sei al cinema e un signore seduto dietro di te parla a voce molto alta con la sua compagna.

   Ti dà molto fastidio e gli domandi: «_____»

2. Devi andare a lavorare e la tua automobile non funziona. Telefoni a tua cugina Maria

   Teresa e le dici: «_____»

3. Sull'autobus, una signora ti sta parlando, ma tu vuoi controllare i tuoi social network.

   Le chiedi: «_____»

C. Chi è? Ascolta l'intervista con Francesco e decidi se le frasi sono **vere** o **false.** L'intervista sarà ripetuta due volte.

ESEMPIO: *Vedi:*   Si chiama Francesco Piccolini.

	vero	**falso**
Scegli:	☐	☑

		vero	**falso**
1.	Francesco è nato a Napoli.	☐	☐
2.	Francesco abita a Milano.	☐	☐
3.	Francesco ha lavorato alla Mobil per ventisette anni.	☐	☐
4.	Francesco abita nella stessa città da quarant'anni.	☐	☐
5.	La moglie di Francesco lavora.	☐	☐

Pronuncia

La lunghezza delle consonanti   Length contrast with consonants

La lunghezza delle consonanti.

- In Italian all consonants have a corresponding double consonant, except the letters **h** and **q.** The pronunciation of a double consonant is distinct from that of a single one, and it often changes the meaning of a word.

- Double consonants in Italian should take noticeably longer to say than the corresponding single consonants. To pronounce a double consonant, hold the position of your mouth for a bit when the consonant is formed, then release. In the case of the letter **t,** this would be with your tongue up against your teeth.

  Listen and repeat the following words:

abbinare	**anno**	**giacca**	**mamma**
opposto	**prosciutto**	**raffreddore**	**sessanta**

- Now repeat the following words. Notice the difference in pronunciation between a single and a double consonant.

fato	**fatto**	**papa**	**pappa**
sono	**sonno**	**pala**	**palla**

Dettato.

Parte prima. Completa le parole che senti con una consonante singola o doppia. Ogni parola sarà ripetuta due volte.

1. se____e
2. a____ocati
3. impiega____e
4. so____orso
5. archite____o

6. scu____a
7. pro____imo
8. i____ediatamente
9. o____i
10. bo____a

Parte seconda. Adesso scrivi le parole che senti. Ogni parola sarà ripetuta due volte.

1. _____
2. _____
3. _____
4. _____

5. _____
6. _____
7. _____
8. _____

9. _____
10. _____

▶ *Check your answers to this activity in the* Answer Key *at the back of the workbook.*

Lessico

Vieni a casa mia   Describing Italian houses and furniture

A. A che cosa serve? Scegli la risposta giusta.

1. Sul divano _____.
   a. ballo
   b. mi siedo

2. Nell'armadio _____.
   a. metto i vestiti
   b. parlo al citofono

3. In giardino _____.
   a. faccio la doccia
   b. mi godo (*I enjoy*) l'aria e il sole

4. Nel bidone _____.
   a. metto l'immondizia
   b. cucino

5. Sullo scaffale _____.
   a. ceno
   b. metto i libri

6. Sul marciapiede _____.
   a. preparo il pranzo
   b. cammino (*walk*)

7. In cucina _____.
   a. uso il forno
   b. dormo

8. In soggiorno _____.
   a. gioco a pallone
   b. guardo la TV

B. Le stanze. Trova nelle immagini le lettere che corrispondono alle parti della casa indicate sotto.

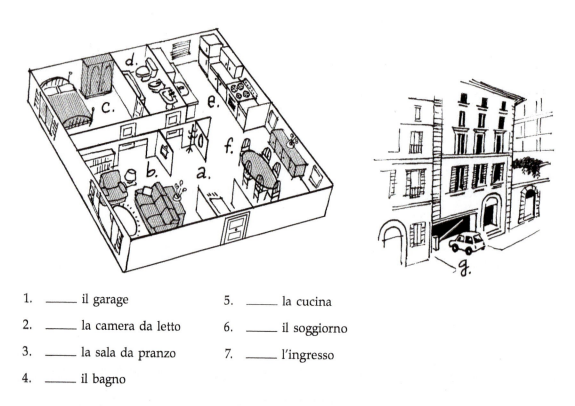

1. _____ il garage
2. _____ la camera da letto
3. _____ la sala da pranzo
4. _____ il bagno

5. _____ la cucina
6. _____ il soggiorno
7. _____ l'ingresso

C. Rebus. Ascolta le descrizioni e scrivi negli spazi le lettere corrispondenti alle risposte giuste. Se le lettere sono nell'ordine giusto, formeranno il nome di un oggetto. Ogni definizione sarà ripetuta due volte.

D = citofono	**I** = finestra	**N** = water
B = immondizia	**E** = scaffale	**O** = portone

1. _____ 2. _____ 3. _____ 4. _____ 5. _____ 6. _____

D. In quale stanza si trovano? Ascolta la lista di oggetti e scrivi i loro nomi sotto la stanza in cui si trovano. Ogni oggetto sarà ripetuto due volte.

il soggiorno

1. _____
2. _____

la cucina

3. _____
4. _____

la camera da letto

5. _____
6. _____

il bagno

7. _____
8. _____

▶ *Check your answers to this activity in the* Answer Key *at the back of the workbook.*

E. Dove sono? In quale posizione si trovano gli oggetti dell'immagine? Scrivi una frase per ogni oggetto. Segui i numeri.

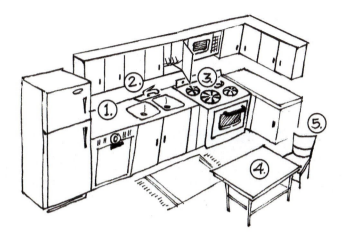

ESEMPIO: Il frigorifero è accanto alla lavastoviglie.

1. _____

2. _____

3. _____

4. _____

5. _____

F. Qual è la camera di Francesco?

Parte prima. Ascolta la descrizione della camera di Francesco e decidi quale delle tre camere è la sua. La descrizione sarà ripetuta due volte.

a.    b.    c.

Qual è la camera di Francesco? _____

Parte seconda. Ci sono quattro differenze fra la camera **a** e la camera **b**. Quali sono?

1. _____

2. _____

3. _____

4. _____

G. Tocca a te! Com'è la tua casa ideale? Che cosa deve avere? Scrivi almeno cinque frasi.

_____

_____

_____

_____

Strutture

11.1 Eccoci! Object pronouns

A. Diretto o indiretto? Leggi le frasi e decidi se il pronome _in corsivo_ è un pronome complemento **diretto** o **indiretto**.

		diretto	indiretto
1.	Massimo e Giuseppe _lo_ mettono in cucina.	☐	☐
2.	_Le_ posso telefonare domenica?	☐	☐
3.	Voglio veder_ti_ in classe domani.	☐	☐
4.	_Li_ comprano i ragazzi in centro.	☐	☐
5.	_Gli_ scrivo sempre ma non risponde mai.	☐	☐
6.	In discoteca nessuno _ci_ guarda!	☐	☐
7.	Il professore _vi_ risponderà subito.	☐	☐
8.	Vorrei parlar_gli_ oggi, non domani.	☐	☐

B. In altre parole. Leggi le frasi con i pronomi di complemento oggetto diretto e indiretto. Poi scegli le frasi con gli stessi significati.

1.	_____ Le scrive.	a.	Scrive a Maria.	b.	Scrive a Tommaso.
2.	_____ Lo studia.	a.	Studia il francese.	b.	Studia la biologia.
3.	_____ Li mangia.	a.	Mangia il risotto.	b.	Mangia gli spaghetti.
4.	_____ Gli parla.	a.	Parla a voi.	b.	Parla a loro.
5.	_____ Le vede.	a.	Vede Susanna.	b.	Vede Susanna e Raffaella.
6.	_____ Vi risponde.	a.	Risponde a voi.	b.	Risponde a loro.
7.	_____ Le telefona.	a.	Telefona a Lei.	b.	Telefona a Maria e Gessica.
8.	_____ Ci ascolta.	a.	Ascolta voi.	b.	Ascolta noi.

C. Formale o informale? Ascolta le frasi e decidi se sono formali o informali. Le frasi saranno ripetute due volte. Dopo una breve pausa sentirai la risposta giusta.

ESEMPIO: *Senti:* D'accordo, signor Rossi, Le scrivo un'e-mail domani.
          Scegli: **formale**   **informale**
                       ☑   ☐

	formale	informale
1.	☐	☐
2.	☐	☐
3.	☐	☐
4.	☐	☐
5.	☐	☐
6.	☐	☐
7.	☐	☐

D. Una frase più semplice.

Parte prima. Riscrivi le frasi sostituendo le parole *in corsivo* con un pronome complemento diretto o indiretto.

ESEMPIO: *Leggi:* Mario non ha ancora la macchina. Comprerà *la macchina* la settimana prossima.
          Scrivi: <u>La comprerà la settimana prossima.</u>

1. Io e Fabiana prepariamo il pesce per cena. Vogliamo mangiare *il pesce* stasera.

_____

2. Valeria telefona a Giulio per parlare del weekend. Vuole dire *a Giulio* dove si incontreranno.

_____

3. Enrico e Stefania guardano la TV a casa loro. Guardano *la TV* insieme ogni sera.

_____

4. La nonna scrive una lettera ai nipoti una volta al mese. Vuole molto bene *ai nipoti.*

_____

5. Stefano non farà i compiti questo weekend. Farà *i compiti* lunedì mattina.

_____

6. Lisa non telefona spesso alla mamma. Telefona *alla mamma* una volta al mese.

_____

7. Non compreremo le sedie questo mese perché non abbiamo soldi. Compreremo *le sedie* il mese prossimo.

_____

Parte seconda. Ascolta le frasi e completale con il pronome complemento diretto o indiretto giusto. Ogni frase sarà ripetuta due volte. Ripeti la risposta.

> ESEMPIO: *Senti:* Voglio scrivere un'e-mail a Carlo.
>
> *Scrivi:* Voglio scriver_*gli*_ un'e-mail.

1. _____ devo parlare domani!

2. Vogliamo veder_____ stasera.

3. _____ ascoltiamo a casa.

4. _____ vedo quando arrivo in città.

5. Potete telefonar_____ la settimana prossima.

6. _____ mangiamo oggi a pranzo.

7. _____ compreranno lunedì mattina in libreria.

8. Puoi apparecchiar_____ tu? Io devo cucinare.

11.2 Invitiamo tutti alla festa! Indefinite pronouns

A. Scegli il pronome giusto! Scegli il pronome indefinito giusto per completare le frasi.

1. Ieri sera a cena ho mangiato _____.
   a. tutto   b. tutti

2. _____ è venuto a casa mia.
   a. Qualcosa   b. Qualcuno

3. C'è _____ di bello alla TV stasera?
   a. qualcosa   b. qualcuno

4. Oggi pomeriggio vengono _____ al mare con noi.
   a. tutto   b. tutti

5. Gianluca ha telefonato a _____ per organizzare una festa a casa sua.
   a. tutto   b. tutti

6. Di solito io e Stefania prendiamo _____ al bar con gli amici.
   a. qualcosa   b. qualcuno

7. _____ è pronto per il viaggio ma non voglio partire!
   a. Tutto   b. Tutti

8. Tu e Marcella avete parlato con _____ in ufficio ieri?
   a. qualcosa   b. qualcuno

B. Soggetto o complemento?

Parte prima. Leggi le frasi e scrivi i pronomi indefiniti che trovi. Per ogni pronome, decidi se è un soggetto o un complemento.

1. Mia madre sta parlando con qualcuno in soggiorno, ma non so chi è.
2. Oggi sono tutti presenti in classe perché c'è un esame.
3. Ieri sera è successo qualcosa di bello a Marta.
4. Laura ha studiato tutto e adesso va a letto.
5. Laura ha preparato tutto per gli ospiti che arrivano domani.

pronome indefinito	soggetto	complemento
1. _____	☐	☐
2. _____	☐	☐
3. _____	☐	☐
4. _____	☐	☐
5. _____	☐	☐

Parte seconda. Adesso ascolta le frasi e scrivi il pronome indefinito che senti. Dopo decidi se è un soggetto o un complemento. Ogni frase sarà ripetuta due volte. Dopo una breve pausa sentirai la risposta giusta.

pronome indefinito	soggetto	complemento
1. _____	☐	☐
2. _____	☐	☐
3. _____	☐	☐
4. _____	☐	☐
5. _____	☐	☐

C. Il weekend di Maria. La mamma fa molte domande a Maria. Ascolta le domande e scegli la risposta giusta. Ogni domanda sarà ripetuta due volte. Ripeti la risposta.

1. a. Qualcosa da mangiare.   b. Nessuno che (*that*) conosco.
2. a. Tutto è simpatico.   b. Sono tutti simpatici.
3. a. Qualcosa da bere.   b. Qualcuno che odio.
4. a. C'è tutto.   b. Ci sono tutti.
5. a. Ho parlato con tutti.   b. Ho parlato di tutto.

D. Tutti i giorni la stessa cosa... Scrivi la forma giusta di **tutto** per completare le frasi.

1. _____ le finestre sono aperte e fa molto freddo in casa.

2. Carlo ha invitato _____ i suoi amici a casa sua stasera.

3. Quest'anno _____ la famiglia viene a casa nostra per Pasqua.

4. Stefania ha mangiato _____ il pollo a pranzo e ora non c'è niente da mangiare per cena!

5. Giancarlo ha messo _____ i libri sullo scaffale e adesso la sua camera è in ordine.

6. Giulia ha passato _____ la sera con il suo ragazzo e non ha finito i compiti.

7. Ieri sera ho visto _____ il nuovo programma di Rai 1 e mi è piaciuto (*I liked it*) molto.

E. Tocca a te! Rispondi alle domande con delle frasi complete.

1. Inviti qualcuno a casa tua questo weekend?

   _____

2. Hai già fatto tutti i compiti per domani?

   _____

3. Tutti gli studenti studiano molto nella tua università?

   _____

4. Fai qualcosa di divertente questo weekend?

   _____

5. È tutto in ordine in camera tua?

   _____

11.3 Conosco una persona che parla tre lingue! The relative pronoun che

A. Quale casa vogliamo? Rita e Salvatore stanno cercando casa ed esprimono le loro preferenze. Completa le affermazioni dell'insieme A con le frasi relative dell'insieme B. Usa ogni frase relativa *una sola volta*.

A	B
1. Non mi piace il bagno _____	a. che non ha un ascensore.
2. Odiamo la camera _____	b. che è sulla strada principale.
3. Con la mia Ferrari devo comprare una casa _____	c. che ha il lavandino giallo e il water azzurro.
4. Siamo pigri e non ci piace un palazzo _____	d. che ha un balcone molto spazioso.
5. Se vogliamo mangiare fuori dobbiamo comprare un appartamento _____	e. che è troppo piccola per il nostro letto matrimoniale.
6. Non mi piace lavare i piatti, quindi vorrei una casa _____	f. che ha un garage molto sicuro.
7. Non dormo bene se c'è troppo rumore (*noise*): non voglio un appartamento _____	g. che ha la cucina con la lavastoviglie.

B. Che cos'è? Ascolta le descrizioni di vari oggetti di casa e scrivi la lettera corrispondente all'oggetto giusto. Ogni descrizione sarà ripetuta due volte.

a. il bidè
b. il citofono
c. il divano

d. il forno a microonde
e. la lampada
f. il tavolo

1. _____ 2. _____ 3. _____ 4. _____ 5. _____ 6. _____

C. La cosa che...

Parte prima. Leggi la descrizione e scrivi la lettera corrispondente all'oggetto giusto.

a. la forchetta
b. i pantaloncini
c. gli occhiali
d. la canzone

e. il cellulare
f. il regalo
g. il biglietto

1. _____ la cosa che usi per telefonare agli amici quando non sei a casa

2. _____ la cosa che ti metti se non vedi bene

3. _____ una cosa che usi per mangiare

4. _____ la cosa che compri per andare a un concerto, a teatro o al cinema

5. _____ la cosa che canti o ascolti alla radio

6. _____ la cosa che ricevi per il tuo compleanno

7. _____ la cosa che ti metti quando fa molto caldo

Parte seconda. Scrivi la definizione dei seguenti oggetti o delle seguenti professioni.

ESEMPIO: la persona (la cosa) che...

1. l'assistente sociale _____

2. il giubbotto _____

3. la penna _____

4. l'ingegnere _____

5. il quaderno _____

6. il veterinario _____

D. Tu che ne dici? Completa le seguenti frasi.

1. Mi piacciono le case che _____.

2. Preferisco guidare macchine che _____.

3. Mi piacciono gli amici che _____.

4. Sono uno studente / una studentessa che _____.

5. Odio i ristoranti che _____.

E. Unire le frasi. Unisci le due frasi con il pronome relativo **che** e di' ad alta voce la frase completa. Dopo la pausa, ascolta e ripeti la risposta giusta.

ESEMPIO: *Vedi:*   Mi piace la macchina. Gianni ha comprato la macchina ieri.
                      Dici: Mi piace la macchina che Gianni ha comprato ieri.
                      Senti e ripeti: Mi piace la macchina che Gianni ha comprato ieri.

1. Ho letto il libro. Salvatore mi ha prestato il libro.

2. Ho visto una mia amica. Una mia amica mi ha dato un regalo.

3. Ho preso un appuntamento con il dentista. Ho visto il dentista la settimana scorsa.

4. Ho mangiato tutta la torta. Mia madre ha preparato la torta.

Ascoltiamo!

Le case di Pompei

A. Una visita a Pompei. Ascolta le frasi e scrivi il numero della frase accanto all'immagine giusta. Ogni frase sarà ripetuta due volte.

a. _____

b. _____

c. _____

d. _____

B. La casa pompeiana. Ascolta le frasi e decidi se sono **vere** o **false**. Ogni frase sarà ripetuta due volte.

	vero	falso
1.	☐	☐
2.	☐	☐
3.	☐	☐
4.	☐	☐
5.	☐	☐

C. Quale stanza? Ascolta le descrizioni. Dopo scrivi il nome giusto della stanza, o della parte della città pompeiana, a cui corrispondono. Ogni descrizione sarà ripetuta due volte. **Attenzione!** Ci sono sei parole; devi usarne solo cinque.

| l'atrio | le camere | la cucina | il giardino | le strade | il triclinio |

1. _____

2. _____

3. _____

4. _____

5. _____

Leggiamo!

Strategie di lettura

Predicting information. Recognizing the kind of text that you are reading can help you predict the kind of information that the text will convey. You can then use your predictions to help guide your understanding as you read.

Anteprima. Imagine that you are going to live and study in Milano for a year. You need to find a place to live and decide to try the *Prendi in casa uno studente* program you read about in your textbook. The program website lists some general guidelines for participants to ensure that the experience of an older person and a student living together goes well. Before looking at the guidelines, check which of the following concepts you expect to find.

1. _____ respect

2. _____ civility

3. _____ intelligence

4. _____ discretion

5. _____ beauty

6. _____ tolerance

7. _____ manners

8. _____ athleticism

9. _____ solidarity (*shared interests and obligations*)

Lettura

Secondo l'associazione MeglioMilano, l'organizzazione che propone il progetto *Prendi in casa uno studente,* non ci sono regole che assicurano una convivenza armoniosa tra uno studente e una persona anziana. L'associazione comunque (*nevertheless*) offre questa guida.

Leggi la guida e poi rispondi alle domande che seguono.

La carta dell'anziano e dello studente

Articolo 1

[...]
Non indichiamo ricette miracolose ma alcune parole che possono guidarvi a una convivenza armoniosa:

1. **Discrezione**
   Rispettare l'intimità[1] dell'altro, non invadere i suoi spazi senza essere stati invitati a farlo, eccetto nei casi di urgenza o di pericolo.[2]

2. **Tolleranza**
   Comprendere[3] che esistono degli alti e dei bassi e che ciascuna età ha i suoi lati[4] positivi. Condividere le proprie[5] conoscenze ed esperienze senza idealizzare il passato.

3. **Rispetto e convivialità**
   Essere gentili con il convivente,[6] anche nei giorni in cui tutto va storto.[7] Considerare l'altro come un invitato o un ospite.

4. **Civiltà**
   Non introdurre nell'abitazione sostanze o oggetti illegali.

5. **Educazione**
   Non fare rumore. Riordinare e pulire ciò che si è utilizzato. Non prendere o usare le cose altrui[8] (provviste,[9] telefono) senza averne il permesso.

6. **Solidarietà**
   Rendersi[10] utili nel caso in cui l'altro sia[11] momentaneamente in difficoltà.

[1]*personal space* [2]*danger* [3]*Capire* [4]*sides* [5]*one's own* [6]*la persona con cui vivi* [7]*male* [8]*that belong to others* [9]*provisions (here: food)* [10]*Make yourself* [11]*may be*

Source: http://www.meglio.milano.it/immagini/pdf/carta_anziano_studente.pdf

A. Quali informazioni hai trovato? Ora segna ✓ quali concetti elencati in Anteprima si trovano nella guida.

1. _____ respect

2. _____ civility

3. _____ intelligence

4. _____ discretion

5. _____ beauty

6. _____ tolerance

7. _____ manners

8. _____ athleticism

9. _____ solidarity

B. Dici a me? Adesso rileggi attentamente tutti i consigli di MeglioMilano. Per chi è più valido ciascun consiglio? Segna ✓ se il consiglio è più valido per lo studente, per la persona anziana o se è valido per tutti e due.

	lo studente	la persona anziana	tutti e due
1. Discrezione	☐	☐	☐
2. Tolleranza	☐	☐	☐
3. Rispetto e convivialità	☐	☐	☐
4. Civiltà	☐	☐	☐
5. Educazione	☐	☐	☐
6. Solidarietà	☐	☐	☐

◖ In Italia, Culture a confronto, Un po' di cultura e Regioni d'Italia

Utilizzando le informazioni delle sezioni **In Italia** e delle attività di cultura contrassegnate da ◖ nel libro, decidi se le frasi seguenti sono **vere** o **false.** Se una frase è falsa, cambia la parola in **neretto** per renderla vera.

		vero	falso
1.	**Molti** uomini italiani fanno la spesa.	☐	☐
2.	**Molti** uomini italiani stirano.	☐	☐
3.	L'isola veneziana di **Burano** è famosa per i suoi bellissimi oggetti di vetro.	☐	☐
4.	Ad **Alberobello** ci sono i trulli.	☐	☐
5.	A differenza dei ragazzi americani, molti giovani italiani preferiscono vivere con i **genitori** mentre lavorano o frequentano l'università.	☐	☐
6.	In Italia gli affitti in città sono piuttosto **bassi.**	☐	☐

Scriviamo!

Strategie di scrittura

Knowing your audience. When writing, bear in mind who your reader(s) will be. For example, when writing to someone to request information (about housing, for example), you will be writing in a more formal style than you would if you were addressing a friend. Italian has a set of formulaic expressions used to open and close business correspondence that you will need to incorporate into your letter. As you write, also try to anticipate the questions your reader might have. Finally, be sure to use expressions and phrasing that are appropriate for your purpose.

Genere: Una lettera di richiesta

Tema: Vuoi prendere in affitto uno di questi due appartamenti a Bologna. Scrivi un'e-mail per ricevere altre informazioni e per fissare (*make*) un appuntamento per vederlo. Ricordati che non conosci la persona a cui scrivi: devi usare **Lei** e le espressioni appropriate, come quelle qui sotto.

affitto **APPARTAMENTO** BOLOGNA (BOLOGNA) € 700	VIA GIORDANO: IN PALAZZINA[1] IN BUONE CONDIZIONI APPARTAMENTO AL 4° E ULTIMO PIANO, COMPOSTO DA: AMPIO IN-GRESSO ARREDABILE,[2] CUCINA ABITABILE,[3] SOGGIORNO, AMPIO DISIMPEGNO NOTTE,[4] 2 CAMERE MATRIMONIALI, BAGNO CON VAS-CA IDROMASSAGGIO, LAVANDERIA,[5] 3 BALCONI, CANTINA.[6] NON ARREDATO. LIBERO AGOSTO. € 700,00 mensili TEL 051-573336
affitto **APPARTAMENTO** BOLOGNA (BOLOGNA) € 1.000	APPARTAMENTO BEN TENUTO[7] POSTO AL QUARTO PIANO COMPOSTO DA INGRESSO, SALA, CUCINA ABITABILE, DUE CAMERE, BAGNO, CANTINA E GARAGE. PARZIALMENTE ARREDATO. E-MAIL lucalip@tin.it

[1]*small building* [2]*ampio... large entry hall that could be furnished* [3]*eat-in kitchen* [4]*ampio... large area that separates the living and sleeping areas of the apartment* [5]*laundry* [6]*basement, cellar* [7]*ben... well-kept*

ESEMPIO:

Gentile Signora,

sono uno studente americano e da settembre frequenterò l'università di Bologna.

Ho visto il Suo annuncio su Hello Bologna! e vorrei avere alcune informazioni sull'appartamento in affitto. Il costo mensile comprende le spese? Bisogna versare un deposito (*make a deposit*)? Di quanto?

Quanto dura il contratto d'affitto?

Infine, quando sarebbe possibile vedere l'appartamento? Io generalmente sono libero la sera.

La ringrazio molto per la Sua disponibilità.

Cordiali saluti,

Andrew Smith

Alla fine rileggi quello che hai scritto tenendo conto dei consigli di **Facciamo la verifica!**

Facciamo la verifica!

I have used:
- [ ] the **Strategia di scrittura** for this activity;
- [ ] relevant words and expressions from this activity and **Capitolo 11** of the textbook.

I have proofread my writing and checked:
- [ ] for spelling errors, including apostrophes and accent marks;
- [ ] that I have used the formal **Lei** and related formal expressions correctly;
- [ ] that I have used object pronouns correctly;
- [ ] that I have used the relative pronoun **che** to create more complex sentences;
- [ ] that I have requested all the information I need and anticipated questions that the agency/landlord might have.

In città

Strategie di comunicazione

A. Secondo te... / Secondo Lei... Decidi se le seguenti frasi esprimono opinioni o fatti (*facts*). Se esprimono opinioni, scegli **Secondo me / Secondo te / Secondo Lei / Secondo lei.** Se non esprimono opinioni, scegli **niente.**

1. Rita ama l'Italia; _____ è il paese più bello del mondo.
   a. Secondo lei,
   b. (niente)

2. _____ Siena è una città medioevale.
   a. Secondo me,
   b. (niente)

3. Scusi, signora, _____ qual è la città italiana più divertente per i giovani?
   a. secondo Lei,
   b. (niente)

4. _____ Roma è la capitale d'Italia.
   a. Secondo te,
   b. (niente)

5. _____ Boccaccio è l'autore del *Decameron*.
   a. Secondo me,
   b. (niente)

B. Quale secolo? Abbina i secoli. Scrivi la lettera corrispondente.

1. _____ il ventesimo secolo
2. _____ il sedicesimo secolo
3. _____ il tredicesimo secolo
4. _____ il quindicesimo secolo
5. _____ il diciannovesimo secolo

a. il Quattrocento
b. l'Ottocento
c. il Duecento
d. il Novecento
e. il Cinquecento

C. Quale espressione si usa? Ascolta le frasi e decidi se l'opinione che vedi corrisponde a quello che hai sentito. Le frasi saranno ripetute due volte.

ESEMPIO: *Senti:* In tutta Italia non ho mai visto una città più bella di Firenze.
Vedi: Secondo me, Firenze è la più bella città italiana.

	sì	**no**
Scegli:	☑	☐

		sì	**no**
1.	Secondo te, il cinema americano è molto interessante.	☐	☐
2.	Secondo Lei, ci sono troppe automobili.	☐	☐
3.	Secondo me, il gelato al pistacchio è il migliore.	☐	☐
4.	Secondo Lei, la frutta e la verdura mi faranno bene alla salute.	☐	☐
5.	Secondo te, leggere il giornale ogni giorno è importante.	☐	☐

Pronuncia

Come si scrive? Spelling words using names of famous cities

 Come si scrive?

When there could be confusion about the spelling of a word, Italians use the first letter of well-known city names to clarify how to write it. This often happens with last names, which could be spelled different ways, or to avoid misspellings when talking on the phone. The letters that are most commonly confused and need clarification are **b, d, f, p, s,** and **t.** For example: **Bari** is used to indicate the letter **B, Torino** is used to indicate the letter **T,** and so on. The letter **h** is pronounced **acca, z** is pronounced **zeta,** and words that begin with **qu-,** such as **quadro,** are used for the letter **q.**

Listen to the spelling of the following last names using names of cities:

Gianmarco	**Genova-Imola-Ancona-Napoli-Milano-Ancona-Roma-Cagliari-Otranto**
Pedrulli	**Palermo-Empoli-Domodossola-Roma-Udine-Lucca-Lucca-Imola**
Sabatino	**Savona-Ancona-Bari-Ancona-Torino-Imola-Napoli-Otranto**
Zecchini	**Zeta-Empoli-Cagliari-Cagliari-acca-Imola-Napoli-Imola**
Vicoli	**Verona-Imola-Cagliari-Otranto-Lucca-Imola**

 Come si scrive?

Parte prima. Scrivi i cognomi che senti con le iniziali dei nomi di città. Ogni cognome sarà ripetuto due volte.

1. _____ 4. _____ 7. _____

2. _____ 5. _____

3. _____ 6. _____

▶ *Check your answers to this activity in the* Answer Key *at the back of the workbook.*

Parte seconda. Adesso ripeti i cognomi che senti e fai lo spelling usando i nomi di città. Dopo la pausa, ascolta e verifica la risposta giusta.

1. Pascoli
2. Pozzi
3. Rossi
4. Cavour
5. Fabbri

Lessico

La città e il paese di provincia   Talking about Italian cities and towns

A. La casa di Enrico e Patrizia. Completa il testo con le parole della lista.

banche	**caotico**	**costose**	**metropoli**
paese	**quartiere**	**rumore**	**verde**

Enrico e Patrizia sono una giovane coppia milanese. Hanno appena cambiato casa e si sono

trasferiti da Milano, una grande _____,¹ a Sevignano, un piccolo

_____² in provincia di Trento. Hanno deciso di trasferirsi perché erano stanchi del

traffico _____³ e delle lunghe file (*lines*) nei negozi, nelle _____,⁴

per prendere l'autobus e un po' dappertutto in città.

   Adesso vivono in un _____⁵ della periferia di Sevignano dove c'è molto

_____⁶ e le case non sono molto _____.⁷ Di notte non c'è molto

_____⁸ e si può dormire con tranquillità.

B. Vero o falso? Ascolta le frasi e decidi se sono **vere** o **false.** Ogni frase sarà ripetuta due volte.

	vero	falso
1.	☐	☐
2.	☐	☐
3.	☐	☐
4.	☐	☐
5.	☐	☐
6.	☐	☐
7.	☐	☐
8.	☐	☐
9.	☐	☐
10.	☐	☐

C. I pro e i contro di città e paesi. Decidi quali frasi si riferiscono a un centro urbano e quali a un paese di provincia.

a. Il traffico è caotico.
b. Si sentono pochi rumori.
c. Il costo della vita è più basso.
d. Il livello di smog non è alto.
e. È facile parcheggiare la macchina.
f. Offre molti servizi.
g. Ci sono molti mezzi di trasporto pubblici.
h. Ci sono molti abitanti.
i. L'affitto degli appartamenti è più basso.
j. Si possono fare spese da Gucci.

Centro urbano	Paese di provincia
1. _____	6. _____
2. _____	7. _____
3. _____	8. _____
4. _____	9. _____
5. _____	10. _____

D. Quale quartiere scelgo?

Parte prima. Vincenzo ha visto tre appartamenti in affitto in tre quartieri diversi di Roma. Ascolta la conversazione fra Vincenzo e la sua amica Gaia. Dopo scrivi il nome del quartiere in cui si trova ognuno dei tre appartamenti. La conversazione sarà ripetuta due volte.

Monteverde	Prati	Prenestina

1. _____

2. _____

3. _____

Parte seconda. Vincenzo preferisce un appartamento fra i tre che ha visto, ne parla con sua moglie Carla, ma lei non è d'accordo. Ascolta la loro conversazione e segna gli svantaggi (*disadvantages*) che ha l'appartamento secondo Carla. La conversazione sarà ripetuta due volte.

1. C'è troppo caos. ☐

2. Non ci sono negozi. ☐

3. La vita è molto noiosa. ☐

4. Le scuole sono lontane. ☐

5. Ci sono file (*lines*) lunghe per ogni cosa. ☐

E. La frase nascosta. Scegli le parole della lista per completare le frasi qui sotto. Alla fine le parole rimaste nella lista, da sinistra a destra, formeranno una frase.

trasporto	piace	posta	abitanti	libreria
mi	panificio	vivere	religioso	città
ufficio postale	monumenti	moderno	urbano	tabaccaio
divertente	tranquillità	stressante	in	caotico

1. Il pane si compra in _____.

2. I biglietti dell'autobus e le sigarette si vendono dal _____.

3. Il contrario di «antico» è _____.

4. I libri si vendono in _____.

5. L'autobus è un mezzo di _____.

6. Una grande città ha molti _____.

7. I pacchi si spediscono in _____.

8. La chiesa è un luogo _____.

9. «Posta» è sinonimo di _____.

10. Nel centro storico di Roma ci sono molti _____.

11. «Noioso» è il contrario di _____.

12. In una metropoli il traffico è _____.

13. La vita moderna è frenetica e _____.

14. «Città» è sinonimo di centro _____.

15. I miei sono persone calme, gli piace la _____ della vita di paese.

F. Tocca a te! Scrivi due vantaggi e due svantaggi della vita in città e della vita in un paese di provincia.

_____

_____

_____

_____

_____

_____

Strutture

12.1 Chi fu?   The past absolute

A. Che forma è?

Parte prima. Scegli il soggetto giusto del verbo.

		io	tu	lui/lei	noi	voi	loro
1.	andammo	☐	☐	☐	☐	☐	☐
2.	parlasti	☐	☐	☐	☐	☐	☐
3.	lavarono	☐	☐	☐	☐	☐	☐
4.	vide	☐	☐	☐	☐	☐	☐
5.	frequentai	☐	☐	☐	☐	☐	☐
6.	apriste	☐	☐	☐	☐	☐	☐
7.	fosti	☐	☐	☐	☐	☐	☐
8.	ebbi	☐	☐	☐	☐	☐	☐
9.	partirono	☐	☐	☐	☐	☐	☐
10.	ballò	☐	☐	☐	☐	☐	☐

Parte seconda. Scrivi l'infinito dei verbi della **Parte prima.**

1. _____
2. _____
3. _____
4. _____
5. _____

6. _____
7. _____
8. _____
9. _____
10. _____

B. La forma giusta. Per ogni verbo al passato remoto, scegli la forma corrispondente del passato prossimo.

1. _____ furono   a. sono stato   b. è stato   c. sono stati

2. _____ mangiasti   a. hai mangiato   b. abbiamo mangiato c. avete mangiato

3. _____ avemmo   a. ho avuto   b. abbiamo avuto   c. hanno avuto

4. _____ scrisse   a. ha scritto   b. avete scritto   c. hanno scritto

5. _____ lavorai   a. ho lavorato   b. hai lavorato   c. avete lavorato

6. _____ finiste   a. ha finito   b. avete finito   c. hanno finito

7. _____ dormii   a. ho dormito   b. hai dormito   c. ha dormito

8. _____ fece   a. hai fatto   b. ha fatto   c. avete fatto

C. Al passato prossimo... Scrivi il passato prossimo dei seguenti verbi.

ESEMPIO: iniziarono → _hanno iniziato_

1. prese _____

2. lavorò _____

3. ebbero _____

4. arrivò _____

5. cambiarono _____

6. morì _____

7. uscirono _____

8. accettarono _____

9. offrì _____

10. entrarono _____

D. Qual è il verbo?

Parte prima. Ascolta le frasi e scrivi i verbi che senti. Ogni frase sarà ripetuta due volte.

ESEMPIO: *Senti:* Dante fu uno scrittore famosissimo.

Scrivi: _fu_

1. _____ 5. _____

2. _____ 6. _____

3. _____ 7. _____

4. _____

▶ *Check your answers to the* **Parte prima** *in the* Answer Key *at the back of the workbook before doing the* **Parte seconda.**

Parte seconda. Adesso scrivi il passato prossimo dei verbi che hai scritto nella **Parte prima.**

1. _____ 5. _____

2. _____ 6. _____

3. _____ 7. _____

4. _____

E. Giuseppe dimenticò (*forgot*) tutto!

Parte prima. Leggi la storia e scrivi tutte le forme del passato remoto. Dopo scrivi l'equivalente al passato prossimo.

C'era una volta un ragazzo disubbidiente, di nome Giuseppe, che non ascoltava mai nessuno. Un giorno, suo padre gli domandò di comprare del pesce e Giuseppe uscì per andare in pescheria. Quando arrivò in pescheria, invece di entrare, decise di andare all'edicola accanto (*next door*). In edicola comprò dei fumetti (*comics*) e poi andò al parco a leggerli. Al parco Giuseppe vide i suoi amici e insieme iniziarono a giocare a calcio. Dopo un'ora, Giuseppe andò in panificio e comprò del pane per suo padre. Quando tornò a casa con il pane e i fumetti, il padre gli disse: «Dov'è il pesce?» e Giuseppe rispose: «Quale pesce?». Il padre si arrabbiò molto e allora Giuseppe andò subito in pescheria.

	passato remoto		**passato prossimo**
1.	_____	→	_____
2.	_____	→	_____
3.	_____	→	_____
4.	_____	→	_____
5.	_____	→	_____
6.	_____	→	_____
7.	_____	→	_____
8.	_____	→	_____
9.	_____	→	_____
10.	_____	→	_____
11.	_____	→	_____
12.	_____	→	_____
13.	_____	→	_____
14.	_____	→	_____
15.	_____	→	_____

Parte seconda. Leggi le affermazioni e decidi se sono **vere** o **false.** Se una frase è falsa, riscrivila per renderla vera.

		vero	falso
1.	Il padre disse a Giuseppe di comprare il pane.	☐	☐
2.	Giuseppe andò subito in pescheria.	☐	☐
3.	Giuseppe andò a leggere i fumetti al parco.	☐	☐
4.	Giuseppe giocò a calcio con gli amici al parco.	☐	☐
5.	Giuseppe tornò a comprare il pesce per suo padre.	☐	☐

12.2 Chi fu? Com'era? The past absolute versus the imperfect

A. Il sogno di Arianna.

Parte prima. Leggi il testo, sottolinea i verbi al passato remoto e fai un cerchio intorno ai verbi all'imperfetto.

C'era una volta una bambina di nome Arianna che amava leggere. Arianna aveva sette anni e tutte le sere prima di andare a letto leggeva una storia. Una sera Arianna iniziò a leggere «Biancaneve e i sette nani» (*Snow White and the Seven Dwarfs*). Chiuse gli occhi per un attimo e quando li riaprì era in una piccola casa nel bosco (*forest*). Pochi minuti dopo, sentì (*heard*) delle persone che parlavano e poi sette piccoli uomini entrarono in casa. I sette piccoli uomini le dissero «buona sera» e le chiesero (*asked*) il suo nome. Prima di rispondergli, Arianna si svegliò. Era tutto un sogno (*dream*)!

Parte seconda. Adesso scrivi l'infinito di tutti i verbi al passato remoto che hai trovato nella **Parte prima**.

1. _____   5. _____

2. _____   6. _____

3. _____   7. _____

4. _____   8. _____

B. L'imperfetto e il passato remoto.

Parte prima. Completa le frasi con la forma giusta dei verbi all'imperfetto.

avere	essere	guardare	lavorare	parlare	sapere	vivere

1. Quando lo scrittore morì, il suo libro _____ già molto famoso.

2. Quando era giovane, la mia bisnonna (*great-grandmother*) scrisse tante lettere al suo fidanzato che

   _____ in Sicilia.

3. Mentre tutti _____ attentamente lo spettacolo, l'attore dimenticò le parole.

4. Quando Giovanni finì il liceo, _____ con suo padre in gioielleria già da un anno.

5. Pietro conobbe sua moglie quando _____ 21 anni.

6. Quando nacque Giulio Cesare nessuno _____ l'italiano.

7. Il principe (*prince*) disse che non _____ andare a cavallo (*ride a horse*).

Parte seconda. Adesso scrivi il passato prossimo dei verbi al passato remoto nelle frasi della **Parte prima**.

1. _____*è morto*_____   5. _____

2. _____   6. _____

3. _____   7. _____

4. _____

12.3 Dove si vive meglio? The irregular comparative

A. Aggettivo o avverbio? Decidi se bisogna usare un aggettivo (**migliore/peggiore**) o un avverbio (**meglio/peggio**) per completare le frasi.

1. Secondo me, una città è <u>migliore / meglio</u> di un paese.
2. Zia Marta si veste <u>peggiore / peggio</u> di zia Anna.
3. La nonna di Giulio cucina <u>migliore / meglio</u> di sua madre.
4. Le pescherie vicino al mare sono <u>migliori / meglio</u> delle pescherie lontane dal mare.
5. Ieri a cena le patate erano <u>peggiori / peggio</u> dei fagioli (*beans*).
6. La colomba è <u>migliore / meglio</u> del panettone.
7. I servizi nei centri storici sono <u>peggiori / peggio</u> dei servizi nelle periferie.
8. Carlo nuota <u>peggiore / peggio</u> di Salvatore.

B. Le opinioni di Silvia e Matteo.

Parte prima. Silvia e Matteo sono alla partita di calcio e parlano dei giocatori (*players*). Ascolta e completa la loro conversazione con la forma di **migliore, peggiore, meglio** o **peggio** che senti. La conversazione sarà ripetuta due volte.

SILVIA: Allora, chi vince la partita oggi?

MATTEO: Non lo so. Secondo me, il Milan gioca _____[1] della Juventus, ma le cose possono sempre cambiare.

SILVIA: Ma tu sai che quest'anno il Milan ha i _____[2] giocatori di tutta l'Italia. Perderà di sicuro!

MATTEO: Non è vero. Il Milan ha giocato _____[3] delle altre squadre all'inizio

(*beginning*) della stagione. Poi ha anche uno dei _____[4] giocatori di calcio d'Europa.

SILVIA: Sono sicura che la Juventus oggi vincerà. Giocano sempre _____[5] alla fine della partita. Vedrai che quest'anno saranno loro a vincere il campionato (*championship*).

MATTEO: Beh... vedremo.

▶ *Check your answers to this activity in the* Answer Key *at the back of the workbook.*

Parte seconda. Adesso rileggi la conversazione. Dopo ascolta le affermazioni e decidi se sono **vere** o **false.** Le affermazioni saranno ripetute due volte.

	vero	**falso**
1.	☐	☐
2.	☐	☐
3.	☐	☐
4.	☐	☐
5.	☐	☐

C. Singolare o plurale?

Completa le frasi con la forma giusta del singolare o del plurale di **migliore** o **peggiore**.

1. Una partita di calcio è miglior_____ di una partita di tennis.

2. Il cavolo (*cabbage*) è peggior_____ dell'insalata.

3. In Italia, le macchine piccole sono miglior_____ delle macchine grandi.

4. Quando fa caldo, i pantaloncini sono miglior_____ dei jeans.

5. Il cibo alla mensa è peggior_____ del cibo al ristorante.

6. Oggi, per comunicare, il telefonino è miglior_____ del telefono fisso (*land line*).

7. In questo ristorante i ravioli sono peggior_____ degli spaghetti al pomodoro.

D. Che ne pensi?

Parte prima. Scrivi le tue opinioni con delle frasi complete usando **migliore** o **peggiore**.

ESEMPIO: *Vedi:* il caffè / il tè

Scrivi: _____*Il caffè è migliore del tè.*_____

o

_____*Il caffè è peggiore del tè.*_____

1. l'acqua minerale frizzante / l'acqua minerale naturale

_____

2. gli occhiali / le lenti a contatto

_____

3. il lavoro / le vacanze

_____

Parte seconda. Adesso esprimi la tua opinione scrivendo delle frasi complete con **migliore** o **peggiore**. Dopo la pausa, ascolta due possibili opinioni.

1. il cinema / il teatro

2. gli gnocchi / la pasta

3. la psicologia / la sociologia

4. la cucina cinese / la cucina messicana

12.4 A Silvia piacciono le scarpe   More about the verb **piacere**

A. Qual è il soggetto? Ascolta le frasi e decidi qual è il soggetto del verbo **piacere**.

1. _____   a. Franco   b. la storia italiana

2. _____   a. cucinare   b. la nonna

3. _____   a. il teatro   b. Filippo e Giacomo

4. _____   a. voi   b. i computer

5. _____   a. i bambini   b. guardare la TV

6. _____   a. vivere in città   b. noi

7. _____   a. andare al mare   b. tutti

8. _____   a. io   b. studiare filosofia

B. A chi piace? Scegli la conclusione giusta per ogni frase.

1. Valeria e Lorenzo vanno in discoteca o al bar quasi tutte le sere.
   a. Gli piace uscire.   b. Le piace uscire.

2. Tu e Francesco mangiate spesso gli spaghetti, i tortellini e le lasagne.
   a. Ci piace la pasta.   b. Vi piace la pasta.

3. Paola guarda un film ogni weekend.
   a. Le piace andare al cinema.   b. Gli piace andare al cinema.

4. Io e Rita compriamo spesso jeans, vestiti e gonne.
   a. Mi piacciono i vestiti.   b. Ci piacciono i vestiti.

5. Giorgio ama studiare gli animali, le piante e l'ambiente (*environment*).
   a. Gli piacciono le scienze naturali.   b. Le piacciono le scienze naturali.

6. Hai una chitarra, un violino, un pianoforte e un sassofono.
   a. Vi piace suonare.   b. Ti piace suonare.

7. Lucio e Arianna hanno un cane, tre gatti e due pesciolini.
   a. Le piacciono gli animali.   b. Gli piacciono gli animali.

C. A chi piacciono? Sostituisci le persone a cui piacciono le diverse cose con **le** o **gli**.

ESEMPIO: *Vedi:*   A Elena piacciono le lasagne.
          Scegli: le

	gli	le
1. A Mario piace la pasta.	☐	☐
2. A Paola piace studiare.	☐	☐
3. Ai bambini piacciono i tortellini.	☐	☐
4. Ad Arianna piace la campagna.	☐	☐
5. Allo zio piace ascoltare la musica.	☐	☐
6. A Gianna e Anna piacciono le feste.	☐	☐

D. Mi piace... Leggi le frasi e scrivi una frase di commento usando la preposizione **a** e l'articolo determinativo (se necessario). Utilizza le parole della lista e segui l'esempio.

ESEMPIO: *Vedi:* La mamma ascolta il jazz, il blues e il rock.
Scrivi: _Alla mamma piace la musica._

l'arte	i dolci	i film	la letteratura	le macchine sportive	la musica ✓	la pasta

1. I bambini mangiano spesso i biscotti, la torta e il gelato.

   _____

2. Mio fratello ha letto tutte le opere di Dante, Pirandello e Calvino.

   _____

3. Sandra e Michela vanno al cinema due volte alla settimana.

   _____

4. Claudia mangia sempre gli spaghetti al ragù.

   _____

5. Gianni e Marcella hanno una Ferrari.

   _____

6. La mia amica Daria sta studiando pittura.

   _____

E. Gli piace... Ascolta le frasi e riscrivile con un pronome di complemento indiretto. Ogni frase sarà ripetuta due volte. Ripeti la risposta.

ESEMPIO: *Senti:* A Giacomo piace sciare.

Scrivi: _**Gli**_ piace sciare.

1. _____ piace il caffè italiano.
2. _____ piacciono i fuochi d'artificio.
3. _____ piace la storia europea.

4. _____ piacciono le scarpe italiane.
5. _____ piace viaggiare in estate.
6. _____ piace ascoltare la musica in macchina.

▶ *Check your answers to this activity in the* Answer Key *at the back of the workbook.*

F. Cosa piace a Federico?

Parte prima. A Federico piacciono le seguenti cose. Per ogni cosa, di' ad alta voce una frase completa. Dopo la pausa, ascolta la risposta giusta.

ESEMPIO: *Vedi e senti:* le lasagne
Dici e senti: A Federico piacciono le lasagne.

1. la chimica
2. giocare ai videogiochi
3. uscire con gli amici
4. tutti gli sport
5. i film romantici
6. il cioccolato

Parte seconda. In base alle frasi della **Parte prima** che descrivono le preferenze di Federico, scrivi due aggettivi che descrivono la sua personalità.

Federico è _____ e _____.

G. Cosa gli piace? Guarda le immagini e scrivi cosa piace alle diverse persone usando la preposizione **a**.

ESEMPIO: *Vedi:*

Massimo

Scrivi: _A Massimo piacciono i cani_

Alessia

1. _____
   _____

Marco

2. _____
   _____

lo zio

3. _____

_____

Alessia e Marina

4. _____

_____

la nonna

5. _____

_____

Ascoltiamo!

Le città italiane attraverso il tempo

A. Come finisce? Scegli la parola giusta per completare le frasi.

1. Per assicurare una quantità sufficiente di cibo, molte città sono state fondate in zone <u>sterili / fertili</u>.

2. La buona salute della popolazione dipende anche dal fatto che una città sia stata fondata dove il clima è <u>mite / umido</u>.

3. Molte città sono state fondate vicino ai fiumi e ai mari per creare condizioni favorevoli <u>alle vacanze / al trasporto delle merci (*goods*)</u>.

4. La cima di una collina è un posto favorevole per <u>l'attacco / la difesa</u> della città.

5. In conclusione, queste sono le regole di base per <u>la fondazione / la distruzione</u> di una città.

B. Che tipo di città? Ascolta le frasi e decidi se sono **vere** o **false**. Ogni frase sarà ripetuta due volte.

	vero	falso
1.	☐	☐
2.	☐	☐
3.	☐	☐
4.	☐	☐
5.	☐	☐

C. Quale città? Ascolta le descrizioni di cinque città italiane e abbina ogni descrizione al nome della città corrispondente. Ogni frase sarà ripetuta due volte.

1. _____ a. Napoli

2. _____ b. Modena

3. _____ c. Siena

4. _____ d. Roma

5. _____ e. Milano

Leggiamo!

 Strategie di lettura

Synthesis. Use all of the reading strategies you've learned so far to understand the text about a popular environmental initiative in Italian cities. (See page 241.)

A. Identifying text type. Look at the text *without reading it* and check the best completion of the sentence: **Questo testo è...**

1. _____ una pubblicità

2. _____ un articolo di cronaca (*news*)

3. _____ un articolo di opinione

B. Identifying the topic sentence. In addition to the title, the topic sentence of the first paragraph provides the main idea of the text. Which of the following best captures the main idea of the text? Check the best answer.

1. _____ il problema del traffico

2. _____ un piano (*plan*) per contrastare (*deal with*) il l'inquinamento

3. _____ un mezzo pubblico alternativo

C. Predicting information. What type of information do you expect to find in this type of text? Check all possible answers.

1. _____ l'autorità che impone i limiti

2. _____ l'orario dei limiti

3. _____ dove sono imposti i limiti

4. _____ il comportamento (*behavior*) dei vigili urbani

5. _____ i veicoli proibiti

6. _____ i veicoli permessi

7. _____ l'importo della contravvenzione (*cost of the ticket*)

8. _____ i mezzi alternativi

9. _____ la ragione dei limiti

Lettura

Ora leggi tutto il testo e poi rispondi alle domande.

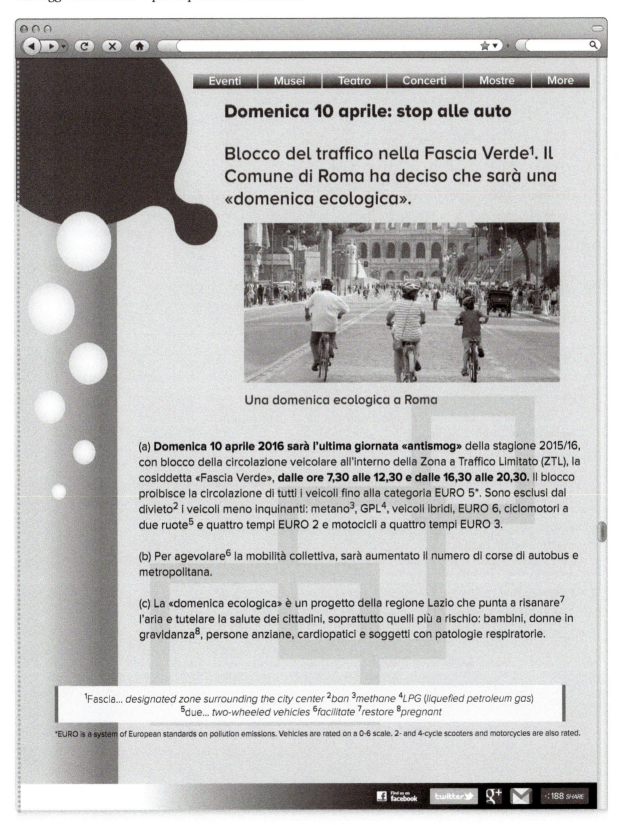

Domenica 10 aprile: stop alle auto

Blocco del traffico nella Fascia Verde[1]. Il Comune di Roma ha deciso che sarà una «domenica ecologica».

Una domenica ecologica a Roma

(a) **Domenica 10 aprile 2016 sarà l'ultima giornata «antismog»** della stagione 2015/16, con blocco della circolazione veicolare all'interno della Zona a Traffico Limitato (ZTL), la cosiddetta «Fascia Verde», **dalle ore 7,30 alle 12,30 e dalle 16,30 alle 20,30.** Il blocco proibisce la circolazione di tutti i veicoli fino alla categoria EURO 5*. Sono esclusi dal divieto[2] i veicoli meno inquinanti: metano[3], GPL[4], veicoli ibridi, EURO 6, ciclomotori a due ruote[5] e quattro tempi EURO 2 e motocicli a quattro tempi EURO 3.

(b) Per agevolare[6] la mobilità collettiva, sarà aumentato il numero di corse di autobus e metropolitana.

(c) La «domenica ecologica» è un progetto della regione Lazio che punta a risanare[7] l'aria e tutelare la salute dei cittadini, soprattutto quelli più a rischio: bambini, donne in gravidanza[8], persone anziane, cardiopatici e soggetti con patologie respiratorie.

[1]Fascia... *designated zone surrounding the city center* [2]*ban* [3]*methane* [4]*LPG (liquefied petroleum gas)* [5]*due... two-wheeled vehicles* [6]*facilitate* [7]*restore* [8]*pregnant*

*EURO is a system of European standards on pollution emissions. Vehicles are rated on a 0-6 scale. 2- and 4-cycle scooters and motorcycles are also rated.

Quali informazioni hai trovato? Hai trovato le informazioni che ti aspettavi? Indica dove le hai trovate nel testo scrivendo la lettera della sezione del testo (a–c) accanto all'informazione corrispondente (1–7).

1. _____ l'autorità che impone i limiti

2. _____ l'orario dei limiti

3. _____ dove sono imposti i limiti

4. _____ i veicoli proibiti

5. _____ i veicoli permessi

6. _____ i mezzi alternativi

7. _____ la ragione dei limiti

◖ In Italia, Culture a confronto, Un po' di cultura e Regioni d'Italia

Utilizzando le informazioni delle sezioni **In Italia** e delle attività di cultura contrassegnate da ◖ nel libro, decidi se le frasi seguenti sono **vere** o **false**. Se una frase è falsa, cambia la parola in **neretto** per renderla vera.

	vero	falso
1. Quando sono in vacanza in Italia, i turisti italiani preferiscono andare in un posto di **mare** piuttosto che visitare una città di interesse storico.	☐	☐
2. In genere ci sono tre posti dov'è possibile comprare i biglietti per l'autobus: in biglietteria, in edicola e in **biblioteca.**	☐	☐
3. Per evitare una multa quando si sale sull'autobus è obbligatorio **convalidare** subito il biglietto.	☐	☐
4. Secondo gli italiani, il problema principale delle loro città è il **traffico**.	☐	☐
5. Il Palazzo degli Uffizi e Santa Maria del Fiore sono due importanti monumenti di **Firenze.**	☐	☐
6. **Palermo**, detta anche *La Serenissima,* è la città dei risi e bisi e di San Marco.	☐	☐

Scriviamo!

 Strategie di scrittura

Synthesis. As you do the following task, you'll have the opportunity to reuse some of the writing strategies that you learned in **Capitoli 1–8,** as well as those you encountered in **Capitoli 9, 10,** and **11:** using connecting words to create longer sentences, refining your questions to focus on particular pieces of information, and knowing your audience. Make a list of the strategies that you use in your composition and be prepared to hand it in.

Genere: Un dialogo

Tema: Stai facendo un giro in centro e incontri dei turisti italiani che visitano la tua città per la prima volta e ti chiedono qualche informazione. Che domande ti fanno? Cosa gli consigli di vedere e di fare durante il loro soggiorno? Su un foglio, scrivi una breve conversazione tra te e i turisti usando il **vocabolario utile** qui sotto, le parole ed espressioni del capitolo e la tua fantasia. Ricordati che parli con un gruppo di persone: devi usare il **voi.**

Vocabolario utile

Di dove siete?	*Where are you (all) from?*
Vi consiglio...	*I recommend (to you all) . . .*
Vale la pena (vedere, fare, ...)	*It's worth the effort (to see, to do, . . .)*
Buone vacanze!	*Have a great vacation!*

Alla fine rileggi quello che hai scritto tenendo conto dei consigli di **Facciamo la verifica!**

Facciamo la verifica!

I have used:

☐ the **Strategie di scrittura** introduced in earlier chapters;

☐ relevant words and expressions from **Capitolo 12** of the textbook and the **Vocabolario utile.**

I have proofread my writing and checked:

☐ for spelling errors, including apostrophes and accent marks;

☐ that I have used the **voi** forms of verbs when speaking to the tourists, and the corresponding forms of any possessive adjectives (**vostro, vostra, ...**);

☐ adjective agreement in comparatives and superlatives;

☐ that I have used the correct forms of the irregular comparatives (**migliore, meglio**) and that I have used the comparative adjective (**migliore**) with nouns (e.g., **Secondo me, una gita a piedi lungo il fiume è migliore di un tour in pullman**) and the comparative adverb (**meglio**) with verbs (e.g., **mangerete meglio nei locali piccoli**);

☐ that I have used the appropriate definite article when using the superlative (e.g., **il miglior ristorante è Stella d'Oro**);

☐ that I have been enthusiastic in my description of great places to see and things to do.

Andiamo in ferie!

Strategie di comunicazione

A. Suggerimento o desiderio? Decidi se le seguenti frasi esprimono un suggerimento (*suggestion*) o un desiderio (*wish*).

1. Vorrei viaggiare per il mondo.
   a. suggerimento
   b. desiderio

2. Sarebbe una buon'idea consultare un medico.
   a. suggerimento
   b. desiderio

3. Mi piacerebbe vedere il film *8 1/2* di Federico Fellini.
   a. suggerimento
   b. desiderio

4. Non sarebbe meglio uscire alle 23.00 invece delle 21.00?
   a. suggerimento
   b. desiderio

5. Vorrei un gelato alla fragola.
   a. suggerimento
   b. desiderio

B. Come finisce la frase? Completa le frasi in modo appropriato. **Attenzione!** Usa ogni completamento *una sola volta*.

1. Mi piacerebbe leggere _____.

2. Cosa Le piacerebbe fare _____?

3. Vorrei laurearmi _____.

4. Sarebbe meglio _____.

5. Invece di aspettare,

   non sarebbe meglio _____?

a. essere felici che ricchi

b. prima di sposarmi

c. *La Repubblica*

d. fare il giro del mondo da giovani

e. quando va in pensione

C. Che desiderio! Ascolta le domande e scrivi il numero della domanda accanto alla risposta giusta. Attenzione! Leggi le risposte prima di ascoltare le domande. Ogni domanda sarà ripetuta due volte.

_____ a. Insomma... Sarebbe meglio fare un giro nella fabbrica (*factory*) della Ferrari.

_____ b. Sì, ho sempre voluto abitare in un altro paese.

_____ c. Mi piacerebbe andare in vacanza in Sardegna.

_____ d. È vero. Una laurea aiuta a trovare un lavoro.

_____ e. Sì, mi interessa molto il mondo antico.

Pronuncia

Le lettere *qu*   Pronunciation of the sound [kw]

Le lettere *qu*.

- The sound [kw] is usually spelled **qu** as in the word **quando**. Listen and repeat the following words:

  quando   qualcosa   quattro

- When the combination **qu** is preceded by a **c**, as in the word **acqua**, the sound is slightly lengthened, as with a double consonant.

- Listen and repeat the following words:

  acquatico   acquamarina   acquistare

- However, some words are spelled with a **c** despite the [kw] sound, such as **cuore** (*heart*) and **scuola**.

Dettato. Scrivi le parole che senti. Ogni parola sarà ripetuta due volte.

1. _____   5. _____   9. _____

2. _____   6. _____   10. _____

3. _____   7. _____

4. _____   8. _____

▶ *Check your answers to this activity in the* Answer Key *at the back of the workbook.*

Lessico

Dove vai in vacanza? Talking about vacations

A. Dove andranno in vacanza? Ascolta le preferenze delle seguenti persone quando sono in vacanza. Decidi quali dei quattro posti descritti nelle pubblicità sceglieranno per la loro prossima vacanza. Scrivi la lettera corrispondente. **Attenzione!** Leggi le pubblicità prima di ascoltare le preferenze.

Hotel Il Delfino	Hotel Paradiso	Residence Lo Sciatore	Albergo I Tre Castelli
*****	*****	*****	*****
Nella meravigliosa isola d'Elba.	Fine-settimana per soli "single" nella bella Emilia-Romagna.	Sulle bellissime montagne delle Alpi.	Nel centro di Firenze.
Sole, mare e sport acquatici. Divertimenti per grandi e piccoli.	Discoteche aperte fino alle 5 di mattina. Feste organizzate e cene romantiche.	Per chi ama lo sci, i parchi naturali e i percorsi nel tranquillo verde delle foreste alpine.	A pochi metri dal museo degli Uffizi, nel centro storico e artistico della città.
a.	b.	c.	d.

1. _____ 2. _____ 3. _____

B. Che fai quest'anno? Abbina gli elementi dell'insieme A agli elementi dell'insieme B per formare delle frasi complete.

A

1. L'albergo costa di più _____
2. Vorrei noleggiare _____
3. Mi piacerebbe affittare _____
4. Ho già organizzato _____
5. Per l'Albergo Excelsior _____
6. L'agenzia di viaggi _____
7. Fra un mese _____
8. Andiamo in vacanza perché vogliamo _____
9. Farò molti sport estremi come il free climbing, _____

B

a. c'è sempre bisogno della prenotazione.
b. un appartamento sul mare.
c. partiamo per le Bahamas.
d. riposarci e divertirci.
e. ha fatto un errore.
f. il paracadutismo e il bungee jumping.
g. in alta stagione.
h. il mio prossimo viaggio.
i. una bicicletta o una mountain bike.

C. Il lago nascosto. Cancella (*Cross out*) nel quadrato i verbi che corrispondono alle definizioni in basso. Dopo, scrivi le lettere sottolineate nelle parole rimaste, dall'alto in basso, e otterrai il nome del lago dove molte famiglie italiane passano l'estate.

PR<u>E</u>NOTARE

<u>C</u>OSTARE

LAMEN<u>T</u>ARSI

<u>O</u>RGANIZZARE

ALL<u>O</u>GGIARE

DI<u>M</u>ENTICARE

GODER<u>SI</u>

NOLEG<u>GI</u>ARE

<u>P</u>ARTIRE

CALC<u>O</u>LARE

R<u>I</u>POSARSI

1. Divertirsi, essere contento/a, sentirsi soddisfatto/a di qualcosa.
2. Dire che qualcosa non va bene o non ci piace.
3. Prendere una macchina per qualche giorno o qualche settimana.
4. Andare a fare un viaggio, lasciare la propria casa o città.
5. Chiamare un albergo per riservare una camera.
6. Preparare il necessario per un viaggio, mettere in ordine.
7. Non lavorare, stare sdraiato/a, riprendersi (*recover*) dallo stress.

Il lago di ___ ___ ___ ___

D. Quale località è?

Parte prima. Ascolta i due testi e decidi quali immagini corrispondono alle località dove sono andate in vacanza le due famiglie. Ogni testo sarà ripetuto due volte.

a. _____   b. _____   c. _____

Parte seconda. Adesso descrivi l'immagine che resta.

_____
_____
_____
_____

E. Come hanno passato le vacanze?
Descrivi che cosa hanno fatto in vacanza le persone delle immagini.

_____

_____

_____

_____

1. Vera e la figlia Renata

2. Riccardo e Mauro

_____
_____
_____
_____

3. Rosa e Alfredo

_____
_____
_____
_____

4. I signori Colantonio

_____
_____
_____
_____

Strutture

13.2 Vorrei andare in Italia   The present conditional

A. I verbi al condizionale.

Parte prima. Scrivi il significato dei seguenti verbi e completa le schede con le forme giuste del condizionale presente.

	organizzare _____	decidere _____	finire *to finish*	rilassarsi _____
io	organizzerei			
tu			finiresti	
lui, lei; Lei				si rilasserebbe
noi				
voi		decidereste		
loro				

	essere _____	fare _____	dovere _____	noleggiare *to rent*	dimenticare _____
io					dimenticherei
tu			dovresti		
lui, lei; Lei					
noi	saremmo				
voi				noleggereste	
loro		farebbero			

Parte seconda. Scrivi il pronome soggetto appropriato per ogni verbo. Poi leggi ad alta voce *soggetto + verbo,* e infine ascolta e verifica la tua pronuncia.

1. _____ dovremmo
2. _____ darei
3. _____ noleggeresti
4. _____ andresti
5. _____ rimarrebbe
6. _____ dimentichereste
7. _____ servireste
8. _____ mangeremmo
9. _____ viaggeranno

▶ *Check your answers to this activity in the* Answer Key *at the back of the workbook.*

B. Cosa farebbero? Decidi quello che farebbero le seguenti persone nelle seguenti situazioni.

1. A Maria piace molto fare shopping, ma non ha molti soldi. Cosa farebbe con 50 Euro?
   a. Comprerebbe un paio di scarpe.
   b. Li darebbe in beneficenza (*to charity*).
   c. Pagherebbe la pizza ai suoi amici.

2. Mario è un ragazzo serio e molto studioso. Cosa farebbe durante una vacanza al mare?
   a. Prenderebbe il sole e dormirebbe molto.
   b. Leggerebbe molti libri.
   c. Noleggerebbe una barca a vela.

3. Normalmente Sandra è una persona tranquilla e allegra. Adesso però ha un nuovo lavoro con più responsabilità e lavora 60 ore alla settimana. È molto stressata e nervosa perché lavora molto e dorme poco, ma vuole tornare a essere tranquilla e allegra. Cosa farebbe con una vacanza di un mese?
   a. Farebbe sport di giorno e andrebbe spesso a ballare da mezzanotte fino alle sei di mattina.
   b. Prenderebbe un aereo per una destinazione molto lontana e non direbbe a nessuno dove va.
   c. Affitterebbe una casetta in montagna con degli amici e porterebbe con sè il computer, il telefonino e il fax.

4. Michele e Antonio non hanno mai visto gli Stati Uniti. Hanno voglia di viaggiare e vedere tanti posti diversi. Vanno a trovare i loro parenti che abitano in un piccolo paese del Wisconsin. Cosa farebbero con una macchina per una settimana?
   a. Farebbero un giro del paese dove abitano i parenti.
   b. Farebbero le commissioni (*errands*) per la loro zia.
   c. Andrebbero a New York e poi a Washington D.C.

C. Cosa vorresti fare?

Parte prima. Giulia e Michele parlano dei loro programmi (*plans*) per l'estate. Ascolta il loro dialogo e scrivi le forme dei verbi che senti al condizionale. Il dialogo sarà ripetuto due volte.

GIULIA: Allora Michele, cosa _____¹ fare quest'estate?

MICHELE: Non lo so ancora. Mi _____² andare al mare con la mia ragazza per

qualche settimana. Lei _____³ affittare una casa in Sardegna. Ma

sinceramente non _____⁴ andare in vacanza quest'anno perché devo

risparmiare (*save*) soldi e poi ho un paio di esami da preparare. E tu che fai?

GIULIA: _____⁵ fare un'escursione in montagna, in Svizzera, con alcuni amici, ma

non sono sicura. _____⁶ anche andare dagli zii in Calabria e non mi

_____⁷ niente. Nemmeno io so bene che cosa fare.

MICHELE: Organizzare le vacanze è davvero stressante!
GIULIA: Lo dici a me!

▶ *Check your answers to this activity in the* Answer Key *at the back of the workbook.*

Parte seconda. Adesso rispondi alle domande con delle frasi complete.

1. Cosa vorrebbe fare la ragazza di Michele per le vacanze?

   _____

2. Perché Michele non dovrebbe andare in vacanza quest'anno?

   _____

3. Dove potrebbe andare Giulia in vacanza quest'anno?

   _____

4. Alla fine della conversazione, Michele e Giulia hanno deciso che cosa faranno per le vacanze?

   _____

D. Il verbo giusto. Completa le frasi con la forma giusta dei seguenti verbi al condizionale presente.

andare	cambiare	dovere	essere
potere	prenotare	smettere	studiare

1. Non _____ meglio visitare il duomo domenica mattina?

2. I genitori di Giulia _____ andare in vacanza da soli (*alone*) quest'anno, ma preferiscono portare i figli al mare.

3. Lorenzo _____ a New York con gli amici per Capodanno, ma non ha i soldi per pagare il biglietto aereo.

4. (*io*) _____ ingegneria all'università, ma non sono brava in matematica.

5. Tu e Filippo _____ subito di lavorare, ma vi servono (*you need*) dei soldi per pagare i libri di questo semestre.

6. Paola e Franco _____ casa, ma devono ancora vendere (*sell*) la casa che hanno.

7. Io e Luca _____ subito l'albergo, ma non sappiamo ancora se Sandro viene con noi.

8. (*tu*) _____ fare tutti i compiti venerdì sera, così non dovrai studiare tutto il weekend.

E. Cosa dovrebbe fare Cinzia? Ascolta le seguenti situazioni. Dopo scrivi quello che *dovrebbe* fare Cinzia secondo te. Ogni situazione sarà ripetuta due volte.

ESEMPIO: *Senti:* Cinzia non ha soldi e vuole una macchina nuova.
Scrivi: _Cinzia dovrebbe cercare un lavoro_ .

1. _____

2. _____

3. _____

4. _____

5. _____

6. _____

▶ *Check your answers to this activity in the* Answer Key *at the back of the workbook.*

F. In modo più gentile. Leggi le frasi e poi di' ad alta voce una frase equivalente, ma più gentile, usando la forma condizionale del verbo. Dopo la pausa, ascolta la riposta giusta.

ESEMPIO: *Leggi:*   Mamma, mi puoi dare la macchina?
          Dici e senti: Mamma, mi potresti dare la macchina?

1. Diego, mi dai 5 Euro?

2. Ragazzi, potete parlare piano, per favore?

3. Voglio un bicchiere di vino rosso.

4. Riccardo, mi fai un favore?

5. Puoi cucinare tu stasera?

6. Vuoi venire a cena con me?

G. Tocca a te! Se vincessi (*If you won*) la lotteria, cosa faresti con i soldi della vincita? Cosa non faresti mai con quei soldi? Scrivi almeno sei frasi e usa il condizionale quando possibile.

_____

_____

_____

_____

_____

_____

13.2 Dimmi tutto!   The informal imperative

A. Che cosa dicono? Leggi le situazioni e decidi che cosa dicono le persone.

1. _____ Filippo dorme in classe. L'insegnante gli dice...

2. _____ La mamma parla a Gino, ma lui non risponde. La mamma gli dice...

3. _____ Arianna vorrebbe dire qualcosa, ma poi non dice niente. La sua amica le dice...

4. _____ Filippo è a letto e non vuole alzarsi. Suo padre gli dice...

5. _____ Tutti gli studenti hanno preso un brutto voto all'esame. L'insegnante gli dice...

a. Alzati!
b. Studiate di più!
c. Non dormire!
d. Mangiamo!
e. Rispondimi!
f. Dillo!
g. Lavatevi i denti!

6. _____ Massimo e Paolo hanno appena mangiato dei dolci e
vanno a letto. La zia gli dice...

7. _____ La cena è pronta, ma tutti parlano e nessuno mangia. Laura
dice a tutti...

B. Decidi! Ascolta le frasi e decidi se il soggetto dell'imperativo è **tu, noi** o **voi.** Ogni frase sarà [f]
ripetuta due volte. Dopo una breve pausa sentirai la risposta giusta.

	tu	noi	voi
1.	☐	☐	☐
2.	☐	☐	☐
3.	☐	☐	☐
4.	☐	☐	☐
5.	☐	☐	☐
6.	☐	☐	☐
7.	☐	☐	☐
8.	☐	☐	☐

C. In cucina! Completa le istruzioni con i verbi giusti all'imperativo e poi mettile in ordine logico.

Parole utili: aggiungere (*to add*), bagnare i savoiardi (*to soak the ladyfingers*), il composto (*mixture*), i grumi (*lumps*), mescolare (*to mix*), montare a neve gli albumi (*to whip the egg whites until they form stiff peaks*), la pirofila (*glass pan*), ricoprire (*to cover*), sbattere i tuorli (*to whisk the egg yolks*), spolverare (*to sprinkle*), uno strato (*layer*)

Il tiramisù

Ingredienti
6 tuorli
6 albumi
200 g di zucchero
500 g di mascarpone
300 ml di caffè freddo
1 confezione (400 g) di savoiardi
cacao in polvere

Sbattete i tuorli con lo zucchero fino a ottenere un composto denso e cremoso. Aggiungete poi il mascarpone e mescolate bene la crema per eliminare i grumi. Montate gli albumi a neve e incorporateli lentamente e gradualmente alla crema. Bagnate i savoiardi nel caffè uno alla volta e create un primo strato in una pirofila. Ricopriteli di crema al mascarpone. Ripetete il passaggio più volte. Alla fine spolverate il tutto con il cacao in polvere.

____ a. _____ gli albumi a neve.

____ b. _____ con il cacao.

____ c. _____ bene la crema per eliminare i grumi.

____ d. _____ il mascarpone.

____ e. _____ i savoiardi nel caffè.

_1_ f. _____Sbattete_____ i tuorli con lo zucchero fino.

____ g. _____ gli albumi alla crema.

D. Ti dispiacerebbe... ? Ascolta le seguenti frasi all'imperativo e crea domande più gentili usando l'espressione **ti dispiacerebbe** + infinito. Ogni frase sarà ripetuta due volte.

ESEMPIO: *Senti:* Parla piano!
  Scrivi: ___Ti dispiacerebbe parlare piano___ ?

1. Ti dispiacerebbe _____?
2. Ti dispiacerebbe _____?
3. Ti dispiacerebbe _____?
4. Ti dispiacerebbe _____?
5. Ti dispiacerebbe _____?
6. Ti dispiacerebbe _____?

▶ *Check your answers to this activity in the* Answer Key *at the back of the workbook.*

E. Dai, vieni! Completa le frasi con l'imperativo del verbo giusto.

aprire	darmi	fare	girare	mangiare	parlare	stare	venire

1. Dai, ragazze, _____ con noi in discoteca stasera.
2. Non (*tu*) _____ mentre l'insegnante spiega!
3. Giorgio, _____ la porta alla signora!
4. (*voi*) _____ a destra, poi a sinistra.
5. Anna, _____ i compiti prima di guardare la TV.
6. _____ in camera tua e non uscire per tutta la sera!
7. Pierino, _____ i soldi.
8. Non _____ troppo cioccolato, ti fa male.

F. Cosa gli dice? Leggi le seguenti situazioni e scrivi una risposta usando l'imperativo.

ESEMPIO: *Leggi:* È ora di cena: Fausto è in piazza e suo padre gli telefona. Cosa dice il padre a Fausto?
  Scrivi: ___Vieni a casa___!

1. Laura è a tavola e non vuole mangiare gli spinaci. Che cosa le dice suo padre?

   _____

2. Alberto e Francesco vogliono chiedere a Giorgia e Gessica di uscire con loro. Cosa gli dicono?

   _____

3. Mauro ha il libro d'italiano di Lucia e Lucia lo rivuole. Che cosa dice Lucia a Mauro?

   _____

4. La nonna vuole dare dei soldi a Fabiana, ma Fabiana non li vuole prendere. Cosa le dice la nonna?

   _____

5. La macchina di Patrizia è sporca e suo padre non è molto contento. Cosa le dice suo padre?

   _____

6. L'insegnante sta parlando e gli studenti non lo ascoltano. Cosa gli dice l'insegnante?

   _____

G. Quale imperativo? Ascolta la situazione, poi di' ad alta voce l'imperativo appropriato tra quelli della lista. Dopo la pausa, ascolta la risposta giusta.

> **Aspetta un attimo!**   **Dimmi la verità!**   ✓ **Vieni qui!**
>
> **Dammi la penna.**   **Non ti preoccupare!**

ESEMPIO: *Senti:*   Il tuo fratellino di 5 anni è in cucina; tu sei in soggiorno e gli vuoi dare un cioccolatino. Cosa gli dici?

  Dici e senti: Vieni qui!

1. ...   2. ...   3. ...   4. ...

13.3 Mi dica! The formal imperative

A. Dove vanno gli imperativi? Inserisci gli imperativi nella categoria giusta.

> **Apri la porta**   **Bevi l'acqua!**   **Chiuda la finestra!**   **Dammi la valigia!**   **Finisca subito!**
>
> **Mi dica!**   **Mangia!**   **Parli, per favore!**   **Si accomodi!**   **Vai a casa!**

formale	informale
1. _____	1. _____
2. _____	2. _____
3. _____	3. _____
4. _____	4. _____
5. _____	5. _____

B. Situazioni diverse. Leggi le situazioni e scegli l'imperativo giusto, formale o informale.

1. Il signor Mauri arriva all'albergo e la ragazza alla reception vuole vedere un documento. Cosa dice la ragazza al signor Mauri?
   a. Dammi un documento.   b. Mi dia un documento.

2. Giacomo ha il telefonino di Rita e lei lo rivuole. Cosa dice Rita a Giacomo?
   a. Ridammi il telefonino.   b. Mi ridia il telefonino.

3. Il pranzo è quasi pronto e il padre di Filippo lo chiama a tavola. Cosa dice il padre a Filippo?
   a. Venga a mangiare!   b. Vieni a mangiare!

4. Chiara è in centro e un turista le chiede dov'è il museo di arte antica. Cosa dice Chiara al turista?
   a. Vada diritto, poi a sinistra.   b. Vai diritto, poi a sinistra.

5. Giulio non ha finito i compiti per domani. Cosa gli dice la madre?
   a. Li finisca subito.   b. Finiscili subito.

6. Roberto è al bar con un cliente e gli vuole offrire qualcosa da bere. Cosa dice Roberto al cliente?
   a. Prendi qualcosa.   b. Prenda qualcosa.

7. Enzo fa una domanda a un signore, ma il signore non risponde. Cosa dice Enzo al signore?
   a. Dica qualcosa.   b. Di' qualcosa.

C. Formale o informale? Guarda le immagini e scegli le battute (*quips*) appropriate.

1.

   a. Apra la bocca, per favore.
   b. Apri la bocca, per favore.

2.

   a. Mi dia la bambola (*doll*)!
   b. Dammi la bambola!

3.

   a. Parli più forte, non La sento.
   b. Parla più forte, non ti sento.

4.

   a. Mi dia la carta d'imbarco, per favore.
   b. Dammi la carta d'imbarco, per favore.

5.

   a. Faccia i compiti per domani.
   b. Fai i compiti per domani.

D. Ascolta bene! Ascolta i seguenti imperativi e decidi se sono formali o informali. Ogni imperativo sarà ripetuto due volte. Dopo una breve pausa sentirai la risposta giusta.

ESEMPIO: *Senti:*   Mi ascolti.
            Scegli: formale   informale
                        ☑   ☐

	formale	**informale**
1.	☐	☐
2.	☐	☐
3.	☐	☐
4.	☐	☐
5.	☐	☐
6.	☐	☐
7.	☐	☐

E. Dall'informale al formale. Trasforma i seguenti imperativi dalla forma informale alla forma formale.

ESEMPIO: Aspetta un momento. → Aspetti un momento.

1. Ripeti il tuo nome. →

    _____

2. Leggi questo. →

    _____

3. Ascoltami, per favore. →

    _____

4. Parla piano (*slowly*). →

    _____

5. Vai diritto, poi a destra. →

    _____

F. All'imperativo. Trasforma le seguenti frasi all'imperativo formale.

ESEMPIO: Mi può telefonare domani mattina? → Mi telefoni domani mattina.

1. Mi può dare il Suo numero di telefono? →

    _____

2. Mi può dire qual è il problema? →

    _____

3. Le dispiacerebbe mettere la Sua firma? →

    _____

4. Le dispiacerebbe aspettare qui per una quindicina di (*about fifteen*) minuti? →

    _____

5. Mi può organizzare un viaggio in Inghilterra per quest'estate? →

    _____

Ascoltiamo!

Le vacanze degli italiani

A. Come finisce? Scegli la parola giusta per completare le frasi.

1. Di solito, le persone che lavorano hanno <u>un mese</u> / <u>due mesi</u> di vacanza all'anno.

2. Gli studenti, però, sono più fortunati e hanno <u>quattro</u> / <u>sei</u> mesi di vacanza all'anno.

3. Il mese in cui più gente va in vacanza è <u>luglio</u> / <u>agosto</u>.

4. In alta stagione gli alberghi sono <u>affollatissimi</u> / <u>deserti</u>.

5. Per le vacanze estive la maggior parte degli italiani va <u>al mare</u> / <u>in montagna</u>.

B. Il Ferragosto. Ascolta le frasi e decidi se sono **vere** o **false**. Se la frase è falsa, scegli l'espressione appropriata della lista per renderla vera. Ogni frase sarà ripetuta due volte.

il 15 agosto	solo i servizi essenziali	sulla costa adriatica

	vero	falso	
1.	☐	☐	espressione: _____
2.	☐	☐	espressione: _____
3.	☐	☐	espressione: _____
4.	☐	☐	espressione: _____
5.	☐	☐	espressione: _____

▶ *Check your answers to this activity in the* Answer Key *at the back of the workbook.*

C. Che tipo di vacanza? Ascolta le frasi e abbina ciascuna frase alla vacanza giusta. Ogni frase sarà ripetuta due volte. **Attenzione!** Alcune vacanze si ripetono.

1. _____   a. il Ferragosto

2. _____   b. la settimana bianca

3. _____   c. la Pasquetta

4. _____

5. _____

Leggiamo!

Strategie di lettura

Identifying the audience of a text. Whether they are novels, newspaper articles, shopping lists, or e-mails, texts are written for a public. An author who wishes to communicate with the reader will keep her or him in mind while writing. Being able to identify the intended audience of a text can help you put the message in context and aid your understanding.

Lettura

Le pubblicità sono scritte per un pubblico specifico. Leggi le due pubblicità e rispondi alle domande per capire a chi sono rivolte (*directed*).

Albergo Serena

Chianciano Terme
0578 77149

Il piacere del benessere

Vacanze
Acque termali
Cure con i fanghi*

Tre grandi piscine a diverse temperature. Minigolf e bocce. Tanto verde per le vostre passeggiate. Ginnastica riabilitativa sotto l'occhio attento dei nostri terapisti.

AGRITURISMO SAMMICHELE

Vicinissimo al mare e ai migliori locali night a soli 4 km.
Parco giochi per i più piccoli. Campi da tennis. Equitazione.
Spazio picnic. Ideale per tutte le età.

Ottima cucina romagnola con prodotti di produzione propria.

Venite a passare le vacanze da noi!

Per prenotazioni:
Agriturismo Sammichele
Via Colombaio, 89
Lido Adriano
0544 684391

A. Quale luogo? Secondo te, in quale luogo potrebbe fare una vacanza chi ha le seguenti preferenze?

	Albergo Serena	Agriturismo Sammichele
1. chi ama i trattamenti per la salute	☐	☐
2. chi ama la natura	☐	☐
3. chi ama la discoteca	☐	☐
4. chi ama lo sport	☐	☐
5. chi ama il relax	☐	☐

B. Riesci a identificare il pubblico?

Parte prima. Secondo te, a quali persone sono indirizzate (*addressed*) le pubblicità?

	Albergo Serena	Agriturismo Sammichele
1. alle famiglie	☐	☐
2. alle persone sportive	☐	☐
3. alle persone che amano la natura	☐	☐
4. alle persone con l'artrite (*arthritis*)	☐	☐
5. alle persone che amano la cucina regionale	☐	☐

Parte seconda. Ritorna alla lista precedente e scrivi accanto a ogni gruppo di persone le parole della pubblicità che sostengono la tua opinione.

1. _____

2. _____

3. _____

4. _____

5. _____

◑ In Italia, Culture a confronto, Un po' di cultura e Regioni d'Italia

Utilizzando le informazioni delle sezioni In Italia e delle attività di cultura contrassegnate da ◑ nel libro, decidi se le frasi seguenti sono **vere** o **false**. Se una frase è falsa, cambia la parola in **neretto** per renderla vera.

	vero	falso
1. La zona preferita dagli italiani che fanno le vacanze in Italia è il **Sud**.	☐	☐
2. Per le vacanze la maggior parte degli italiani sceglie **agosto**.	☐	☐
3. In Italia, se vai in una spiaggia **libera** devi portare l'ombrellone e il telo da mare.	☐	☐
4. Le **Tremiti** sono composte da sette isole vulcaniche e si trovano a nord della Sicilia; l'isola più grande si chiama Lipari.	☐	☐

5. Se devi viaggiare tra Roma e Milano e vuoi arrivare il più velocemente possibile, l'opzione migliore è il treno **Frecciarossa**.

☐ ☐

6. **L'agriturismo** è una soluzione molto amata per le vacanze. Chi sceglie di fare una vacanza in agriturismo alloggia in un'azienda agricola e mangia prodotti locali.

☐ ☐

Scriviamo!

Strategie di scrittura

Using your five senses in writing. To describe a place, visualize yourself in that location. To bring your writing to life, imagine your dream destination in terms of the five senses (seeing, smelling, hearing, tasting, touching). Incorporate as many of these senses as possible to make your description more colorful and exciting (e.g., food you want to taste, smell of the sea, Italian music on the radio, a delicious **gelato** in your hand, and so on). Once you indentify your destination, jot down one idea for each of the senses and be prepared to turn in this list. By using this technique, your essay is sure to rise to the top!

Genere: Un breve saggio (*essay*)

Tema: Su un foglio, scrivi un breve saggio per vincere un biglietto aereo per un viaggio in Italia. Il titolo del saggio è «Destinazione: Paradiso»; devi comunicare perché vuoi andare in Italia e cosa vorresti fare durante il tuo soggiorno. Usa almeno cinque verbi al condizionale e alcuni verbi di questa lista.

Vocabolario utile

ascoltare	to listen to
assaggiare	to taste
sentire	to hear, to feel; to smell
toccare	to touch
vedere	to see

Ora prendi in considerazione le strategie di scrittura e il vocabolario utile e scrivi il saggio. Alla fine rileggi quello che hai scritto tenendo conto dei consigli di **Facciamo la verifica!**

Facciamo la verifica!

I have used:

☐ the **Strategia di scrittura** for this activity;

☐ relevant words and expressions from **Capitolo 13** and the **Vocabolario utile.**

I have proofread my writing and checked:

☐ for spelling errors, including apostrophes and accent marks;

☐ that I have used the correct regular and irregular verb stems for the conditional;

☐ I have conjugated the verb **piacere** for the correct subject and used the appropriate indirect object pronoun (e.g., **mi piacerebbe vedere...**), and so on;

☐ that I have written a compelling argument that will convince the reader to award me the prize.

Chi sono gli italiani?

Strategie di comunicazione

A. Cosa si fa? / Come si fa? Abbina ogni domanda alla risposta corrispondente. **Attenzione!**
Usa ogni risposta *una sola volta*. C'è una risposta in più.

1. _____ Come si fa per prendere un voto alto in matematica?

2. _____ Cosa si fa al mare?

3. _____ Cosa si fa in Italia per festeggiare il compleanno?

4. _____ Cosa si fa per mantenersi in forma?

5. _____ Come si fa per imparare un'altra lingua molto bene?

a. Si va al supermercato.

b. Si va all'estero.

c. Si studia molto.

d. Si prende il sole.

e. Si invitano gli amici a cena.

f. Si fa molta ginnastica e un po' di body-building.

B. Qual è l'ordine giusto? Metti le seguenti azioni nell'ordine in cui bisogna farle da 1 (la prima azione) a 5 (l'ultima).

1. Come si fa per prepararsi per un esame?

   a. _____ Si dà l'esame.

   b. _____ Si prendono appunti.

   c. _____ Si frequentano le lezioni.

   d. _____ Si fanno i compiti.

   e. _____ Si va a letto presto la sera prima.

2. Come si fa per cambiare casa?

   a. _____ Si cerca un appartamento.

   b. _____ Si fa il trasloco (*move*).

   c. _____ Si va a vedere l'appartamento.

   d. _____ Si firma il contratto.

   e. _____ Si chiede agli amici di venire ad aiutare.

C. Quale domanda si fa? Ascolta le domande e scegli la risposta giusta. Ogni domanda sarà ripetuta due volte.

1. _____ a. Si dorme a lungo. b. Nel weekend fa sempre bel tempo.

2. _____ a. Le case costano moltissimo. b. Un annuncio sul giornale può aiutare.

3. _____ a. Si dice: «Auguri! Buon compleanno!» b. Sì, ho ventidue anni.

4. _____ a. Il Natale è sempre il 25 dicembre. b. Si fa un cenone con tutta la famiglia.

5. _____ a. C'è un treno diretto. b. Bologna è lontana da Roma.

Pronuncia

Le lettere *r* e *rr*   Pronunciation of the sounds [r] and [rr]

Le lettere *r* e *rr*.

- The sound [r] is spelled **r** and is pronounced with a single flutter of the tip of the tongue against the ridge behind the upper front teeth.

  Listen and repeat the following words:

  droga   **freddo**   **regione**   **Roma**

- The sound [rr] is spelled **rr** and is produced with a multiple flutter of the tip of the tongue.

  Listen and repeat the following words:

  arrosto   **birre**   **corriamo**   **guerra**

Dettato. Scrivi le parole che senti. Ogni parola sarà ripetuta due volte.

1. _____   6. _____

2. _____   7. _____

3. _____   8. _____

4. _____   9. _____

5. _____   10. _____

▶ *Check your answers to this activity in the* Answer Key *at the back of the workbook.*

Lessico

La società italiana oggi   Talking about Italian society today

A. I problemi sociali. Segna le parole che indicano un problema sociale.

1. _____ la noia

2. _____ la fame

3. _____ la disoccupazione

4. _____ la tecnologia

5. _____ la chiave

6. _____ la droga

7. _____ la lavatrice

8. _____ il governo

9. _____ la violenza

10. _____ la delinquenza

B. Le coppie di contrari. Ci sono otto coppie di contrari: trovale! (Scrivi negli spazi la lettera corrispondente a ogni parola.)

a. giovane	e. sposarsi	i. godere	m. tempo libero
b. povertà	f. anziano	j. lavoro	n. guerra
c. aumentare	g. divorziare	k. soffrire	o. morte
d. nascita	h. ricchezza	l. diminuire	p. pace

1. ____ ____

2. ____ ____

3. ____ ____

4. ____ ____

5. ____ ____

6. ____ ____

7. ____ ____

8. ____ ____

C. I titoli *(headlines)* di giornale.

Parte prima. Ecco alcuni titoli tratti dal *Gazzettino di Livorno*. Abbina le immagini ai titoli corrispondenti. Scrivi la lettera giusta.

1. _____ Disoccupazione: aumentata dell'1,5% in settembre.

2. _____ L'uso della droga cresce nei quartieri di periferia.

3. _____ I cittadini di Centocelle uniti contro la delinquenza.

4. _____ Le pensioni avranno un calo a novembre.

5. _____ Volontariato in aumento fra i giovani sotto i 20 anni.

6. _____ L'invecchiamento si vince con la ginnastica.

a.

b.

c.

d.

e.

f.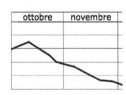

Parte seconda. Ascolta la prima frase dei sei articoli della **Parte prima**. Abbina le frasi alle immagini corrispondenti. Scrivi la lettera giusta. Ogni frase sarà ripetuta due volte.

a.   b.   c.

d.   e.   f.

1. _____   2. _____   3. _____   4. _____   5. _____   6. _____

D. Radio aperta. Ogni giovedì la stazione radio *Radio Sole 101.1* lascia spazio ai cittadini che vogliono lamentarsi di ciò che non va bene nella società. Ascolta le tre chiamate (*phone calls*) e decidi a quale persona corrisponde ogni chiamata. Scrivi il numero della chiamata che senti accanto alla lettera giusta. Ogni chiamata sarà ripetuta due volte. **Attenzione!** C'è una foto in più.

a. _____   b. _____   c. _____   d. _____

E. La società moderna. Completa le frasi con una delle parole della lista. **Attenzione!** Ci sono 10 parole; devi usarne solo otto.

disoccupati	emigra	età	noia	pensionato
problema	sciopero	solitudine	tasse	tasso

1. Il _____ di disoccupazione indica la percentuale di disoccupati.

2. Un anziano può andare all'università della terza _____.

3. I _____ sono le persone che non hanno un lavoro.

4. La _____ è la mancanza (*lack*) di divertimento e cose da fare.

5. I cittadini pagano le _____ al governo.

6. Una delle ragioni per cui si _____ dal proprio paese è la povertà.

7. Chi si sente solo soffre di _____.

8. La delinquenza è un grande _____ sociale.

F. Criptogramma. Scrivi le parole corrispondenti alle definizioni. Alla fine, in basso, riporta le lettere corrispondenti ai numeri indicati e troverai la risposta alla definizione in neretto.

1. La condizione delle persone che non hanno soldi.

___	_V_	___	___	___	___	___
1	2	3	4	5	6	7

2. Le persone che vivono in un paese diverso dal loro.

_I_	___	___	___	___	___	___	___	___
8	9	10	11	12	13	14	15	16

3. Sinonimo di «unirsi» (*to unite*) in matrimonio.

___	___	___	___	___	___	___	___
17	18	19	20	21	22	23	24

4. La parte della vita dopo i sessant'anni.

_V_	___	___	___	___	___	___	___	_A_
25	26	27	28	29	30	31	32	33

5. L'evento in cui viene al mondo un bambino.

___	___	___	___	___	___	___
34	35	36	37	38	39	40

6. Sono alti quando c'è l'inflazione.

___	___	___	___	___	___
41	42	43	44	45	46

7. Gli abitanti di una città.

_C_	___	___	___	___	___	___	___	_I_
47	48	49	50	51	52	53	54	55

8. Un periodo senza guerre.

___	___	___	___
56	57	58	59

   Quella vera (*A true one*) è difficile da trovare:

___	___	___	___	___	___	___	___
14	9	24	27	38	44	48	57

Strutture

14.1 Si può? si + verb

A. Singolare o plurale? Leggi le frasi e scegli la forma giusta del verbo.

1. In Italia si studia / si studiano le lingue alla scuola media.
2. A Roma si trova / si trovano molte chiese antiche.
3. In Italia si cena / si cenano verso le otto di sera.
4. In Italia, se possibile, si va / si vanno a casa per il pranzo.
5. Negli Stati Uniti non si fa / si fanno gli esami orali all'università.
6. Si gioca / Si giocano molto a calcio in tutto il mondo.
7. Non si mangia / si mangiano spesso gli hamburger in Italia.

B. La scelta giusta. Ascolta le frasi e scegli il complemento giusto. Ogni frase sarà ripetuta due volte.

ESEMPIO: *Senti:* A casa si fanno _____.
          Vedi: a. i compiti b. yoga
          Scegli: a. i compiti

1. _____ a. il caffè b. i cappuccini
2. _____ a. il tema b. le e-mail
3. _____ a. la filosofia politica b. le scienze politiche
4. _____ a. la pasta b. gli spaghetti
5. _____ a. il giubbotto b. i pantaloni
6. _____ a. la carta di credito b. i soldi
7. _____ a. la macchina b. le biciclette

C. Dove si fanno queste cose? Ascolta le descrizioni e decidi dove si fanno le attività. Ogni descrizione sarà ripetuta due volte.

1. _____ a. in biblioteca b. in banca c. alla lezione d'italiano
2. _____ a. all'università b. al museo c. al ristorante
3. _____ a. in farmacia b. a scuola c. all'ospedale
4. _____ a. in macelleria b. al panificio c. nel negozio di frutta e verdura
5. _____ a. in pescheria b. in edicola c. dal tabaccaio
6. _____ a. al cinema b. in duomo c. a teatro

D. Quale verbo si usa? Completa le frasi con **si** + la forma giusta di uno dei verbi seguenti.

andare	cambiare	comprare ✓	conoscere
fare	leggere	mettere	uscire	votare

ESEMPIO: In edicola __*si comprano*__ i giornali e le riviste.

1. In un corso di letteratura _____ romanzi interessanti.

2. Il primo anno d'università _____ molte persone nuove.

3. Durante il weekend _____ con gli amici.

4. Nelle elezioni nazionali, in America e in Italia, _____ a 18 anni.

5. In Italia _____ a scuola dal lunedì al sabato.

6. Quando fa bel tempo, la sera _____ una passeggiata.

7. Negli Stati Uniti _____ casa spesso.

8. Quando fa caldo _____ i pantaloncini e i sandali.

E. Tante cose! Cosa si fa con le seguenti cose? Scrivi delle frasi complete.

1. il latte, la farina (*flour*), il burro, lo zucchero, le uova

   _____

2. lo zaino, la penna, il quaderno, il libro

   _____

3. il costume da bagno, gli occhiali da sole, l'abbronzante, l'ombrellone

   _____

4. i pomodori, la cipolla, l'aglio, l'olio d'oliva

   _____

5. gli scarponi, il maglione, il giubbotto, la sciarpa, i guanti, il cappello

   _____

6. il computer, il dizionario, la scrivania, la sedia

   _____

F. Cosa si fa? Rispondi alle seguenti domande usando **si** + verbo.

1. Dove si va in vacanza d'inverno?

   _____

2. Cosa si fa per il compleanno di un amico?

   _____

3. A che ora si pranza in Italia?

   _____

4. Dove si va in estate quando fa molto caldo?

   _____

5. Cosa si fa per prendere un bel voto in chimica?

   _____

6. Cosa si fa per guadagnare dei soldi?

   _____

G. La società.

Parte prima. Abbina le frasi della colonna A alla conclusione logica della colonna B. **Attenzione!** I verbi della colonna B sono all'infinito (non sono coniugati).

A	B
1. In Italia, quando si è invitati a cena, _____	a. **cercare** lavoro.
2. Quando si va in pensione, _____	b. **emigrare** in un altro paese.
3. Quando si frequenta l'università, _____	c. **fare** volontariato.
4. Quando si è disoccupati, _____	d. **portare** delle paste.
5. Se in un paese ci sono guerra e violenze, _____	e. **prendere** la pensione dallo stato.
6. Se in un quartiere c'è troppa delinquenza, _____	f. **trasferirsi** in un'altra zona della città.
7. Se si vuole contribuire al benessere della società, _____	g. **studiare** molto.

▶ *Check your answers to the* **Parte prima** *in the back of the workbook before doing the* **Parte seconda**.

Parte seconda. Ora ripeti ad alta voce le frasi della **Parte prima** usando la forma impersonale del verbo **in neretto**. Dopo la pausa, ascolta le risposte giuste.

> ESEMPIO: *Leggi:* In Italia, quando si è invitati a cena, + **portare** delle paste.
> *Dici e senti:* In Italia, quando si è invitati a cena, si portano delle paste.

1. ... 2. ... 3. ... 4. ... 5. ... 6. ...

14.2 Penso che sia giusto così The present subjunctive

A. Le forme giuste.

Parte prima. Scrivi il significato dei seguenti verbi e completa le schede con le forme giuste del congiuntivo presente.

	studiare _____	leggere *to read*	aprire _____	pulire _____
io				
tu	studi			pulisca
lui, lei; Lei				
noi			apriamo	
voi				
loro		leggano		

	avere _____	essere _____	fare _____	noleggiare *to rent*	uscire _____
io				noleggi	
tu					esca
lui, lei; Lei		sia			
noi					
voi	abbiate				
loro			facciano		

Parte seconda. Scrivi il pronome soggetto appropriato per ogni verbo. Poi leggi ad alta voce *soggetto + verbo*, e infine ascolta e verifica la tua pronuncia. **Attenzione!** Alcuni verbi hanno più di un soggetto; sentirai tutte le risposte possibili.

1. _____ si sposino

2. _____ diminuisca

3. _____ aumenti

4. _____ chiuda

5. _____ scriviamo

6. _____ dimentichiate

7. _____ paghino

8. _____ prendiate

9. _____ perdano

▶ *Check your answers to this activity in the* Answer Key *at the back of the workbook.*

B. Che ne pensi? Scegli la risposta giusta per completare le frasi. (**Un aiuto:** devi scegliere i verbi al congiuntivo.)

1. Io e i compagni pensiamo che l'università _____.
   a. è difficile
   b. sia facile

2. I miei amici credono che io _____.
   a. studi molto
   b. studio poco

3. L'insegnante d'italiano crede che io _____.
   a. faccia i compiti questo weekend
   b. non studio l'italiano questo weekend

4. Penso che i miei amici _____.
   a. escono con me questo weekend
   b. studino con me in biblioteca questo weekend

5. Crediamo che i professori _____.
   a. capiscano le difficoltà degli studenti
   b. ascoltano gli studenti quando hanno difficoltà

6. Io e i miei compagni pensiamo che _____.
   a. ci siano troppi esami questa settimana
   b. ci sono pochi giorni per prepararsi agli esami

C. Congiuntivo o indicativo? Ascolta le frasi e decidi se ciascuna frase è al congiuntivo o all'indicativo. Ogni frase sarà ripetuta due volte. Dopo una breve pausa sentirai la risposta giusta.

	congiuntivo	indicativo
1.	☐	☐
2.	☐	☐
3.	☐	☐
4.	☐	☐
5.	☐	☐
6.	☐	☐
7.	☐	☐

D. I verbi giusti. Completa le frasi con la forma giusta del congiuntivo di uno dei seguenti verbi.

> ammalarsi   credere   crescere   essere
> lamentarsi   organizzare   prenotare

1. La mamma teme che Alberto _____ se gioca in giardino quando fa freddo.

2. Il professore crede che gli studenti _____ troppo per il fatto che non vogliono studiare durante il weekend.

3. Laura pensa che la delinquenza _____ un grande problema nella sua città.

4. Per il viaggio di nozze a Venezia, Carlo vuole che Lisa _____ una camera in un albergo di lusso (*luxury*).

5. Enrico vuole che i professori _____ una gita a Roma.

6. Molti temono (*fear*) che il consumo di droga _____ molto nelle grandi città europee.

7. La mamma di Leonardo non pensa che suo figlio _____ a Babbo Natale.

E. Penso che...

Parte prima. Gianni e Alessia non sanno cosa fare stasera. Ascolta e completa il loro dialogo con i verbi che senti al congiuntivo o all'indicativo. Il dialogo sarà ripetuto due volte.

GIANNI: Pensi che Giacomo e Lucia _____[1] con noi stasera?

ALESSIA: Non lo _____.[2] Ma credo che _____[3] al cinema.

GIANNI: A che ora ci vanno?

ALESSIA: Penso che il film _____[4] alle 8.30.

GIANNI: Vuoi andare al cinema con loro?

ALESSIA: Meglio di no! _____[5] voglia di andare da soli.

GIANNI: Ho capito... pazienza. _____[6] con loro un'altra volta.

▶ *Check your answers to the* **Parte prima** *in the* Answer Key *at the back of the workbook before doing the* **Parte seconda.**

Parte seconda. Metti nella categoria giusta i verbi che hai scritto nella **Parte prima.**

congiuntivo	**indicativo**
_____	_____
_____	_____
_____	_____

F. Credo che... Completa le frasi con le tue opinioni. Usa il congiuntivo presente.

1. Credo che l'italiano _____.

2. Non penso che i cittadini _____.

3. Credo che i miei amici _____.

4. Penso che la mia università _____.

5. Non credo che la mia città _____.

6. Penso che le vacanze _____.

7. Credo che la delinquenza _____.

14.3 È bello che tu impari l'italiano

Verbs and expressions followed by the subjunctive

A. Ma che fa Sandro?

Parte prima. Leggi le frasi e scegli la ragione per cui si usa il congiuntivo. **Attenzione!** Una ragione è usata due volte.

a. opinione   c. sentimento personale   e. necessità

b. desiderio   d. giudizio con un'espressione impersonale   f. dubbio

1. _____ La moglie vuole che Sandro si alzi per andare al lavoro. Dovrebbe uscire di casa fra 15 minuti.

2. _____ Dubito che Sandro vada in ufficio domani perché ha mal di gola e la febbre alta.

3. _____ È probabile che Sandro e il suo migliore amico facciano colazione al bar stamattina.

4. _____ Ogni mattina alle 7.00 Carla esce di casa e teme che suo marito Sandro non si svegli in tempo per andare al lavoro.

5. _____ È strano che tu e Sandro giochiate a tennis per due ore tutti i pomeriggi perché Sandro ha sempre molti appuntamenti con i clienti.

6. _____ Immagino che i colleghi di Sandro siano un po' arrabbiati perché Sandro lavora poco.

7. _____ Bisogna che Sandro non stia sempre a casa il sabato perché ha molto lavoro arretrato (*piled up*).

Parte seconda. Adesso rileggi le affermazioni della **Parte prima** e decidi cosa succederà a Sandro.

1. ☐ Tra un mese Sandro sarà disoccupato.

2. ☐ Tra un mese Sandro sarà promosso (*promoted*).

B. Ascolta bene!

Parte prima. Ascolta le conversazioni e scrivi le espressioni che senti che richiedono il congiuntivo. Ogni conversazione sarà ripetuta due volte.

ESEMPIO: *Senti:*   –Dove va Giancarlo?
                        –Penso che vada a New York.
        Scrivi: <u>Penso che</u>

1. _____   4. _____

2. _____   5. _____

3. _____

▶ *Check your answers to this activity in the* Answer Key *at the back of the workbook.*

Parte seconda. Adesso ascolta di nuovo le conversazioni e scrivi i verbi che senti al congiuntivo. Ogni conversazione sarà ripetuta due volte.

> ESEMPIO: *Senti:* —Dove va Giancarlo?
> —Penso che vada a New York.
>
> *Scrivi:* ___vada___

1. _____   4. _____

2. _____   5. _____

3. _____

▶ *Check your answers to this activity in the* Answer Key *at the back of the workbook.*

C. Che ne dici tu? Commenta le seguenti affermazioni usando un'espressione che richiede il congiuntivo. **Attenzione!** Usa un'espressione diversa per ogni affermazione.

1. Alberto ha comprato una macchina nuova.

   _____ la macchina sia veloce.

2. Gianluca non ha studiato per l'esame di chimica.

   _____ lui prenda un brutto voto all'esame.

3. Rita e Mario non sono andati in chiesa domenica.

   _____ non siano ammalati.

4. Oggi piove e fa freddissimo!

   _____ non faccia bel tempo neanche domani.

5. Sono andata a casa della nonna a prendere il caffè, ma la nonna non c'era.

   _____ la nonna dimentichi sempre quando devo andare a trovarla.

6. Federica oggi non è andata al lavoro e non risponde al telefono.

   _____ dorma ancora.

7. Sofia non vuole andare in Canada con la sua classe.

   _____ abbia paura di volare.

D. Non lo voglio fare! Le preferenze di questi genitori sono diverse dalle preferenze dei loro figli. Completa le preferenze dei genitori. **Attenzione!** Usa il congiuntivo.

> ESEMPIO: *Vedi:* Gianna vuole andare all'Università di Palermo.
> *Scrivi:* Il padre vuole che Gianna ___vada all'Università di Venezia___.

1. Carla preferisce studiare storia dell'arte.

   La madre preferisce che Carla _____

2. Paolo vuole comprare una nuova moto.

   Il padre vuole che Paolo _____

3. Stasera Enrico vuole andare in discoteca.

   I genitori vogliono che stasera Enrico _____

4. Valerio preferisce andare al mare con la sua ragazza domenica.

   La mamma preferisce che Valerio _____

5. Lorenzo e Tommaso vogliono stare alla residenza universitaria l'anno prossimo.

   I genitori vogliono che Lorenzo e Tommaso _____

6. Simona vuole passare un anno dell'università negli Stati Uniti.

   Il padre vuole che Simona _____

E. Tocca a te!

Parte prima. Abbina un elemento dell'insieme A a un elemento dell'insieme B per formare delle domande logiche.

A	B
1. Con chi pensi di _____	a. tu finisca gli studi in tempo?
2. Dove speri di _____	b. tu spenda troppi soldi?
3. I tuoi genitori pensano che _____	c. uscire questo weekend?
4. Cosa pensi di _____	d. fare l'estate prossima?
5. I tuoi genitori sperano che _____	e. vivere tra 10 anni?

Parte seconda. Adesso rispondi alle domande che hai formato nella **Parte prima.**

1. _____

2. _____

3. _____

4. _____

5. _____

Ascoltiamo!

La nuova demografia d'Italia

A. Come finisce? Scegli la parola giusta per completare le frasi

1. Nel prossimo futuro in Italia aumenterà il numero di <u>bambini / anziani</u>.

2. Oggi l'Italia è un paese di <u>immigrazione / emigrazione</u>.

3. Nel futuro l'età del pensionamento sarà probabilmente <u>a sessanta / a sessantacinque</u> anni per tutti.

4. Un altro modo per indicare gli anziani è «<u>la seconda / la terza</u> età».

5. Tutto indica che nel futuro il numero di immigrati in Italia è destinato a(d) <u>aumentare / calare</u>.

B. Vero o falso? Ascolta le frasi e decidi se sono **vere** o **false**. Ogni frase sarà ripetuta due volte.

	vero	falso
1.	☐	☐
2.	☐	☐
3.	☐	☐
4.	☐	☐
5.	☐	☐

C. Quale industria? Ascolta le descrizioni e abbina ciascuna descrizione al tipo di industria giusta. Ogni descrizione sarà ripetuta due volte. **Attenzione!** Alcuni tipi di industria si ripetono.

1. _____   a. l'industria alimentare

2. _____   b. l'industria farmaceutica

3. _____   c. l'industria del tempo libero

4. _____

5. _____

Leggiamo!

Lettura

La lettera di Claudia

La rubrica (*newspaper/magazine column*) *Ditelo ad Andrea* di Andrea Minoglio è tratta dalla rivista *Focus Junior*, una rivista per ragazzi. In questo numero una ragazza scrive perchè altri ragazzi la prendono in giro (*make fun of her*).

Leggi la lettera di Claudia per capire qual è il problema.

DITELO AD ANDREA

a cura di Andrea Minoglio

Siamo tutti razzisti?

Ciao Andrea, ogni anno vado in un campo estivo, spesso al nord. Lì ci sono ragazzi di tutta Italia e molti mi prendono in giro perché sono di Napoli! Mi chiamano «ladra, monnezzara[1]» e off endono la mia famiglia... Io, spesso, quando sono sola piango,[2] ma non posso piangere per tutta la vita!

Claudia

---

[1]*garbage girl,* dialect   [2]*(I) cry*

A. Hai capito? Rispondi alle domande.

1. Secondo Claudia, perchè i ragazzi al campo estivo (*summer camp*) la prendono in giro?
   a. È straniera.
   b. È meridionale.
   c. Piange sempre.
   d. È ladra e monnezzara.

2. Secondo te, quali saranno lo scopo e il punto di vista della risposta di Andrea?
   a. Dare strategie per difendersi.
   b. Dire come trovare aiuto professionale ed esprimere comprensione.
   c. Minimizzare il problema e criticare la reazione di Claudia.
   d. Inquadrare (*Contextualize*) la situazione ed esprimere solidarietà.

B. La risposta di Andrea. Ora leggi la risposta di Andrea e rispondi alle domande.

Ciao Claudia,

tu scrivi che ti prendono in giro perché sei napoletana. Ma c'è anche Cmis00 che ha un'amica che non vuole mangiare una pizza se l'ha fatta una donna del Burkina Faso. E che dire di Tutenstein007, a cui rubano la merenda perché è egiziana, o di Marcus@, che va in una scuola privata dove prendono in giro una ragazza perché è meticcia (*mixed race*), oppure di Sofia, italiana dalla pelle nera, che ha la sensazione di essere ritornata all'epoca di Martin Luther King... Ne ricevo tante di queste lettere e mi danno sempre tristezza e rabbia. Anche a me, come a Sofia, sembra di essere tornato indietro. [...] La risposta migliore che posso darti è riportare la lettera di un altro lettore, Gabriel, che dice: «Ciao Andrea, vivo a Trossingen, in Germania. A scuola una volta, mi hanno detto "l'italiano di m***a". Adesso è finita la storia. Non mi dicono più niente. Però non vorrei che iniziassero a dirmi di nuovo dietro di tutto.» Pensa te... pure in Germania sono razzisti! Solo che stavolta le vittime siamo noi italiani. Forse, allora, il problema è che l'idiozia non ha Paese, regione, città, quartiere, colore politico. Anzi, la cosa più pericolosa del razzismo è che può contagiare tutti. Anche me, che magari ho subito un torto da una persona di colore e inizio a pensare che me l'ha fatto PERCHÉ È DI COLORE. O Francy, che razzista non è, ma ha un compagno indiano che «puzza» e magari inizia a pensare che puzza PERCHÉ È INDIANO. Il razzismo può essere ovunque,[1] anche in un semplice pensiero. Però i razzisti, quelli veri, che fanno di quel pensiero distorto motivo di vanto e bandiera politica, hanno nomi e cognomi. Conviene segnarseli e non dimenticarli: loro non meritano il nostro rispetto, e noi meritiamo di meglio.

[1] *anywhere*

---

1. Andrea presenta a Claudia altri esempi di ragazzi (Cmis00, Tutenstein007, Marcus@, Gabriel e Francy) che hanno espresso problemi simili. Secondo Andrea, qual è il problema fondamentale?
   a. il razzismo
   b. l'arrivo degli immigrati
   c. la politica

2. Perché Andrea ammette di essere un po' razzista anche lui?
   a. Non gli piacciono le persone di colore.
   b. Ha attribuito la colpa di un torto (*wrong*) a un intero gruppo di persone quando la colpa era di un solo individuo.
   c. Secondo lui, non c'è una soluzione contro il razzismo.

3. Secondo Andrea, chi sono i veri razzisti che dobbiamo affrontare e combattere?
   a. Le persone che usano il razzismo a fini politici.
   b. Le persone che sembrano tornate indietro.
   c. I tedeschi.

◖ In Italia, Culture a confronto, Un po'di cultura, Regioni d'Italia

Utilizzando le informazioni delle sezioni **In Italia** e delle attività di cultura contrassegnate da ◖ nel libro, decidi se le frasi seguenti sono **vere** o **false**. Se una frase è falsa, cambia la parola in neretto per renderla vera.

		vero	falso
1.	*La Repubblica* e il *Corriere della Sera* sono i due **mensili** nazionali italiani.	☐	☐
2.	La rivista *Starbene* è dedicata alla **cucina.**	☐	☐
3.	Il tasso di disoccupazione è più **basso** nell'Italia Meridionale.	☐	☐
4.	Gli scioperi in Italia sono abbastanza **frequenti** ma vengono quasi annunciati in anticipo.	☐	☐
5.	Dal 1946 l'Italia è una **monarchia.**	☐	☐
6.	Palazzo **Pitti** è la sede del governo italiano e dove il Presidente del Consiglio (cioè il Primo Ministro) si occupa degli affari del paese.	☐	☐

Scriviamo!

Strategie di scrittura

Listing pros and cons / Presenting both sides of an argument. Exploring the pros and cons of an issue and the beliefs shared by those on both sides of the argument is an important strategy for critical thinking and writing. When writing an editorial piece, take all possible viewpoints into account by listing the pros and cons of your issue in two columns. What opposing arguments are typically presented by people who are for or against this issue? Once you have considered the problem from different perspectives, you will be better equipped to write your editorial and propose a workable solution. Be prepared to turn in the list of pros and cons (step 2, on the following page), along with your final product.

Genere: Un editoriale (*Op-Ed piece*)

Tema: Secondo te, qual è un problema che minaccia il benessere sociale o l'ambiente? Su un foglio, esprimi la tua opinione e offri delle soluzioni al problema in un editoriale per il *Corriere della Sera*.

1. Per prima cosa, identifica il problema che vuoi trattare. Per esempio, pensi che ci sia troppo inquinamento / poco investimento nell'istruzione pubblica / troppo consumo di... / poco riciclaggio.
2. Poi, fai una lista dei pro e dei contro e pensa a come puoi rispondere alle obiezioni di chi legge il tuo articolo.
3. Spiega quello che si fa adesso per affrontare il problema e perchè non è sufficiente.
4. Infine, proponi una soluzione che, secondo te, potrebbe eliminare il problema.

Alla fine rileggi quello che hai scritto tenendo conto dei consigli di **Facciamo la verifica!**

Facciamo la verifica!

I have used:
- ☐ the **Strategia di scrittu**ra for this activity;
- ☐ relevant words and expressions from **Capitolo 14** of the textbook.

I have proofread my writing and checked:
- ☐ for spelling errors, including apostrophes and accent marks;
- ☐ that I have used the correct regular and irregular stems for the conditional;
- ☐ that I have used the subjunctive after expressions of opinion that begin with **Penso che, Credo che, Dubito che, È importante che,** and so on;
- ☐ that I have used both regular and irregular forms of the subjunctive correctly;
- ☐ that I have used **di** + infinitive as an alternative to using the subjunctive when the subject of both clauses is identical (e.g., **Penso di avere la soluzione**);
- ☐ that I considered both sides of the argument and presented my opinion in a convincing way.

Capitolo

15

Quali lingue parli?

Strategie di comunicazione

A. Sai/Sa? Abbina ogni domanda alla risposta corrispondente. **Attenzione!** Ci sono sei risposte. Devi usarne solo cinque.

1. _____ Sa sciare?

2. _____ Sai parlare un'altra lingua?

3. _____ Sa ballare il tango?

4. _____ Sai andare a cavallo?

5. _____ Sai cucinare?

   a. Oddio! Gli animali grossi mi fanno paura!

   b. So preparare solo la pizza.

   c. No, non mi piace il freddo.

   d. Sì, da giovane ho preso alcune lezioni di ballo.

   e. So dire solo qualche parola in spagnolo.

   f. Sì, faccio la spesa ogni sabato.

B. Quale dialetto si parla? Abbina ogni dialetto al gruppo regionale a cui appartiene. **Attenzione!** Alcuni gruppi si ripetono.

1. _____ il milanese

2. _____ il fiorentino

3. _____ il romano

4. _____ il veneziano

5. _____ il calabrese

   a. settentrionale

   b. toscano

   c. centro-meridionale

C. Cosa sai/sa fare? Leggi le seguenti risposte. Poi ascolta le domande e scrivi il numero della domanda che senti accanto alla risposta corrispondente. Ogni domanda sarà ripetuta due volte.

_____ a. Sì, parlo il francese e il tedesco.

_____ b. Purtroppo no.

_____ c. Perché è una lingua di grande importanza culturale.

_____ d. Molto. È un segno di cultura e di apertura mentale.

_____ e. Sì, soprattutto nel campo dell'informatica in cui si usano parole inglesi.

Pronuncia

Dittonghi e trittonghi   Diphthongs and triphthongs

 Dittonghi e trittonghi.

- A *diphthong* is a combination of two vowels that is pronounced as a single syllable. **Attenzione!** In Italian, one of the vowels of a diphthong is always an **i** or **u**.

  Listen and repeat the following words:

  auguri   fuori   piano   piedi

- A *triphthong* is a combination of three vowels that is pronounced as a single syllable. Triphthongs are relatively uncommon in Italian.

  Listen and repeat the following words:

  buoi (*oxen*)   **guai** (*woes*)   **miei**   **suoi**

 Dettato. Scrivi le parole che senti. Ogni parola sarà ripetuta due volte.

1. _____
2. _____
3. _____
4. _____
5. _____
6. _____
7. _____
8. _____
9. _____
10. _____

▶ *Check your answers to this activity in the* Answer Key *at the back of the workbook.*

Lessico

Le lingue d'Italia   The languages of Italy

A. Vero o falso? Decidi se le seguenti frasi sono **vere** o **false**.

	vero	falso
1. L'italiano è una lingua germanica.	☐	☐
2. La lingua parlata è diversa dalla lingua scritta.	☐	☐
3. L'italiano è una lingua che non cambia mai.	☐	☐
4. Il fiorentino è un dialetto meridionale.	☐	☐
5. L'Italia Settentrionale è l'Italia del Nord.	☐	☐
6. Il napoletano è un dialetto dell'Italia Centrale.	☐	☐
7. La lingua italiana ha una lunga tradizione letteraria.	☐	☐

B. Lingue e origini. Ascolta le frasi e scegli la conclusione giusta. Ogni frase sarà ripetuta due volte. Dopo una breve pausa sentirai la risposta giusta.

1. _____ a. solo in Italia.   b. in molti paesi.

2. _____ a. uguale in tutta l'Italia.   b. diversa a seconda della zona geografica.

3. _____ a. molte parole inglesi.   b. molte parole tedesche.

4. _____ a. il francese, il portoghese, lo spagnolo e il rumeno.   b. il tedesco, l'inglese e il russo.

5. _____ a. dal latino.   b. dal greco.

6. _____ a. vive in un paese che non è il suo.   b. parla bene due lingue.

C. Un po' di geografia. Ascolta i nomi delle seguenti città italiane e scrivili sotto la zona geografica in cui si trovano. Se non ricordi dove si trovano le città, guarda la cartina d'Italia nel libro. I nomi delle città saranno ripetuti due volte.

Italia Settentrionale	Italia Centrale	Italia Meridionale
_____	_____	_____
_____	_____	_____
_____	_____	_____

▶ *Check your answers to this activity in the* Answer Key *at the back of the workbook.*

D. Le barzellette.

Parte prima. Leggi le quattro barzellette e trova per ognuna la conclusione giusta.

---

1. A scuola un bambino chiede a Pierino: «Perché fai schioccare (*snap*) continuamente le dita?» Pierino risponde: «Per tenere lontane le tigri!» Il bambino, ridendo: «Ma non ci sono tigri in Italia!» _____

---

2. Pierino sta aspettando di giocare in un'importante partita di calcio e un suo amico gli dice: «Ma non vedi che hai una scarpa della Nike e una dell'Adidas?!? Dai, va' a casa a cambiarti!» _____

---

3. Pierino è in macchina con suo padre: «Papà, secondo te, chi è l'inventore più importante della storia?»

«Mah... io penso che sia chi ha inventato la prima ruota (*wheel*).» _____

---

4. Pierino è a scuola. Il maestro lo chiama e gli dice: «Pierino, dimmi *L'Infinito* di Leopardi». _____

---

a. «Beh, no, papà, non sono d'accordo! Il vero genio non è chi ha inventato la prima ruota... è chi ha inventato le altre tre!»
b. Pierino corre a casa, poi torna dal suo amico e gli dice: «Ah, Bruno! M'hai fatto andare a casa per niente! Anche lì ho una scarpa della Nike e una dell'Adidas!»
c. Pierino ci pensa un po', poi si alza tutto contento e risponde: «Leopardare!»
d. E Pierino, tutto felice: «Hai visto che funziona!?!»

 Parte seconda. Adesso ascolta le barzellette e controlla se le tue risposte sono giuste.

E. L'anello di fidanzamento (*engagement ring*). Lorena è arrabbiata e racconta perché alla sua amica Rosa. Completa la loro conversazione con le forme appropriate dei verbi. Usa ogni verbo *una sola volta*.

> discutere   fare   litigare   rispondere   sentire

ROSA: Che cos'hai?

LORENA: _____¹ con il mio ragazzo.

ROSA: Perché? Che cosa ti _____²?

LORENA: Mi ha chiesto di prestargli i soldi per comprarmi l'anello di fidanzamento! Immagina! Ti

            sembra una cosa da fare?

ROSA: Beh, non è una cosa molto carina (*cute*). E tu che cosa gli _____³?

LORENA: Che era una cosa ridicola!

ROSA: Ti ha chiesto scusa?

LORENA: No, ma io non volevo _____⁴ con lui tutta la sera, quindi mi sono alzata e

            me ne sono andata. Non volevo _____⁵ una parola di più.

ROSA: Mi dispiace. Vedrai che capirà l'errore che ha fatto e tornerà a chiederti scusa con un mazzo
            (*bouquet*) di rose rosse.

F. Perché mi piace?

Parte prima. Marianna è la migliore amica di Alessandro. Alessandro spiega perché gli piace Marianna. Tu sei Alessandro: di' ad alta voce le sue ragioni coniugando il verbo in **neretto**. Dopo la pausa, ascolta le risposte giuste.

> ESEMPIO: *Leggi:*   Mi piace Marianna perché... / **dire** sempre la verità, anche se fa male.
>   *Dici:*   Mi piace Marianna perché dice sempre la verità, anche se fa male.

Mi piace Marianna perché...

1. **essere** divertente e **avere** sempre voglia di scherzare
2. **raccontare** molte barzellette
3. quando **discutere** di politica, non si arrabbia mai
4. non **parlare** mai male di nessuno
5. non **litigare** mai con gli amici e **parlare** con tutti
6. **chiacchierare** per ore al telefono

Parte seconda. Marianna ha una sorella gemella, Stella, che ad Alessandro non piace per niente. Stella è l'opposto di Marianna. Riscrivi le frasi della **Parte prima** in modo che descrivano Stella.

ESEMPIO: Mi piace Marianna perché dice sempre la verità, anche se fa male.
Non mi piace Stella perché non dice mai la verità.

1. _____

2. _____

3. _____

4. _____

5. _____

6. _____

▶ *Check your answers to the* **Parte seconda** *in the* Answer Key *at the back of the workbook.*

G. Tocca a te! Nel tuo paese ci sono delle zone in cui si parla una lingua diversa dalla lingua nazionale? Se sì, dove? Scrivi almeno cinque frasi.

_____

_____

_____

_____

_____

Strutture

15.1 Penso che sia andata in vacanza   The past subjunctive

A. Le forme giuste.

Parte prima. Scrivi il significato dei verbi e completa le schede con le forme giuste del **congiuntivo passato.**

	avere *to have*	essere _____
io		
tu		
lui, lei; Lei		sia stato/a
noi		
voi	abbiate avuto	
loro		

	andare _____	leggere *to read*	raccontare _____	nascere _____	alzarsi _____
io				sia nato/a	
tu			abbia raccontato		
lui, lei; Lei	sia andato/a				
noi					
voi		abbiate letto			
loro					si siano alzati/e

Parte seconda. Scrivi il pronome soggetto appropriato per ogni verbo. Poi leggi ad alta voce *soggetto + verbo,* e infine ascolta e verifica la tua pronuncia. **Attenzione!** Alcuni verbi hanno più di un soggetto; sentirai tutte le risposte possibili.

1. _____ abbiano detto
2. _____ siate venuti
3. _____ abbiamo risposto
4. _____ siano morte
5. _____ abbiate litigato
6. _____ abbia chiacchierato
7. _____ si sia alzato
8. _____ abbia preso
9. _____ abbiamo aumentato

▶ *Check your answers to the* **Parte seconda** *in the* Answer Key *at the back of the workbook.*

B. *Avere o essere?*

Parte prima. Scegli la forma giusta di **avere** o **essere** per completare le frasi.

1. Lorenzo crede che i suoi amici abbiano / siano usciti alle 9.00.
2. Dubito che il cane abbia / sia già mangiato. Dobbiamo dargli qualcosa.
3. Fausto spera che i suoi genitori gli abbiano / siano comprato un computer nuovo per il suo compleanno.
4. Immagino che tu ti abbia / sia lavata i denti prima di andare dal dentista.
5. Sembra che tu e Filippo abbiate / siate risolto i vostri problemi perché adesso andate d'accordo.
6. È strano che Gianna non abbia / sia visto questo film: va al cinema ogni settimana.

Parte seconda. Completa le frasi con la forma giusta di **avere** o **essere.**

1. Siamo contenti che Giulio _____ finito presto di lavorare. Stasera abbiamo molte cose da fare insieme.

2. Credi che la nonna _____ già stata a Londra? Vorremmo portarla lì per Capodanno.

3. È impossibile che gli studenti _____ capito tutto. La lezione era davvero difficile oggi!

4. Alessio teme che la sua ragazza _____ preso un brutto voto all'esame di filosofia.

5. Sembra che Paola e Renata si _____ licenziate dal negozio perché non le vedo più quando ci vado.

6. È strano che tuo padre non _____ telefonato. Di solito arriva a casa alle otto e sono già le otto e mezzo.

C. Il verbo giusto.
Completa le frasi con la forma giusta di uno dei seguenti verbi al congiuntivo passato. Usa ogni verbo *una sola volta.*

andare	arrivare	cucinare	fare	nascere	prenotare
risparmiare	sposarsi				

1. È possibile che Vincenzo _____ una camera in un albergo a quattro stelle a Milano.

2. Immagino che quella signora non _____ negli Stati Uniti perché non sa bene l'inglese.

3. Credo che mio nonno _____ in pensione l'anno scorso.

4. Dubito che _____ Pietro stasera perché la cena non era insipida (*tasteless/bland*).

5. Spero che Tommaso _____ molte foto a Berlino. Voglio vedere come sono i suoi amici tedeschi.

6. Penso che Laura _____ a maggio. Non so perché non ci abbia invitato al matrimonio.

7. Il treno doveva arrivare alle 16.10, ma temo che _____ in anticipo (*early*).

8. Immagino che Gigi _____ molti soldi prima di andare a vivere a Roma perché la vita in città è cara.

D. Che cosa ha fatto Marco veramente? Quando Marco telefona dall'università, non dice sempre la verità ai suoi genitori. Ascolta le frasi di Marco e riscrivile con l'opinione della mamma al congiuntivo passato. Ogni frase sarà ripetuta due volte.

> ESEMPIO: *Senti:* Ieri sera sono uscito con Enrico e Gianni.
> *SCRIVI:* Credo che Marco ___*sia uscito*___ con Anna, la sua ragazza.

1. È probabile che Marco _____ poco per l'esame di economia.

2. Immagino che stamattina Marco _____ alle 10.00.

3. Credo che Marco _____ il bucato con l'aiuto della sua ragazza.

4. Temo che Marco _____ molti dolci questa settimana.

5. Immagino che Marco _____ a ballare con Anna sabato sera.

6. Non credo che Marco _____ la sua camera.

▶ *Check your answers to this activity in the* Answer Key *at the back of the workbook.*

E. Tocca a te! Secondo te, che cosa ha fatto Francesca durante le vacanze? Guarda l'immagine e scrivi almeno cinque frasi al congiuntivo passato.

_____

_____

_____

_____

_____

15.2 Sono sicura che è partita per le vacanze

The subjunctive versus the indicative

A. Congiuntivo o indicativo? Leggi le affermazioni e decidi se hanno un verbo al congiuntivo o se tutti e due i verbi sono all'indicativo.

		congiuntivo	indicativo
1.	È importante che Carlo vada al lavoro oggi.	☐	☐
2.	Sono certo che Silvia ha mangiato tutta la torta.	☐	☐
3.	Vedo che i giovani non ascoltano più la musica classica.	☐	☐
4.	La mamma non vuole che Luciano guardi molto la TV.	☐	☐
5.	Si sa che gli italiani mangiano bene.	☐	☐
6.	Sembra che Stefania non abbia molti problemi a scuola.	☐	☐
7.	È impossibile che Alberto conosca quattro lingue!	☐	☐
8.	È vero che le lingue romanze sono simili.	☐	☐

B. Qual è il verbo giusto? Scegli la forma giusta del verbo per completare le frasi.

1. È un fatto che l'italiano di oggi è / sia basato (*based*) sul fiorentino.
2. Credo che gli italiani comprano / comprino più quotidiani degli americani.
3. È strano che la disoccupazione continua / continui a crescere nei paesi industrializzati.
4. È chiaro che la musica techno non piace / piaccia agli anziani.
5. Vogliamo che nostro figlio passa / passi un anno negli Stati Uniti per imparare bene l'inglese.
6. Penso che Giulia ha / abbia difficoltà con la matematica quest'anno.
7. So che Lucia non studia / studi più filosofia. Ha cambiato facoltà.
8. Non c'è dubbio che Michele guadagna / guadagni di più con il suo nuovo lavoro.

C. Congiuntivo o no? Decidi se le frasi che senti hanno un verbo al congiuntivo o se tutti e due i verbi sono all'indicativo. Ogni frase sarà ripetuta due volte.

	congiuntivo	indicativo
1.	☐	☐
2.	☐	☐
3.	☐	☐
4.	☐	☐
5.	☐	☐
6.	☐	☐
7.	☐	☐

D. L'espressione giusta. Scegli l'espressione giusta per completare le frasi.

1. È strano che / È chiaro che l'italiano deriva dal latino.

2. Temiamo che / Non c'è dubbio che il problema della droga si diffonda in tutto il paese.

3. Pare che / È ovvio che mia sorella sogna troppo e lavora poco.

4. Spero che / Sono sicura che tuo nonno racconti delle barzellette domani sera a cena.

5. È essenziale che / È un fatto che i giovani aiutino gli anziani che vivono da soli.

6. Voglio che / Si sa che la mia famiglia parla napoletano a casa.

7. Credo che / Sono certo che la lingua nazionale sia ormai diffusa in tutta la penisola italiana.

E. Problemi in città. Leggi le frasi e decidi se i verbi devono essere all'indicativo presente o al congiuntivo presente. Poi, inserisci la forma giusta del verbo appropriato.

aumentare diventare essere (2) lamentarsi risparmiare trasferirsi

	congiuntivo	indicativo	
1.	☐	☐	Sembra che la tossicodipendenza (*drug addiction*) _____ un problema soprattutto nelle grandi città.
2.	☐	☐	Sappiamo che in Italia ci _____ molti dialetti.
3.	☐	☐	È importante che gli anziani _____ molti soldi prima di andare in pensione.
4.	☐	☐	Non è bene che il tasso di disoccupazione _____ proprio quest'anno.
5.	☐	☐	È vero che molte persone _____ dello smog e del traffico.
6.	☐	☐	Bisogna che gli immigrati _____ cittadini integrati nella società.
7.	☐	☐	È ovvio che molte famiglie _____ in città per avere più opportunità di lavoro.

F. Tocca a te! Scrivi delle frasi complete con le espressioni date. **Attenzione!** Alcune espressioni richiedono il congiuntivo, altre l'indicativo.

1. Non c'è dubbio che _____.

2. Spero che _____.

3. Sembra che _____.

4. Si sa che _____.

5. È necessario che _____.

6. Sono sicuro/a che _____.

15.3 Se vincessi un viaggio... Hypotheticals of possibility

A. Se avessi € 100.000... Abbina ogni frase ipotetica dell'insieme A alla sua conseguenza logica dell'insieme B.

A	B
1. Se avessi una buona memoria _____	a. comprerei una casa grandissima.
2. Se parlassi molto bene l'italiano _____	b. non potrei svegliarmi presto.
3. Se avessi una famiglia numerosa _____	c. farei un CD con Andrea Bocelli.
4. Se fossi molto ricco _____	d. comprerei una Ferrari.
5. Se uscissi tutte le sere _____	e. non dimenticherei niente.
6. Se cantassi molto bene _____	f. non esisterebbe la fame nel mondo.
7. Se non ci fosse la povertà _____	g. andrei a vivere a Roma.

B. Se la nonna fosse... Ascolta le ipotesi che riguardano la nonna di Daria e poi scegli la conseguenza giusta. Ogni ipotesi sarà ripetuta due volte.

1. _____ a. imparerebbe l'inglese. b. imparerebbe il tedesco.

2. _____ a. mangeremmo peggio. b. mangeremmo a casa sua.

3. _____ a. dovrebbe lavorare molto. b. potrebbe viaggiare molto.

4. _____ a. rimarrebbe a casa. b. andrebbe in Canada.

5. _____ a. i nipoti sarebbero contenti. b. i nipoti sarebbero stanchi.

6. _____ a. imparerebbe a guidare. b. prenderebbe sempre la metropolitana.

C. Le coniugazioni. Completa i verbi con le desinenze (*endings*) giuste del congiuntivo imperfetto o del condizionale.

1. Se (io) ave _____ quel nuovo lavoro, guadagner _____ bene.

2. Se Massimo parla _____ in dialetto, la nonna sar _____ contenta.

3. Se (tu) decide _____ di andare a vivere Londra, i tuoi amici verr _____ a trovarti spesso.

4. Se l'insegnante non scherza _____ in classe, gli studenti non si divertir _____ così tanto.

5. Se la pescheria foss _____ aperta, Marta comprer _____ il pesce per la cena di stasera.

6. Se vole _____ fare una passeggiata, Silvia porter _____ il cane.

7. Se (tu) noleggia _____ una macchina, io pagher _____ la metà (*half*) del noleggio.

D. Che farebbe Giulio?

Parte prima. Giulio vuole andare a lavorare in America per un anno dopo la laurea. Ascolta la conversazione fra i suoi genitori e scrivi le forme giuste dei verbi all'imperfetto del congiuntivo o al condizionale. La conversazione sarà ripetuta due volte.

LA MAMMA: Se Giulio _____[1] in America a cercare un lavoro, cosa

_____[2] fare?

PAPÀ: Giulio è bravo con le lingue. _____[3] sempre insegnare l'italiano.

LA MAMMA: È vero, ma ti ricordi che lui ha alcuni amici a New York che lavorano in un ristorante?

_____[4] vivere con loro per qualche mese e lavorare al ristorante.

PAPÀ: Ma non so se lui _____[5] lavorare lì. Comunque, se _____[6]

un po' di soldi prima di partire, _____[7] tutto più facile, no?

LA MAMMA: Lo so, ma Giulio vuole partire subito dopo l'università. Il viaggio costa molto. E se io gli

_____[8] il biglietto aereo?

PAPÀ: Assolutamente no! Se tu gli _____[9] il viaggio, non _____[10]

l'importanza del lavoro e dei soldi.

LA MAMMA: Hai ragione. Deve guadagnare un po' di soldi qui prima di partire per l'America.

▶ *Check your answers to the* **Parte prima** *in the* Answer Key *at the back of the workbook before doing the* **Parte seconda.**

Parte seconda. Rileggi la conversazione e rispondi alle seguenti domande.

1. Secondo il padre, che lavoro potrebbe fare Giulio in America?

   _____

2. Dove potrebbe vivere e dove potrebbe lavorare secondo la mamma?

   _____

3. Secondo suo padre, cosa dovrebbe fare Giulio prima di partire per l'America?

   _____

4. Quando vuole partire Giulio?

   _____

5. Cosa vorrebbe fare la mamma?

   _____

E. Cosa farebbe Eleonora?

Parte prima. Guarda l'immagine di Eleonora e decidi cosa farebbe nelle seguenti situazioni. Usa la fantasia.

1. Se avesse tanti soldi, comprerebbe _____.

2. Se potesse vivere all'estero, vivrebbe _____.

3. Se non fosse studentessa, lavorerebbe _____.

4. Se potesse andare a cena con un attore famoso, andrebbe a cena con _____.

5. Se decidesse di comprare un animale domestico, sceglierebbe _____.

6. Se avesse uno yacht, andrebbe _____.

7. Se dovesse comprare una macchina nuova, comprerebbe _____.

Parte seconda. Cambia le frasi della **Parte prima** e di' quello che faresti tu. **Attenzione!** Ricordati di cambiare tutti i verbi.

1. Se avessi tanti soldi, comprerei _____.

2. _____.

3. _____.

4. _____.

5. _____.

6. _____.

7. _____.

Ascoltiamo!

Una breve storia della lingua italiana

A. Come finisce? Scegli la parola giusta per completare le frasi.

1. Le lingue che derivano dal latino si chiamano lingue <u>romantiche / romanze</u>.

2. La lingua italiana nasce dal latino, in particolare dal latino <u>scritto / parlato</u>.

3. I «Tre Grandi» delle letteratura italiana scrissero le loro opere in volgare <u>fiorentino / milanese</u>.

4. L'unificazione d'Italia e i massmedia del Novecento hanno favorito <u>l'unificazione / la differenziazione</u> linguistica.

5. L'uso del dialetto è ancora molto diffuso nelle isole, nel Sud e <u>nel Centro / nel Nord-Est</u>.

 B. Vero o falso? Ascolta le frasi e decidi se sono **vere** o **false.** Ogni frase sarà ripetuta due volte.

	vero	falso
1.	☐	☐
2.	☐	☐
3.	☐	☐
4.	☐	☐
5.	☐	☐

C. Quale periodo? Ascolta le frasi e abbina ciascuna frase al periodo storico giusto. Ogni frase sarà ripetuta due volte.

1. _____   a. Antica Roma

2. _____   b. Il Duecento

3. _____   c. Il Trecento

4. _____   d. Il Quattrocento

5. _____   e. Il Cinquecento

Leggiamo!

Lettura

In quest'articolo, tratto dalla rivista *Focus*, l'autore vuole informare il pubblico di una nuova lingua. Mentre leggi l'articolo, cerca di identificare le informazioni principali.

Hola mon ami, do you speak europanto?

L'europanto, cioè[1] la combinazione casuale di parole inglesi, francesi, tedesche, spagnole e italiane, è una lingua emergente[2] che ha avuto un forte impulso con l'unificazione dell'Europa. Nasce come parodia[3] dell'esperanto, la lingua artificiale creata per le comunicazioni internazionali. Ma, a differenza dell'esperanto che non ce l'ha fatta a imporsi,[4] l'europanto si sta affermando[5] sempre più. Ha infatti un grande vantaggio: è «de only lingua étrangér dat man puode apprendre ohne estudy», è l'unica lingua straniera che l'uomo può imparare senza studiare.

L'inventore è un interprete. Ed è anche l'unica che si può affrontare[6] senza paura di sbagliare. Basta una piattaforma di «basic english» infarcita[7] di tutte le possibili parole tratte da altre lingue europee personalizzate sull'accento di chi parla. Il suo inventore, Diego Marani, interprete al Consiglio dei Ministri dell'Unione Europea, dà una sola regola:[8] una frase è in europanto se contiene parole di almeno tre lingue.

[1]*that is* [2]*emerging* [3]*parody* [4]*non... didn't establish itself* [5]*asserting*
[6]*face* [7]*infused* [8]*rule*

Hai capito? Scegli la risposta giusta.

1. L'autore inizia l'articolo con _____.
   a. la descrizione della struttura dell'europanto
   b. la descrizione dell'importanza attuale dell'europanto
   c. a e b

2. L'autore dà poi una serie di informazioni. In quale ordine le presenta?
   a. i vantaggi dell'europanto, l'origine dell'europanto, un esempio dell'europanto
   b. l'origine dell'europanto, i vantaggi dell'europanto, un esempio dell'europanto
   c. l'origine dell'europanto, un esempio dell'europanto, i vantaggi dell'europanto

3. Il vantaggio dell'europanto è che _____.
   a. non si deve studiare per impararlo
   b. non si ha paura di sbagliare
   c. a e b

4. Secondo l'autore, per parlare europanto si deve assolutamente sapere _____.
   a. l'inglese
   b. il francese
   c. a e b

5. Il titolo dell'articolo, *Hola mon ami, do you speak europanto?*, è scritto in europanto. Riesci a identificare le lingue rappresentate oltre all'inglese?
   a. l'italiano, il francese
   b. lo spagnolo, il francese
   c. il tedesco, il francese

◖ In Italia, Culture a confronto, Un po' di cultura e Regioni d'Italia

Utilizzando le informazioni delle sezioni **In Italia** e delle attività di cultura contrassegnate da ◖ nel libro, decidi se le frasi seguenti sono **vere** o **false**. Se una frase è falsa, cambia la parola in **neretto** per renderla vera.

		vero	falso
1.	La lingua italiana può essere divisa in **due** principali gruppi di varietà regionali.	☐	☐
2.	L'uso di certe parole **varia** da regione a regione.	☐	☐
3.	**L'inglese** è la lingua straniera più conosciuta in Italia.	☐	☐
4.	La maggior parte degli italiani è bilingue: parla l'italiano standard e il proprio **dialetto.**	☐	☐
5.	In alcune zone della penisola cii sono comunità che parlano lingue **diverse** dall'italiano.	☐	☐
6.	A differenza del francese, l'italiano tende a **evitare** parole dall'inglese nel suo lessico.	☐	☐

Scriviamo!

Genere: Racconto (*Short story*) / Dialogo / Poesia

Tema: Su un foglio, scrivi un breve racconto, un dialogo o una poesia che include le tue dieci parole preferite in italiano. Mentre scrivi, prova a seguire questi suggerimenti.

1. Prima rifletti e poi scrivi le tue dieci parole preferite.
2. Se le tue parole sono simili (per esempio, condividono certe combinazioni di lettere, appartengono allo stesso gruppo semantico o possono essere associate a livello di significato, organizzale secondo questi criteri (come hai fatto nel **Capitolo 2**).
3. Rispondi a queste domande: Che cosa evocano in te queste parole? Ti fanno pensare a un luogo particolare, a certe persone o a un evento preciso (reale o fantastico)? Scegli uno o più di questi elementi come soggetto del tuo racconto, dialogo o poesia.
4. Metti le dieci parole in ordine logico in relazione al soggetto che hai scelto.
5. Infine, scrivi il tuo racconto, dialogo o poesia.

Alla fine rileggi quello che hai scritto tenendo conto dei consigli di **Facciamo la verifica!**

Facciamo la verifica!

I have used:

☐ the **Strategia di scrittura** for this activity;

☐ relevant words and expressions from **Capitolo 15** of the textbook.

I have proofread my writing and checked:

☐ for spelling errors, including apostrophes and accent marks;

☐ that I have used the correct regular forms of verbs and the correct irregular forms of **essere** for the imperfect subjunctive in a **se** clause that expresses a hypothetical possibility;

☐ that I have used the correct form of the conditional in the consequence clause following a **se** clause that expresses a hypothetical possibility;

☐ that my reader will enjoy finding out what my favorite words are and why.

Capitolo

16

Sono famosi

Strategie di comunicazione

A. È un buon consiglio? Abbina ogni risposta al consiglio corrispondente. Usa ogni risposta *una sola volta*.

1. Leggi la storia del Risorgimento. _____

2. Fai un corso su Boccaccio. _____

3. Impara un'altra lingua: ti sarà utile per un

   lavoro futuro. _____

4. Viaggia molto. _____

5. Vai in Italia durante la bassa stagione. _____

a. Sì, lo farò. Credo che sia importante vedere altri luoghi e conoscere altre culture.

b. Volentieri! La letteratura mi interessa molto.

c. Perfetto! Sono molto interessato all'Ottocento.

d. Mi piacerebbe, ma devo frequentare l'università in quel periodo.

e. Lo so. È per questo che sto studiando l'italiano.

B. I consigli. Ascolta cinque consigli per avere successo nello studio dell'italiano. Decidi se si tratta di una cosa consigliabile o sconsigliabile (*ill advised*). Ogni consiglio sarà ripetuto due volte.

	consigliabile	sconsigliabile
1.	☐	☐
2.	☐	☐
3.	☐	☐
4.	☐	☐
5.	☐	☐

Pronuncia

Gli scioglilingua italiani   Italian tongue twisters*

 Gli scioglilingua italiani.

- Tongue twisters consist of one or more sentences whose pronunciation is difficult because they contain several similar sounds that are repeated.

  For example:

  Sopra la panca la capra canta, sotto la panca la capra crepa (*On the bench the goat sings, under the bench the goat dies*) is based on the combination of the letters **c, p,** and **r.**

  Tigre contro tigre (*Tiger against tiger*) plays on the different position of the letters **t** and **r.**

- Tongue twisters exist in dialect too, as in the following example in **dialetto milanese. Ti che te tachet i tac, tacum a mi i mi tac! Mi tacat i tac a ti? Tacus ti i to tac, ti che tachet i tac!**

  The Italian equivalent is:

  Tu che attacchi i tacchi, attacca a me i miei tacchi! Io attaccare i tacchi a te? Attacca tu i tuoi tacchi, tu che attacchi i tacchi! (*You who're gluing heels, glue some heels for me! Me gluing heels for you? You glue your own heels, you who're gluing heels!*)

- Tongue twisters can aid in achieving dexterity and fluency with a language. The goal is to try and say them quickly as many times as possible without making a mistake.

 Gli scioglilingua. Ripeti i seguenti scioglilingua. Ogni scioglilingua sarà ripetuto due volte.

1. Trentatrè trentini andarono a Trento trotterellando.
   (*Thirty-three people from Trentino went to Trento trotting.*)

2. Ponte ponente ponte pì tappetà Perugia ponte ponente ponte pì tappetà perì.*

3. Apelle, figlio di Apollo, fece una palla di pelle di pollo. Tutti i pesci vennero a galla, per vedere la palla di pelle di pollo fatta da Apelle figlio di Apollo.
   (*Apelle, son of Apollo, made a ball of chicken skin. All the fish came to the surface to see the chicken skin ball made by Apelle, son of Apollo.*)

4. Orrore, orrore, un ramarro verde su un muro marrone!
   (*Horror, horror, a green lizard on a brown wall!*)

---

*Since tongue twisters play with the sounds of the language, they are often nonsensical and therefore, exact translations aren't always possible. This one is made up of actual words and made-up words.

Lessico

I personaggi storici   Talking about historical people and events

A. Doppio puzzle.

Parte prima. Scrivi nelle caselle a destra i nomi dei personaggi famosi nascosti. Alla fine, scrivi le lettere sopra le caselle numerate. Le lettere formeranno il nome di un famoso italiano.

a. GEIPUPSE LIDGAIRAB ☐☐☐☐☐☐☐☐ ☐☐☐☐☐☐☐☐☐
                                     16   3

b. NETDA RIALIHGIE ☐☐☐☐☐ ☐☐☐☐☐☐☐☐☐
                           5

c. LONDAEARSS ALTOV ☐☐☐☐☐☐☐☐☐☐ ☐☐☐☐☐
                       4   17

d. RELDANSAOS NIAZNOM ☐☐☐☐☐☐☐☐☐☐ ☐☐☐☐☐☐☐
                              12   8

e. LOGGIULEM NIARMOC ☐☐☐☐☐☐☐☐☐ ☐☐☐☐☐☐☐
                       15 14   1

f. SNA CEAROCSNF ☐☐☐ ☐☐☐☐☐☐☐☐☐
                     2   11

g. CENRIO FIMRE ☐☐☐☐☐☐ ☐☐☐☐☐
                10 7

h. REOLANDO AD NCIVI ☐☐☐☐☐☐☐☐ ☐☐ ☐☐☐☐☐
         13   9

i. LOALEIG LIALIGE ☐☐☐☐☐☐☐ ☐☐☐☐☐☐☐
                   6

☐☐☐☐☐☐☐☐☐☐ ☐☐☐☐☐☐☐
1 2 3 4 5 6 7 8 9 10   11 12 13 14 15 16 17

Parte seconda. Adesso abbina i personaggi famosi della **Parte prima** alla ragione per cui sono famosi.

1. _____ Scrisse la *Divina Commedia*.

2. _____ Inventò la pila elettrica.

3. _____ Diede tutti i suoi beni ai poveri.

4. _____ Inventò la radio e la comunicazione senza fili.

5. _____ Scoprì per primo che la Terra si muove e gira intorno al Sole.

6. _____ È noto come «l'Eroe (*Hero*) dei due mondi» e combatté per l'unificazione d'Italia.

7. _____ Dipinse il quadro *La Gioconda*.

8. _____ Scoprì l'energia nucleare.

9. _____ Scrisse il romanzo *I promessi sposi*.

B. Le associazioni di idee. Ascolta le parole e scrivile sotto l'immagine corrispondente. A ogni immagine corrispondono quattro parole. Ogni parola sarà ripetuta due volte.

a.

_____

_____

_____

_____

b.

_____

_____

_____

_____

c.

_____

_____

_____

_____

d.

_____

_____

_____

_____

▶ *Check your answers to this activity in the* Answer Key *at the back of the workbook.*

C. Chi sono? Ascolta le descrizioni di alcuni personaggi famosi italiani e indovina chi sono. Scrivi la lettera corrispondente al personaggio. Ogni descrizione sarà ripetuta due volte. Dopo una breve pausa sentirai la risposta giusta.

a. Cristoforo Colombo
b. Maria Gaetana Agnesi
c. Benito Mussolini
d. Maria Montessori

e. Santa Caterina da Siena
f. Giuseppe Verdi
g. Francesco Petrarca
h. Luciano Pavarotti

i. Raffaello Sanzio
j. Michelangelo Buonarroti
k. San Francesco d'Assisi
l. Artemisia Gentileschi

1. _____   2. _____   3. _____   4. _____

5. _____   6. _____   7. _____

D. La professione nascosta. Scrivi accanto a ogni frase dell'insieme A la lettera corrispondente dell'insieme B. Le lettere, nell'ordine, formeranno il nome della professione di Alessandro Volta ed Enrico Fermi.

	A		B
1.	_____ È l'opera più importante di Manzoni.		**E** = la Spedizione dei Mille
2.	_____ Sono eletti dai cittadini.		**I** = l'energia
3.	_____ Il generale gli dà gli ordini.		**I** = i soldati
4.	_____ La comandò Garibaldi.		**T** = la vittoria
5.	_____ La scrisse Dante.		**N** = la *Divina Commedia*
6.	_____ È sinonimo di novella (*story*).		**Z** = racconto
7.	_____ Può essere elettrica o nucleare.		**S** = *I promessi sposi*
8.	_____ È il capo della Chiesa cattolica.		**I** = indipendenza
9.	_____ La raggiunge (*reach*) chi vince.		**C** = i politici
10.	_____ Significa liberazione di una nazione dal dominio di un'altra		**A** = il Papa

E. Donne italiane famose. Completa le frasi con uno dei verbi della lista. Usa ogni verbo *una sola volta*. **Attenzione!** Non si usano tutti i verbi.

> ebbe   fecero   fondarono   fu   si laureò   pubblicò   scrisse

1. Artemisia Gentileschi _____ una delle prime donne a diventare famosa nel mondo artistico del Barocco dominato dagli uomini.

2. Maria Gaetana Agnesi _____ la sua opera più importante, *Istituzioni analitiche*, alla giovane età di 20 anni.

3. Molti studenti dell'Università degli Studi di Bologna _____ pratica con i modelli anatomici creati dall'artista Anna Morandi Manzolini.

4. Maria Montessori _____ all'Università di Roma.

5. Vittoria Colonna _____ molti amici scrittori e artisti, fra cui Michelangelo Buonarroti.

6. La sorella di Gaspara Stampa _____ l'opera *Rime* dopo la morte della famosa poetessa.

F. Tocca a te! Scegli i due personaggi storici che secondo te sono i più importanti del tuo paese e scrivi perché.

1. _____

2. _____

Strutture

Torniamo all'inizio! The infinitive and present indicative

A. Le desinenze giuste. Completa le frasi con le desinenze del presente indicativo.

1. Giulio e Stefania rischi_____ di prendere un brutto voto in matematica se non fin_____ tutti i compiti.

2. Pietro non si ammal_____ mai in inverno, ma oggi non si sent_____ bene e ha mal di gola.

3. Lorenzo e Giada risparmi_____ in questo periodo perché stanno costruendo una casa in campagna.

4. Tu e Renata scherz_____ sempre con i bambini e vi divert_____ tanto con loro.

5. Io mi lament_____ poco, altrimenti (*otherwise*) il direttore si arrabbi_____ con me.

6. Quando Carlo ti chied_____ un consiglio, tu rispond_____ sempre in modo positivo e rassicurante (*reassuring*).

B. I verbi al presente. Completa le frasi con il presente indicativo dei verbi della lista.

affittare	cercare	chiacchierare	crescere	lamentarsi	risparmiare	trasferirsi

1. Mia sorella e la sua amica _____ un appartamento nel centro di Napoli con due camere da letto e un bagno.

2. Io e Luigi abbiamo trovato un lavoro a Milano e _____ lì il primo marzo.

3. Giacomo e Matteo _____ il più possibile per il loro viaggio in Canada.

4. Laura e Marcella _____ al telefono tutte le sere prima di andare a letto.

5. Se non sono soddisfatti, i clienti _____ con il direttore del reparto (*department*).

6. In Italia, il numero degli immigrati _____ e tutti gli immigrati _____ lavoro.

C. La vita di Giuseppe.

Parte prima. Ascolta la descrizione della vita di Giuseppe e completa il testo con i verbi che senti al presente indicativo o all'infinito. La descrizione sarà ripetuta due volte.

Giuseppe _____ [1] un tipo molto stressato e nervoso. Tra un mese Giuseppe

_____ [2] e sta cercando un lavoro. Preferirebbe trovare un lavoro vicino a casa

perché la sua ragazza, Paola, studia ancora all'università, ma in questo periodo il tasso di

disoccupazione sta aumentando e Giuseppe _____ [3] accettare il primo lavoro che gli

viene offerto (*is offered to him*), anche se è fuori dalla sua città. Paola e Giuseppe _____ [4]

spesso e _____ [5] perché Paola non _____ [6] che Giuseppe vada a

_____ [7] in un'altra città. Che deve _____ [8] Giuseppe?

▶ *Check your answers to the* **Parte prima** *in the* Answer Key *at the back of the workbook before doing the* **Parte seconda.**

Parte seconda. Adesso rileggi il testo della **Parte prima** e rispondi alle domande con delle frasi complete.

1. Perché Giuseppe non vuole andare a vivere lontano da casa?

   _____

2. Perché Giuseppe deve prendere il primo lavoro che gli viene offerto?

   _____

3. Che cosa non vuole Paola?

   _____

4. Secondo te, che cosa deve fare Giuseppe?

   _____

D. Tocca a te! Completa le frasi con un verbo all'infinito.

1. Quando non devo studiare, mi piace _____.

2. Durante il weekend amo _____.

3. Questo weekend devo _____.

4. Domani non posso _____.

5. Stasera voglio _____.

6. Preferisco _____ quando fa caldo.

ⓢ L'abbiamo già studiato! The present perfect

A. Ha senso? Completa le frasi dell'insieme A con gli elementi dell'insieme B.

A	B
1. Giulio e Maria hanno affittato ＿＿	a. a Torino per frequentare l'università.
2. Paola si è rilassata ＿＿	b. perché non gli piaceva il suo lavoro.
3. Ho ricevuto ＿＿	c. la vita durante la guerra.
4. Sei stata ricoverata ＿＿	d. una casa in montagna.
5. Ci siamo trasferiti ＿＿	e. un regalo dalla signora Simonetti.
6. Antonio si è licenziato ＿＿	f. in spiaggia.
7. Avete risparmiato ＿＿	g. all'ospedale lunedì scorso?
8. Hanno rischiato ＿＿	h. 100 € in quel negozio!

B. Qual è la sua professione? Ascolta la descrizione di quello che alcune persone hanno fatto ieri. Che lavoro fanno? Scrivi la lettera della professione corrispondente. Ogni descrizione sarà ripetuta due volte. **Attenzione!** Due professioni non si usano.

a. l'artista   c. la dottoressa   e. l'insegnante   g. la scrittrice

b. l'atleta   d. la giornalista   f. la musicista

1. ＿＿   2. ＿＿   3. ＿＿   4. ＿＿   5. ＿＿

C. *Essere o avere?*

Parte prima. Metti i verbi nella categoria giusta secondo l'ausiliare necessario per il passato prossimo.

andare	arrabbiarsi	dimenticare	governare	nascere
noleggiare	organizzare	rimanere	rompersi	scherzare

essere	avere
＿＿＿＿＿＿	＿＿＿＿＿＿
＿＿＿＿＿＿	＿＿＿＿＿＿
＿＿＿＿＿＿	＿＿＿＿＿＿
＿＿＿＿＿＿	＿＿＿＿＿＿
＿＿＿＿＿＿	＿＿＿＿＿＿

Parte seconda. Completa le seguenti frasi con i verbi della **Parte prima** al passato prossimo. **Attenzione!** Due verbi non si usano.

1. Mia sorella _____ il 25 luglio e adesso ha quasi un anno.

2. Gianluca stava giocando a calcio quando _____ la gamba.

3. I miei nonni _____ in pensione tre anni fa e adesso sono sempre in vacanza e si divertono molto.

4. Laura _____ i compiti a casa e la maestra l'ha rimproverata (*scolded her*).

5. Io e Giorgio _____ a casa perché pioveva e faceva freddo.

6. Tu e Gianna _____ con me perché non vi ho voluto dare i miei appunti di fisica. Mi dispiace!

7. L'anno passato il professor Bassani _____ una gita in Francia con i suoi studenti di francese.

8. L'anno scorso, quando erano in California, i miei genitori _____ una Ford.

D. Chi fu Gaspara Stampa?

Parte prima. Leggi il seguente testo dal sito Internet liberliber.it e sottolinea i verbi al passato remoto.

Gaspara Stampa nacque nel 1523 a Padova. Nel 1531, dopo la morte del padre, la madre e i figli si trasferirono a Venezia dove iniziarono un'educazione letteraria e artistica. Molti letterati, pittori e artisti frequentarono la casa della famiglia Stampa e la bella Gaspara ebbe molti corteggiatori (*suitors*). Dopo molte relazioni amorose su cui scrisse le sue opere, Gaspara morì suicida nel 1554, a 31 anni.
Le varie opere di Gaspara furono pubblicate dopo la sua morte.

Parte seconda. Adesso scrivi tutti i verbi al passato remoto che hai trovato nella **Parte prima** e poi scrivi la forma corrispondente del passato prossimo.

	passato remoto	passato prossimo
1.	_____	_____
2.	_____	_____
3.	_____	_____
4.	_____	_____
5.	_____	_____
6.	_____	_____
7.	_____	_____
8.	_____	_____

E. Mario e Luisa.

Parte prima. Ascolta la storia di Mario e Luisa e scrivi i verbi nella categoria giusta secondo l'ausiliare necessario per il passato prossimo. La storia sarà ripetuta due volte.

avere	essere
	sono andati

▶ *Check your answers to the* **Parte prima** *in the* Answer Key *at the back of the workbook before doing the* **Parte seconda.**

Parte seconda. Ascolta di nuovo la storia e rispondi alle seguenti domande. **Attenzione!** Leggi le domande prima di ascoltare.

1. A che ora sono usciti di casa ieri sera Mario e Luisa?

   _____

2. Dove sono andati prima di andare a teatro?

   _____

3. Chi hanno incontrato al bar?

   _____

4. Che cosa ha fatto Mario durante l'opera?

   _____

5. Che cosa ha fatto Luisa durante lo spettacolo?

   _____

F. Tocca a te! Ti sei mai trovato/a in una situazione pericolosa (*dangerous*)? In quale momento della tua vita sei stato/a particolarmente allegro/a? Descrivi una di queste situazioni. Scrivi almeno sei frasi al passato prossimo.

_____

_____

_____

_____

_____

_____

⟳ Era così bello! The imperfect

A. Che facevano?

Parte prima. Abbina le parole dell'insieme B al soggetto corrispondente dell'insieme A.

A	B
1. Tu e Carlo _____	a. studiavi fisica ogni sera.
2. Io _____	b. dormivate tutti i giorni fino a mezzogiorno.
3. Giuseppina _____	c. scherzavamo sempre con i nostri amici.
4. Tu _____	d. giocavano a pallavolo il giovedì sera e a pallacanestro il sabato mattina.
5. Io e Diego _____	e. avevo sempre il raffreddore.
6. Stefano e Gabriele _____	f. faceva spesso volontariato.

Parte seconda. Adesso scegli l'aggettivo adatto alle persone della **Parte prima** e usalo per scrivere una frase all'imperfetto.

> ammalato   divertente   generoso   pigro   sportive   studioso

1. *Tu e Carlo eravate molto pigri.* _____

2. _____

3. _____

4. _____

5. _____

6. _____

B. Perché è all'imperfetto? Leggi le seguenti frasi e decidi la ragione per cui si usa l'imperfetto.

a. descrivere persone, luoghi o cose del passato
b. parlare di un'azione che stava succedendo e non era ancora (*yet*) finita
c. dire la data, l'ora o l'età nel passato
d. parlare di avvenimenti abituali e ripetuti nel passato

1. _____ Mentre Marco giocava al computer, Stefano guardava la TV e parlava al cellulare.

2. _____ Da piccolo, Gianluca andava ogni giorno dalla nonna dopo la scuola.

3. _____ Era l'una quando Lucia è tornata a casa per pranzo.

4. _____ Beatrice era allegra e tranquilla.

5. _____ Quando avevo cinque anni i miei genitori mi hanno portato al mare.

6. _____ Quel giorno pioveva e faceva freddo.

C. Il verbo giusto. Completa le frasi con la forma dell'imperfetto dei seguenti verbi.

> affittare   andare   arrabbiarsi   dare   emigrare   essere
>
> fare   guardare   lavorare   prendere   volere

1. Quando Maria _____ piccola, sua madre _____ a tempo pieno in ospedale come infermiera.

2. La mia famiglia _____ al mare in Sicilia ogni estate e i miei genitori _____ una casa insieme agli zii.

3. Molti anni fa gli italiani _____ dall'Italia in altri paesi a causa della povertà e della disoccupazione.

4. Vincenzo non _____ mai andare a scuola da piccolo e suo padre _____ con lui ogni mattina.

5. Io e Chiara _____ un caffè al bar tutti i giorni prima di andare a lezione.

6. Mio nonno mi _____ dei soldi ogni domenica per comprare le gomme (gums).

7. La domenica la mamma _____ il bucato, mentre mio padre _____ la partita alla televisione.

D. Chi è? Ascolta le descrizioni di alcune persone quando erano piccole e scegli l'immagine giusta.

a.    b.    c.

d.    e.

1. _____   2. _____   3. _____   4. _____   5. _____

E. L'imperfetto o il passato prossimo?
Leggi le seguenti frasi e decidi se bisogna usare l'imperfetto o il passato prossimo. Poi completa le frasi con l'imperfetto o il passato prossimo del verbo tra parentesi.

	imperfetto	prossimo passato	
1.	☐	☐	I miei nonni _____ (cambiare) casa l'anno scorso.
2.	☐	☐	Tu e Roberto _____ (fare) sempre trekking in montagna.
3.	☐	☐	_____ (essere) le due del pomeriggio quando Cinzia è tornata a casa.
4.	☐	☐	Mia zia _____ (andare) in pensione due anni fa.
5.	☐	☐	_____ (nevicare) molto forte quando sono arrivata in ufficio.
6.	☐	☐	Io e Paolo _____ (avere) dieci anni quando siamo andati in Italia per la prima volta.
7.	☐	☐	Laura e Sara _____ (licenziarsi) ieri.
8.	☐	☐	Da piccolo Marcello _____ (essere) alto e magro.

F. La storia di Valeria.

Parte prima. Completa la storia con il passato prossimo o l'imperfetto dei verbi tra parentesi.

Da giovane, Valeria _____[1] (essere) bassa e _____[2] (avere) i capelli

neri. Anche se _____[3] (essere) timida, _____[4] (avere) molti amici

perché _____[5] (giocare) a tennis e a calcio, _____[6] (interessarsi) di

musica e _____[7] (suonare) il violino. Quando _____[8] (cominciare)

l'università _____[9] (sentirsi) molto sola perché non _____[10]

(conoscere) nessuno. Un giorno, mentre _____[11] (correre) al parco, Valeria

_____[12] (vedere) due compagne del suo corso di biologia che _____[13]

(giocare) a tennis e _____[14] (fermarsi) a guardare la partita. Le due ragazze

_____[15] (chiedere) a Valeria se _____[16] (volere) giocare con loro.

_____[17] (fare) bel tempo e le tre ragazze _____[18] (giocare) insieme

per tre ore e _____[19] (divertirsi) moltissimo.

Parte seconda. Tocca a te! Adesso continua la storia di Valeria. Ricordati di usare il passato prossimo e l'imperfetto.

Dopo la partita...

_____

_____

_____

_____

ⓢ Lo vedo e gli parlo Object pronouns

A. Complemento diretto o indiretto? Leggi le seguenti frasi e decidi se i pronomi *in corsivo* hanno la funzione di complemento diretto o indiretto.

	complemento diretto	complemento indiretto
1. *Lo* compro ogni giorno in edicola.	☐	☐
2. Non *le* chiedo mai consiglio!	☐	☐
3. *Li* portano sempre a scuola.	☐	☐
4. *Gli* offriamo sempre qualcosa da bere.	☐	☐
5. *La* preparo ogni anno per Natale.	☐	☐
6. Non *vi* invita mai a casa sua.	☐	☐
7. Mio padre *gli* dà 100 € al mese.	☐	☐
8. Quest'estate non *ti* ho scritto.	☐	☐

B. Di che parla? Trova a chi / che cosa si riferiscono i pronomi complemento diretto usati nelle seguenti frasi.

ESEMPIO: Carlo ha perso il gatto, ma penso che *l'*abbia trovato la mia vicina di casa.
l' = <u>il gatto</u>

1. MILENA: Dove sei stata oggi pomeriggio? *Ti* ho cercata a casa ma non c'eri.
   ROBERTA: Sono andata a fare shopping in centro con Michele.
   MILENA: Cosa hai comprato?
   ROBERTA: Una sciarpa di lana (*wool*).
   MILENA: Dove *l'*hai presa?
   ROBERTA: Da Benetton.

   ti = _____ l' = _____

2. Chiara ha visto Michele e Roberta in centro ma non *li* ha salutati perché andava di fretta.

   li = _____

3. STEFANO: Non sapevo che al nonno piacesse così tanto il vino.

   LUCA: Eh sì, *lo* beve tutti i giorni a pranzo e a cena.

   lo = _____

4. VALERIA: Hai parlato con Alice di recente?

   CARLA: No. Non *la* vedo quasi mai.

   la = _____

5. Ho visto delle bellissime gonne oggi. *Le* volevo comprare tutte!

   le = _____

C. In altre parole. Scegli la frase corrispondente a ogni frase con il pronome complemento diretto o indiretto.

1. *Le* offre una pizza.
   a. Offre una pizza a Paolo.
   b. Offre una pizza a Gessica.

2. *Li* accetta.
   a. Accetta i soldi.
   b. Accetta le scarpe.

3. *Gli* rispondiamo male.
   a. Rispondiamo male a Francesco.
   b. Rispondiamo male a Giulia.

4. Non *la* capiscono.
   a. Non capiscono il fenomeno.
   b. Non capiscono la violenza.

5. *Lo* leggono questo weekend.
   a. Leggono la rivista questo weekend.
   b. Leggono il romanzo questo weekend.

6. *Gli* diamo l'ombrellone.
   a. Diamo l'ombrellone a loro.
   b. Diamo l'ombrellone a Lucia.

7. *Le* regalo a Teresa.
   a. Regalo le collane a Teresa.
   b. Regalo gli accessori a Teresa.

D. Come rispondi tu? Ascolta le domande e scegli le risposte giuste. Ogni domanda sarà ripetuta due volte. Ripeti ad alta voce la risposta.

1. _____
   a. Le noleggio a Roma.
   b. La noleggio a Roma.
   c. Lo noleggio a Roma.

2. _____
   a. Gli telefono domani.
   b. Vi telefono domani.
   c. Le telefono domani.

3. _____
   a. Lo metto in soggiorno.
   b. Le metto in soggiorno.
   c. Li metto in soggiorno.

4. _____
   a. Vi offro un caffè.
   b. Gli offro un caffè.
   c. Ti offro un caffè.

5. _____
   a. Gli piace la scultura di Michelangelo.
   b. Ci piace la scultura di Michelangelo.
   c. Mi piace la scultura di Michelangelo.

6. _____
   a. Le scrivo stasera.
   b. Gli scrivo stasera.
   c. La scrivo stasera.

E. Fa tutto Roberto. Marisa vuole sapere chi fa le faccende di casa. Ascolta le sue domande e rispondi che è Roberto a fare le singole attività. Nella risposta, sostituisci il complemento diretto con il pronome giusto. Dopo la pausa, ascolta la risposta giusta.

ESEMPIO: *Senti:* Chi lava *i piatti*?
         DICI: *Li* lava Roberto.

1. ...   2. ...   3. ...   4. ...   5. ...   6. ...

F. Rispondi tu. Scrivi una risposta appropriata per ogni domanda sostituendo le parole *in corsivo* con un pronome complemento diretto o indiretto.

1. Lasci *i cani* da tua madre questo weekend?

   _____

2. Dai gli orecchini *a tua sorella* per il suo compleanno?

   _____

3. Compri un regalo *per Anna e Giovanni*?

   _____

4. Volete prendere *il pullman* per andare in campagna?

   _____

5. Affitti *la casa* per un anno o due?

   _____

6. Scrivi un'e-mail *a Carlo* oggi o domani?

   _____

7. Leggi delle *riviste* quando viaggi?

   _____

Ascoltiamo!

L'arte attraverso i secoli

A. Quale movimento? Abbina le descrizioni ai movimenti artistici.

1. _____ Usa oggetti ordinari in maniera distorta per produrre degli effetti strani.

2. _____ Rappresenta la realtà in maniera quasi fotografica e molto dettagliata.

3. _____ Si basa sull'idea della modernità e della tecnologia e sull'importanza della velocità e del dinamismo.

4. _____ È il movimento rivoluzionario che rappresenta la figura umana in maniera più realistica rispetto al passato e fa uso della prospettiva.

5. _____ Rappresenta le figure umane in maniera piatta, cioè senza prospettiva.

a. il Medioevo

b. il Futurismo

c. il Rinascimento

d. la Pittura metafisica

e. il Neorealismo

B. In quale periodo? Ascolta l'inizio della frase e completala con il periodo giusto.

1. _____   3. _____   a. vedutista   c. neoclassico

2. _____   4. _____   b. rinascimentale   d. barocco

C. Chi? Ascolta le descrizioni di cinque artisti famosi. Abbina ciascuna descrizione all'artista giusto. Ogni frase sarà ripetuta due volte.

1. _____   a. Giorgio de Chirico

2. _____   b. Giotto

3. _____   c. Francesco Hayez

4. _____   d. Botticelli

5. _____   e. Antonio Canova

Leggiamo!

Lettura

Il testo è tratto da un articolo apparso sul *FocusJunior* sulla moneta ufficiale dell'Unione europea.

Leggi il testo e poi fai le attività.

Fotoquiz | Conoscete i personaggi, i monumenti e le opere incise sugli euro?

Sul retro delle monete italiane, gli euro, sono rappresentate le opere d'arte, i monumenti e i personaggi più importanti della nostra cultura: li sapete riconoscere?

L'**euro (simbolo €)** è la **valuta** (ossia[1] la **moneta**) comune utilizzata nell'**Unione Europea** da 19 dei 28 paesi membri: prima dell'euro, in Italia si usavano le **lire**, in Francia i franchi, in Spagna le pesetas... e così via.

I primi euro sono arrivati in Italia, che è tra i 12 paesi che l'hanno adottato da subito, il **1° gennaio 2002**. Ogni euro è suddiviso in **100 centesimi**, e la banconota con il maggior valore è quella da **500**.

Attualmente in circolazione nella zona euro ci sono **monete** (da 1, 2, 5, 10, 20 centesimi e 1 o 2 euro) e **banconote** (da 5, 10, 20, 50, 100, 200 e 500 euro).

Le banconote degli euro sono identiche in tutta Europa; le monete, invece, cambiano da paese a paese... almeno su un lato[2]! La parte frontale è infatti uguale per tutti mentre sul **retro** (chiamato anche «verso») ciascun paese ha impresso **simboli**, **personaggi**, **monumenti** oppure **luoghi** importanti per la propria cultura.

Le monete, anche se in parte diverse, sono **valide in tutta Europa**: vi può perciò capitare di trovare nel portafoglio un 10 cent... francese! Oppure greco o irlandese.

Insomma, osservare cosa è rappresentato sul «verso» delle monete euro è un po' come fare un viaggio nella cultura italiana: ci sono **monumenti** costruiti dai **Romani**, opere d'arte del **Rinascimento** (un periodo storico molto importante, in cui sono vissuti **Leonardo** e **Michelangelo**), piazze ed edifici particolarmente importanti, sculture strane e molto recenti che è bello saper riconoscere.

di Alessandra Fasola

21 Gennaio 2016 | Aggiornato il 04 Novembre 2016

Source: http://www.focusjunior.it/giochi/fotoquiz-conoscete-i-personaggi-i-monumenti-e-le-opere-incise-sugli-euro?gimg=9544

A. Identifying the audience. Scegli la risposta giusta.

Secondo me, questo testo è scritto soprattutto per _____.

    a. gli italiani anziani che conoscevano la vecchia lira e per cui l'euro è nuovo.

    b. i ragazzi italiani che usano l'euro ma forse non riconoscono i referenti culturali.

    c. gli stranieri in Italia che non conoscono le monete italiane.

B. Identifying the author's purpose and point of view. Scegli la risposta giusta.

L'autore del testo pensa che i simboli sulle monete _____.

    a. siano importanti perché rappresentano la cultura del paese.

    b. siano belli perché le immagini sono fatte da artisti importanti.

    c. siano interessanti perché sono tutti diversi.

C. Using visuals. Conoscete i simboli impressi sulle monete euro italiane, li avete mai osservati?

Mettetevi alla prova con il fotoquiz di *FocusJunior*! Abbina le monete alle rispettive descrizioni.

Il nostro fotoquiz

1.   2.

3.   4.

5.   6.

7.   8.

_____ a. Raffigura l'*Uomo Vitruviano*, il disegno di Leonardo da Vinci.

_____ b. Riproduce piazza del Campidoglio (Roma), progettata dall'immenso Michelangelo Buonarroti.

_____ c. Ritrae la Mole Antonelliana di Torino, che ospita il bellissimo Museo del Cinema.

_____ d. Raffigura un particolare del dipinto della *Nascita di Venere*, opera di Sandro Botticelli conservata a Firenze, al museo degli Uffizi.

_____ e. Riproduce il più importante poeta italiano: Dante Alighieri, autore della *Divina Commedia*.

_____ f. Ritrae l'Anfiteatro Flavio, o Colosseo, simbolo di Roma.

_____ g. Riproduce *Forme uniche della continuità dello spazio*, opera di Umberto Boccioni (vissuto nel XX secolo) conservata a Milano.

_____ h. Raffigura Castel del Monte, edificio vicino ad Andria, in Puglia.

Source: http://www.focusjunior.it/giochi/fotoquiz-conoscete-i-personaggi-i-monumenti-e-le-opere-incise-sugli-euro?gimg=9544

Utilizzando le informazioni delle sezioni **In Italia** e delle attività di cultura contrassegnate da ❶ nel libro, decidi se le frasi seguenti sono **vere** o **false**. Se una frase è falsa, cambia la parola in **neretto** per renderla vera.

	vero	falso
1. Alessandro Manzoni è uno dei personaggi italiani più illustri del **secondo** millennio.	☐	☐
2. Alessandro Volta inventò la pila **nucleare**.	☐	☐
3. Artemisia Gentileschi dipinse importanti scene storiche e religiose durante il **Barocco**.	☐	☐
4. Il capolavoro di Dante Alighieri è la *Divina* **Tragedia**.	☐	☐
5. Vittoria Colonna, famosa poetessa del Rinascimento, fu amica di scrittori e artisti come **Caravaggio**.	☐	☐
6. Maria Montessori, nota per il suo lavoro educativo, fu fra le prime donne a ricevere una laurea in **matematica**.	☐	☐

Scriviamo!

🌀 Strategie di scrittura

Synthesis. In this activity you will be writing a film review (**la recensione di un film**). This is your opportunity to reuse some of the writing strategies you learned in **Capitoli 1–12**, as well as some of those encountered in the previous three chapters: using your five senses in writing (an especially appropriate strategy here!), presenting both sides of an argument (an important strategy for giving as objective an account of a film as possible), and free writing (not letting concerns about format and organization block your creativity in the initial stages). Make a list of the strategies you used in your review and be prepared to turn it in.

Genere: Recensione di un film

Tema: Qui sotto trovi la recensione del film *Pranzo di Ferragosto*. Leggila e usala per scrivere, su un foglio, la recensione di uno dei film che hai visto in classe o di un altro film che hai visto recentemente.

1. Fai il riassunto della trama (*plot*) in poche frasi, menzionando le scene più importanti.
2. Descrivi i personaggi.
3. Scrivi la recensione e valuta il film da una a cinque stelle. È un film da vedere o da evitare? Perché?

SCHEDA DEL FILM

Film: *Notte prima degli esami*

Genere: Commedia

Durata: 100 minuti

Regista: Fausto Brizzi

Trama[1]: È l'estate del 1989, a Roma. Luca, uno studente poco brillante, e i suoi amici si preparano per l'esame di maturità[2]

Recensione[3]: È un film di adolescenti, con situazioni e personaggi tipici di quell'età e nostalgia per il periodo indimenticabile della gioventù. C'è Martinelli, professore di letteratura, che tutti gli studenti odiano e che Luca ha insultato l'ultimo giorno di scuola, e che farà parte della commissione agli esami. C'è la bellissima e intoccabile Claudia, che Luca conosce a una festa di fine anno e di cui si innamora; Claudia però non condivide quel sentimento, e inoltre è figlia di Martinelli, ma questo Luca non lo sa. C'è Massi, l'amico che tradisce[4] la sua ragazza con la sua sorella minore. C'è un incidente con l'automobile del padre di uno dei ragazzi e un piano pazzesco per trovare i soldi per ripararla. Quando arriva «la notte prima degli esami», sembra impossibile che i ragazzi siano preparati a superarli. Niente paura: questa è una storia a lieto fine,[5] come la nostalgia vuole.

Voto: tre su cinque stelle

[1]*Plot*   [2]*l'esame... Esame di Stato dopo liceo*   [3]*Review*   [4]*betrays, cheats on*   [5]*a... with a happy ending*

Alla fine rileggi quello che hai scritto tenendo conto dei consigli di **Facciamo la verifica!**

Facciamo la verifica!

I have used:
- [ ] the **Strategie di scrittura** introduced in earlier chapters;
- [ ] relevant words and expressions from **Capitoli 1–16** of the textbook.

I have proofread my writing and checked:
- [ ] my spelling, including apostrophes and accent marks;
- [ ] all verb conjugations and subject-verb agreement;
- [ ] that I have used the **passato prossimo** and **imperfetto** correctly and that I have made the appropriate agreement of the past participle, as needed;
- [ ] that I have used the appropriate interrogative words when asking questions;
- [ ] that I have used the correct object pronouns as needed;
- [ ] that I have given the reader enough information to make an informed decision about whether or not to see the film.

Per saperne di più

Capitolo 1

1.1 Gender

A. Le abbreviazioni. Listen to each word and decide if it is **maschile** or **femminile.** You will hear each word twice. After a brief pause, you will hear the correct answer.

	maschile	femminile
1.	☐	☐
2.	☐	☐
3.	☐	☐
4.	☐	☐
5.	☐	☐
6.	☐	☐
7.	☐	☐
8.	☐	☐

B. _Lui o lei?_ Write the appropriate form of each profession.

	maschile	femminile
1.	_____	attrice
2.	studente	_____
3.	_____	pittrice
4.	professore	_____
5.	_____	dottoressa

1.3 Number

A. Singolare o plurale? Decide whether each word you hear is **singolare** or **plurale**. You will hear each word twice. After a brief pause, you will hear the correct answer.

	singolare	plurale
1.	☐	☐
2.	☐	☐
3.	☐	☐
4.	☐	☐
5.	☐	☐
6.	☐	☐
7.	☐	☐
8.	☐	☐

B. I plurali irregolari. Write the plural form of each of the following words.

1. la crisi _____
2. l'amica _____
3. la tesi _____
4. il cinema _____
5. l'albergo _____
6. la barca _____
7. la targa _____
8. il lago _____
9. lo psicologo _____

C. Come finisce? Choose the appropriate plural ending for each of the following words ending in **-co**. **Attenzione!** To help you, the stressed syllable is underlined in each word.

		-chi	-ci
1.	medico → **medi-**	☐	☐
2.	sacco → **sac-**	☐	☐
3.	sindaco (*mayor*) → **sinda-**	☐	☐
4.	pacco → **pac-**	☐	☐
5.	tabacco → **tabac-**	☐	☐
6.	amico → **ami-**	☐	☐

D. La forma giusta. Write the plural form of each of the following singular nouns. **Attenzione!** To help you, the stressed syllable is underlined in each word.

1. b<u>a</u>cio   _____

2. va<u>li</u>gia   _____

3. <u>via</u>ggio   _____

4. <u>fi</u>glio   _____

5. pro<u>vin</u>cia   _____

6. <u>stu</u>dio   _____

7. bu<u>gi</u>a   _____

8. <u>spia</u>ggia   _____

E. Tutti insieme. Write the appropriate singular or plural form of each of the following nouns.

singolare	plurale
1. _____	i programmi
2. il medico	_____
3. _____	gli zii
4. l'orologio	_____
5. _____	le arance
6. la camicia	_____
7. _____	gli sci
8. l'uomo	_____

Capitolo 2

2.1 Adjectives

Irregular plural adjectives

A. I plurali irregolari.

Parte prima. Write the plural form of each of the following phrases.

1. una barca larga   due _____

2. un cane stanco   due _____

3. una ragazza simpatica   due _____

4. un amico italiano   due _____

5. un vestito largo   due _____

Parte seconda. Listen and write the plural forms of the phrases you hear. You will hear each phrase twice. Repeat the response.

1. due _____ 4. due _____

2. due _____ 5. due _____

3. due _____

▶ *Check your answers to this activity in the* Answer Key *at the back of the workbook.*

B. Il singolare.

Parte prima. Write the singular form of each of the following phrases.

1. due amiche belle _____

2. due vie (*streets*) larghe _____

3. due giochi (*games*) nuovi _____

4. due bambini simpatici _____

5. due dialoghi lunghi _____

Parte seconda. Listen and write the singular form of the words you hear. You will hear each phrase twice. Repeat the response.

1. un _____ 4. una _____

2. un _____ 5. una _____

3. un _____

▶ *Check your answers to this activity in the* Answer Key *at the back of the workbook.*

The demonstrative pronouns *questo* and *quello*

A. Chi è quello? Listen and decide who or what each question is referring to based on the form of **quello** that you hear.

ESEMPIO: *You hear:* Chi è quella?
You see: a. il padre di Mario   b. la madre di Mario
You choose: b. la madre di Mario

1. _____ a. il professore di Giuseppe b. la professoressa di Giuseppe

2. _____ a. gli amici di Paolo b. le amiche di Paolo

3. _____ a. Alberto b. Silvana

4. _____ a. un libro di filosofia b. un'enciclopedia

5. _____ a. i bicchieri di plastica b. le bottiglie di plastica

6. _____ a. un album italiano b. una canzone americana

B. Questo e quello. Complete each statement with the appropriate form of **questo** or **quello**.

vicino	lontano
1. _____ è la macchina di Veronica,	_____ è la macchina di Luisa.
2. _____ è il mio quaderno,	_____ è il tuo quaderno.
3. _____ è il padre di Enzo,	_____ è la madre di Alessia.
4. _____ sono le penne di Pippo e	_____ sono le penne di Isabella.
5. _____ sono i tuoi libri e	_____ sono i libri di Sandro.
6. _____ sono le amiche di Giulia e	_____ sono gli amici di Mauro.

Other adjectives that precede the noun

A. È bello o buono?

Parte prima. Complete each of the following phrases with the indefinite article and then with the correct form of **buono**.

> ESEMPIO: film
> <u>un</u> film → <u>un buon</u> film

1. _____ caffè   _____ _____ caffè

2. _____ pizza   _____ _____ pizza

3. _____ aranciata   _____ _____ aranciata

4. _____ panino   _____ _____ panino

Parte seconda. Complete each phrase with the definite article and then with the correct form of **bello**.

> ESEMPIO: ragazzo
> il ragazzo → il bel ragazzo

1. _____ libro   _____ _____ libro

2. _____ macchina   _____ _____ macchina

3. _____ orologio   _____ _____ orologio

4. _____ zaino   _____ _____ zaino

B. Bello e buono. You will hear a series of nouns. Insert **buono** or **bello** in front of the noun and write the phrase in the space provided. You will hear each noun twice.

> ESEMPIO: *You hear:* un cappuccino
> *You write:* <u>*un buon cappuccino*</u>

buono	bello
1. _____	5. _____
2. _____	6. _____
3. _____	7. _____
4. _____	8. _____

▶ *Check your answers to this activity in the* Answer Key *at the back of the workbook.*

Capitolo 3

3.4 Irregular verbs

The verbs *rimanere* (to remain) and *scegliere* (to choose)

A. I verbi irregolari. Write the meanings of the verbs, then complete the chart.

	venire _____	rimanere _____	scegliere _____
io		rimango	
tu			
lui, lei; Lei			
noi	veniamo		
voi			
loro			scelgono

B. Rimanere, scegliere e venire. Repeat each sentence replacing the verb you hear with the correct form for the subject pronoun provided. Repeat the response.

> ESEMPIO: *You hear:* Dite grazie a Lisa.
> *You see:* loro
> *You say:* ___Dicono___ grazie a Lisa.

1. Lei... 2. voi... 3. noi... 4. io... 5. loro... 6. tu...

C. Quale verbo irregolare? Complete each dialogue with the appropriate forms of the verbs. You may use each verb more than once.

Dialogo 1

> rimanere   venire

RITA: Gianfranco e Marco _____[1] con noi alla festa stasera?

ISABELLA: No. _____[2] a casa perché c'è un bel film alla TV.

Dialogo 2

> scegliere   essere

DAVIDE: Ci _____[3] due corsi alle 9.00: matematica e letteratura inglese. Quale

_____[4]?

TOMMASO: È difficile! Mi piacciono tutti e due (both)! Tu cosa fai?

Dialogo 3

> andare   avere   venire

LISA: Ciao Luciano! Dove _____[5]?

LUCIANO: _____[6] in biblioteca. Perché non _____[7] anche voi?

FRANCESCA: No, grazie. Ma perché _____[8] a studiare con questo bel tempo?

LUCIANO: Purtroppo (Unfortunately) _____[9] un esame domani.

LISA: Va bene. Noi _____[10] al mare (to the sea). Divertiti! (Have fun!)

Capitolo 4

Lessico

Suffixes

A. Tante parole!

Parte prima. Write each noun without the suffix, then choose which meaning the suffix gives the noun.

			cattivo	grande	piccolo
1.	nasone	_____	☐	☐	☐
2.	ragazzaccio	_____	☐	☐	☐
3.	fratellino	_____	☐	☐	☐
4.	esamone	_____	☐	☐	☐
5.	sorellina	_____	☐	☐	☐
6.	libraccio	_____	☐	☐	☐
7.	regalino	_____	☐	☐	☐
8.	donnina	_____	☐	☐	☐

Parte seconda. Write each noun in the correct category according to its meaning: **finestrina, librone, macchinona, manina, nasino, parolaccia, ragazzina, ragazzone, tempaccio.**

cattivo/brutto	grande	piccolo/caro (*endearment*)
1. _____	1. _____	1. _____
2. _____	2. _____	2. _____
	3. _____	3. _____
		4. _____

B. Parole trasformate. Complete each sentence with the correct suffix.

1. I libri di storia sono sempre molto grossi (*big*): sono dei libr ____!

2. Vedi quella ragazz_____? Sembra (*She looks*) tanto piccola ma ha 15 anni.

3. Mia nonna non ha un naso grande. Ha proprio un nas_____.

4. Federico ha una piccola Fiat. È una macchin_____.

5. Quei ragazzi sono molto cattivi. Sono dei ragazz_____!

6. La nuova bambina di Sara è molto piccola. Piange (*cries*) sempre e muove (*moves*) molto le man_____.

C. Trasformazioni. Listen to the definitions and write each noun with the correct suffix. Each description will be repeated twice.

ESEMPIO: *You hear:* un naso grande
You write: ___un nasone___

1. _____
2. _____
3. _____
4. _____
5. _____
6. _____

▶ *Check your answers to this activity in the* Answer Key *at the back of the workbook.*

4.4 The comparative

Comparatives of inequality and equality

A. La parola giusta. Choose the word that best completes each of the following sentences.

1. I tuoi fratelli amano giocare a tennis più <u>di / che</u> studiare filosofia.

2. Vostra zia Maria è meno simpatica <u>di / che</u> vostro zio Nino.

3. La mia amica Chiara è più seria <u>di / che</u> mia sorella.

4. Vado più spesso in discoteca <u>di / che</u> in biblioteca.

5. Un computer è più costoso (*expensive*) <u>di / che</u> un cellulare.

6. Mia nonna ha meno CD <u>di / che</u> cassette.

7. La nostra professoressa parla più in italiano <u>di / che</u> in inglese.

8. Silvia segue meno corsi <u>di / che</u> Paolo questo semestre.

B. *Di o che?* Complete each of the following sentences with **di** or **che.**

1. Lucia è meno triste _____ Manuela.

2. Elisabetta ha più cani _____ gatti.

3. Mio padre è più serio _____ severo.

4. Una tigre è più veloce _____ una tartaruga (*turtle*).

5. Vogliamo andare in Italia più _____ in Francia.

6. Una collina (*hill*) è meno alta _____ una montagna.

7. Mi piace più uscire _____ studiare.

8. Una macchina è meno economica _____ una bicicletta.

C. Diversi o uguali? You will hear a series of statements. Listen and determine if the objects or people being compared are the same (**uguali**) or different (**diversi**). You will hear each statement twice.

	diversi	uguali
1.	☐	☐
2.	☐	☐
3.	☐	☐
4.	☐	☐
5.	☐	☐
6.	☐	☐
7.	☐	☐
8.	☐	☐

D. Ma sei così bello! Compare the following people and things using **più... di (+), meno... di (–),** or **(così)... come / (tanto)... quanto (=)** and the adjective in parentheses.

ESEMPIO: Laura / Stefania (= / alto)
Laura è (così) alta come Stefania.

1. Antonio / Renato (+ / piccolo)

   _____

2. un corso di storia / un corso di filosofia (= / interessante)

   _____

3. un'italiana / un'americana (– / stressato)

   _____

4. Daniela / Giulia (+ / magro)

   _____

5. gli hamburger / un piatto di pasta (= / buono)

   _____

6. una chitarra / un pianoforte (– / grande)

   _____

7. mio padre / mio zio (= / simpatico)

   _____

Capitolo 5

5.3 Prepositions

The preposition *da*

A. Quale preposizione? Scegli la preposizione giusta.

1. Domani è il compleanno da / di mia sorella. Ha 25 anni.

2. Io e Stefano andiamo a casa a / di Marta dopo pranzo.

3. Questo semestre odiamo il corso da / di chimica!

4. Silvia riceve un'e-mail da / con Massimo ogni giorno.

5. La macchina da / di Fabiana è vecchissima ma funziona (*it runs*) bene.

6. Federica va da / di Paola oggi perché devono studiare insieme.

7. Luca parte da / di Roma con l'aereo delle 13.15 e arriva a Milano alle 14.30.

8. Il mio nuovo compagno di stanza (*roommate*) è per / di Napoli.

B. *Da* o *di*? Completa le frasi con le forme giuste di **da** o **di**. **Attenzione!** Se necessario, usa una preposizione articolata.

1. Il nostro professore _____ storia conosce bene la storia europea.

2. Marco arriva _____ Parigi domani sera alle 17.00.

3. Parto _____ stazione centrale alle 8.45.

4. La madre _____ Giulia lavora in una banca in centro.

5. La palla (*ball*) _____ cane è in cucina.

6. Il mio compagno di stanza è toscano. È _____ Firenze.

7. Luigi e Giacomo vanno _____ Stefano a studiare per l'esame di chimica.

8. Papà ha un appuntamento _____ medico oggi pomeriggio alle 16.15.

The pronoun *ci*

Mini-dialoghi.

Completa le frasi con **ci** o **c'** quando è necessario. Se non è necessario, non scrivere niente.

Dialogo 1

MARCO: Alfredo, vai in biblioteca stasera?

ALFREDO: Sì, _____[1] vado verso le sei.

Dialogo 2

MARIA E ANDREA: Andate al museo di arte moderna?

ROSARIA E STEFANO: No, _____[2] andiamo in centro a vedere il Duomo.

Dialogo 3

IL PADRE: Quanti studenti _____[3] sono nella tua classe?

ROCCO: Tanti! Almeno (*At least*) 35.

Dialogo 4

BEATRICE: Venite alla festa stasera?

DIANA E SALVATORE: Prima _____[4] andiamo a trovare una nostra amica e poi _____[5] veniamo alla festa. Pensiamo di arrivare verso le undici.

Dialogo 5

VINCENZO: _____[6] è qualcosa (*something*) da mangiare?

LA MADRE: Non _____[7] è molto. Vado al supermercato nel pomeriggio.

Capitolo 6

6.4 Adverbs

Molto and *poco*

A. Sei molto bravo! Scegli la forma giusta di **molto** o **poco** per completare le frasi.

1. La cugina di Paola ha poco / pochi amici a scuola.

2. La lezione di informatica di oggi è stata molto / molta interessante.

3. Questo semestre gli studenti della mia classe sono poco / pochi divertenti.

4. Stamattina Gianluca deve scrivere molto / molte e-mail ai suoi amici in America.

5. Devo studiare molto / molta per l'esame di storia perché non voglio prendere un brutto voto.

6. Lisa e Mauro vogliono comprare poco / pochi libri quest'anno.

7. Sono molto / molta stanca e ho bisogno di una bella vacanza.

8. Il nuovo ragazzo di Manuela non è molta / molto bello ma è intelligentissimo!

B. Come si scrive? Completa le frasi con la forma giusta di **molto** o **poco**.

1. Spesso Sandrino mangia molt_____ gelato e poi si sente male.

2. Marina balla poc_____, ma ama andare in discoteca.

3. Silvana non è vegetariana, ma mangia poc_____ carne.

4. La madre di Giorgia è molt_____ arrabbiata e Giorgia non può uscire stasera.

5. Come si chiama la ragazza della nostra classe che fa sempre molt_____ domande?

6. Cucino poc_____ perché vivo da solo e non mi piace molt_____ cucinare.

7. Renata mangia poc_____ in questi giorni.

8. I miei genitori hanno molt_____ amici e andiamo spesso a trovarli (*visit them*).

Buono/cattivo versus *bene/male*

A. Mangia bene! È buono! Scegli la parola giusta per completare le frasi e indica ✓ se la parola che hai scelto è un aggettivo o un avverbio.

	aggettivo	avverbio
1. Nostra sorella parla <u>buono / bene</u> l'inglese e vuole andare a studiare in America.	☐	☐
2. Questa torta è <u>buona / bene</u>!	☐	☐
3. Dici che giochi <u>cattivo / male</u> a calcio, ma non è vero!	☐	☐
4. Non toccare (*touch*) il cane! È <u>cattivo / male</u> e aggredisce (*attacks*) le persone.	☐	☐
5. Carla suona <u>buona / bene</u> il sassofono. Studia musica.	☐	☐
6. Questa birra è <u>cattiva / male</u>.	☐	☐
7. Oggi Filippo si sente <u>cattivo / male</u> e non va a scuola.	☐	☐
8. La pasta in questo ristorante è veramente <u>buona / bene</u>. Vuoi provarla?	☐	☐

B. Scrivi il contrario. Completa le frasi con il contrario dell'avverbio o dell'aggettivo che trovi nella prima parte.

ESEMPIO: La signora non ha **pochi** gatti, ha __*molti*__ gatti.

1. Il signor Marinucci non ha molte macchine, ha _____ macchine.

2. Lo zio di Mario non gioca bene a carte, gioca veramente _____.

3. Questa pizza non è buona per niente (*at all*)! È proprio _____!

4. Il coro (*choir*) della nostra chiesa non canta male. Al contrario, canta molto _____.

5. Il bambino nuovo non ha più pochi amici, adesso ha _____ amici.

6. La nostra professoressa di matematica parla poco con gli studenti in classe; abbiamo sentito che il nuovo professore, invece, parla _____.

Capitolo 7

7.1 The present perfect

Piacere

A. Mi è piaciuto.

Parte prima. Scegli, per i seguenti cibi, la forma giusta di **piacere** al passato prossimo.

> ESEMPIO: *Vedi:* gli spaghetti
> *Scegli:* c. Mi sono piaciuti...

a. Mi è piaciuto... b. Mi è piaciuta... c. Mi sono piaciuti... d. Mi sono piaciute...

1. _____ le zucchine.　　4. _____ i tortellini.　　7. _____ i funghi.

2. _____ il pesce.　　5. _____ il sugo.　　8. _____ le patate fritte.

3. _____ la torta.　　6. _____ la birra.

Parte seconda. Ti sono piaciute tante cose durante le tue vacanze in Italia l'estate scorsa. Ascolta le parole e scegli la forma giusta di **piacere** al passato prossimo. Le parole saranno ripetute due volte. Ripeti la risposta.

> ESEMPIO: *Senti:* le bistecche
> *Scegli:* d. Mi sono piaciute le bistecche.

a. Mi è piaciuto... b. Mi è piaciuta... c. Mi sono piaciuti... d. Mi sono piaciute...

1. _____　　3. _____　　5. _____　　7. _____　　9. _____

2. _____　　4. _____　　6. _____　　8. _____　　10. _____

B. A Laura è piaciuto...
Laura e i suoi amici parlano di quello che hanno fatto lo scorso weekend. Scrivi per ognuno una frase che indica ciò che gli è piaciuto fare. Usa il verbo **piacere** al passato prossimo.

> ESEMPIO: Dino ha letto molto sabato pomeriggio.
> _A Dino è piaciuto leggere_

1. Laura ha cantato in chiesa.

   _____

2. Mario ha studiato in biblioteca.

   _____

3. Sabato pomeriggio Stefania e Gessica hanno lavorato in negozio.

   _____

4. Marco ha suonato il piano.

   _____

5. Carla ha scritto nel suo diario venerdì.

   _____

6. Luigi e Pietro hanno fatto un giro in bici domenica mattina.

   _____

C. Ti è piaciuto? Ieri sera hai mangiato in un ristorante elegante con i tuoi amici. Rispondi alle domande del tuo coinquilino / della tua coinquilina (*housemate*).

> ESEMPIO: Ti è piaciuto il vino?
> *Sì, mi è piaciuto. (No, non mi è piaciuto.)*

1. Ti è piaciuto il dolce? _____

2. Ti è piaciuta la musica? _____

3. Ti sono piaciuti i biscotti? _____

4. Ti è piaciuta la birra? _____

5. Ti sono piaciute le patate fritte? _____

7.3 Negative expressions

Other negative expressions

A. Gli esami. Giacomo e Veronica devono studiare per gli esami questa settimana, ma Veronica non vuole studiare. Ascolta la loro conversazione e completa le frasi con le espressioni negative che senti. La conversazione sarà ripetuta due volte.

GIACOMO: Veronica, hai già studiato per l'esame di scienze politiche?

VERONICA: No, _____ ho _____ studiato_____[1]. Questa settimana proprio non mi

va di studiare! _____ ho guardato _____ scienze politiche _____[2]

matematica. Che disastro!

GIACOMO: E allora? Cosa pensi di fare?

VERONICA: Non lo so. _____ posso _____[3] evitare (*avoid*) il problema. Gli esami sono tra

due giorni e _____ ho fatto _____.[4]

GIACOMO: Ma perché non vuoi studiare? _____ sei _____[5] così pigra! Dai, studiamo

insieme!

VERONICA: OK, va bene.

▶ *Check your answers to this activity in the* Answer Key *at the back of the workbook.*

B. Tutto al negativo. Metti in ordine le parole in modo da formare delle frasi negative.

1. Emanuela / mai / ho / non / a / telefonato

   _____

2. né / abbiamo / gli gnocchi / mangiato / né / le lasagne / non

   _____

3. Filippo / niente / pranzo / ha / non / mangiato / a

   _____

4. ancora / la nonna / non / ha / il tiramisù / preparato

   _____

5. hanno / né / la chitarra / il pianoforte / non / suonato / né

   _____

C. Non hai ancora finito? Le seguenti persone non fanno mai quello che devono fare. Rispondi alle domande con le espressioni negative tra parentesi.

   ESEMPIO: Hai già studiato per l'esame di fisica? (non... ancora)
   No, non ho ancora studiato per l'esame di fisica.

1. Hai studiato italiano e matematica questo weekend? (non... né... né)

   _____

2. Giacomo ha lavato la macchina? (non... mai)

   _____

3. Avete già fatto i compiti per domani? (non... ancora)

   _____

4. Devi ancora andare a comprare il pane per la nonna? (non... più)

   _____

5. Siete già andati al mercato oggi? (non... ancora)

   _____

6. Hanno mangiato la frutta e la verdura oggi a pranzo? (non... né... né)

   _____

Capitolo 8

⑤ The present perfect

The present perfect of *dovere*, *potere*, and *volere*

A. Quale verbo metti?

Parte prima. Leggi le frasi e scegli l'infinito giusto in base all'ausiliare usato.

1. Tu e Benedetta non siete voluti _____ in classe lunedì scorso.
   a. cantare   b. entrare

2. Ieri sera Marco e Lorenzo hanno dovuto _____ alle 8.00.
   a. mangiare   b. partire

3. Lunedì io e Gessica abbiamo voluto _____ prima di tornare a casa.
   a. fare shopping   b. andare al bar

4. A che ora sei potuto _____ sabato sera?
   a. mangiare   b. uscire

5. Marco si è sentito male e giovedì non ha potuto _____.
   a. lavorare   b. uscire

6. Io e Marta ieri sera siamo dovute _____ a casa di Giacomo fino alle 11.00.
   a. studiare   b. rimanere

▶ *Check your answers to the* **Parte prima** *in the* Answer Key *at the back of the workbook before doing the* **Parte seconda.**

Parte seconda. Adesso riscrivi le frasi con l'altro infinito. **Attenzione!** Devi fare tutti i cambiamenti necessari.

1. *Tu e Benedetta non avete voluto cantare in classe lunedì scorso.* _____

2. _____

3. _____

4. _____

5. _____

6. _____

B. Dove sei dovuto andare? Scrivi la forma giusta del verbo fra parentesi al passato prossimo.

1. Silvio _____ (volere) uscire con gli amici.

2. Io non _____ (potere) guardare la partita in TV perché _____ (dovere) fare i compiti.

3. La settimana scorsa tu e Mario non _____ (potere) andare al mare perché ha piovuto tutta la settimana.

(continued)

4. Purtroppo la zia di Cristiano _____ (volere) cucinare, quindi io e lui

   _____ (dovere) restare a mangiare da lei.

5. Stefania non _____ (potere) venire alla festa ieri sera perché _____

   (dovere) studiare per l'esame di storia dell'arte.

6. Perché (tu) non _____ (volere) visitare il museo con noi? È stupendo!

7. I miei cugini _____ (dovere) partire mercoledì scorso per andare in montagna in

   Svizzera. Io non li ho accompagnati perché non so sciare.

Prepositions

The pronoun *ne*

A. Ne hai? Per ogni frase scrivi la lettera dell'elemento corrispondente al pronome **ne**.

a.	amiche	c.	biscotti	e.	quaderni
b.	d'acqua	d.	della scuola	f.	di zucchero

1. _____ <u>Ne</u> metto due cucchiaini (*spoonfuls*) nel caffè.

2. _____ Federico <u>ne</u> ha due nuovi nello zaino.

3. _____ Elisabetta <u>ne</u> ha molte a scuola.

4. _____ <u>Ne</u> mangiamo sempre molti a casa della nonna.

5. _____ L'insegnante <u>ne</u> parla sempre con le sue colleghe.

6. _____ <u>Ne</u> hai voglia quando fa molto caldo.

B. Le preferenze di Carlo. Ascolta le domande e scegli la risposta giusta. Ogni domanda sarà ripetuta due volte. **Attenzione!** Leggi le risposte prima di ascoltare le domande. Ripeti la risposta.

ESEMPIO: *Senti:* Quante lezioni di ballo preferisce prendere?
Scegli: e. Preferisce prenderne molte.

a.	Ne vuole comprare due.	d.	Ne deve seguire cinque.
b.	Preferisce farne pochi.	e.	Preferisce prenderne molte.
c.	Ne può prendere tre.	f.	Ne vuole guardare tre.

1. ...   2. ...   3. ...   4. ...   5. ...

C. Ne mangi? Ascolta le domande e scrivi una risposta con il pronome **ne**. Ogni domanda sarà ripetuta due volte.

ESEMPIO: *Senti:* Mangi verdura?
Scrivi: *Sì, ne mangio molta. (No, non ne mangio molta.)*

1. _____

2. _____

3. _____

4. _____

5. _____

6. _____

7. _____

▶ *Check your answers to this activity in the* Answer Key *at the back of the workbook.*

Capitolo 9

9.2 The imperfect versus the present perfect

da/per + expressions of time

A. L'uno o l'altro.

Parte prima. Scegli **da** o **per** per completare le frasi.

1. Marco ha giocato a calcio <u>da / per</u> quattro anni quando era giovane.

2. Studio all'università <u>da / per</u> tre anni e mi piace moltissimo.

3. Giorgia e Renato vivono a Milano <u>da / per</u> dieci anni ma adesso si trasferiscono a Firenze.

4. Io e Diego abbiamo frequentato la stessa scuola <u>da / per</u> cinque anni.

5. Hai la stessa macchina <u>da / per</u> sette anni. Non ti va di cambiarla?

Parte seconda. Leggi le frasi e decidi se il verbo deve essere al presente o al passato prossimo.

1. Lucio <u>parla / ha parlato</u> al telefono per due ore ieri sera.

2. Valerio e Gabriella <u>escono / sono usciti</u> insieme da due anni.

3. Io e Cristiano non <u>ci vediamo / ci siamo visti</u> da tre settimane.

4. Non <u>vado / sono andata</u> a lezione per tre giorni perché ero ammalata.

5. Non <u>esci / sei uscito</u> da quasi (*almost*) una settimana. C'è qualcosa che non va?

B. *Da o per?* Completa le frasi con **da** o **per**.

1. Elisabetta e Carlo hanno lavorato in gelateria _____ cinque mesi.

2. Giulia non ha lavorato _____ quattro mesi ma finalmente ha trovato un lavoro fisso (*steady*).

3. Gli zii vivono in Sardegna _____ vent'anni e non vogliono più tornare a Torino.

4. Annalisa non ha controllato (*to check*) le sue e-mail _____ una settimana e aveva più di

   cinquanta messaggi.

5. Bambini, guardate la TV _____ tre ore! Perché non andate fuori a giocare?

6. Sai che Gianluca conosce la sua ragazza _____ sette anni? In autunno, finalmente, si sposano.

7. Io e Paola abbiamo risparmiato _____ un anno per poter andare in vacanza quest'estate.

8. Marcello ha la patente (*driver's license*) _____ due anni ma non guida (*drives*) tanto bene.

C. E tu? Rispondi alle domande con delle frasi complete.

1. Da quanto tempo studi l'italiano?

   _____

2. Quante ore hai studiato ieri sera?

   _____

3. Da quanto tempo studi all'università?

   _____

4. Quante ore hai guardato la televisione la settimana scorsa?

   _____

5. Da quanti anni sai usare il computer?

   _____

Sapere and *conoscere*

A. Al passato prossimo o all'imperfetto? Leggi le frasi e decidi se bisogna usare il passato prossimo o l'imperfetto di **conoscere** o **sapere.**

conoscere

1. Ieri sera in discoteca Matteo _____ una bella ragazza spagnola.
   a. ha conosciuto   b. conosceva

2. A 10 anni, Paola _____ già la sua migliore amica.
   a. ha conosciuto   b. conosceva

3. Per fortuna il primo giorno di lavoro _____ molti colleghi simpatici.
   a. ho conosciuto   b. conoscevo

4. Quando viveva in Italia, Sandra _____ un buon ristorante dove si mangiava bene e si spendeva poco.
   a. ha conosciuto   b. conosceva

sapere

1. Filippo e Diego non _____ andare in bicicletta da piccoli.
   a. hanno saputo   b. sapevano

2. _____ perché Stefania non voleva parlare con Marco a cena. Stefania mi ha raccontato tutto stamattina.
   a. Ho saputo   b. Sapevo

3. Siamo andate a fare shopping ma Eleonora non _____ cosa comprare.
   a. ha saputo   b. sapeva

4. Ieri Giovanna _____ che Enrico non vive più a Bologna. Si è trasferito a Chicago due mesi fa.
   a. ha saputo   b. sapeva

B. *Conoscere o sapere*? Completa i mini-dialoghi con la forma giusta di **conoscere** o **sapere** al passato prossimo o all'imperfetto.

Dialogo 1

conoscere

CINZIA: (*tu*) _____[1] già il ragazzo con cui parlavi al bar ieri sera?

GIADA: No, (*io*) l' _____[2] ieri sera. Mi ha offerto una birra e abbiamo cominciato a parlare.

Dialogo 2

sapere

MATTEO: (*io*) Non _____[3] che Ugo e Simona stessero insieme!

LUCA: Io _____[4] tre settimane fa che Simona era innamorata persa[a] di Ugo.

Dialogo 3

sapere

PATRIZIA: (*tu*) _____[5] parlare bene a due anni?

ELISABETTA: No, ma a quattro anni (*io*) _____[6] parlare bene l'inglese e l'italiano.

[a]innamorata... *madly in love*

Capitolo 10

10.2 The future

The future of probability

A. Dove sarà? Scegli l'ipotesi più probabile per le seguenti situazioni.

1. Sono le 11.30 di sera e Marco non è in soggiorno. Dove sarà?
   a. Sarà a scuola.　　　　b. Sarà a letto.

2. È ora di mangiare. Il cane ti guarda e abbaia (*barks*).
   a. Avrà fame.　　　　b. Avrà freddo.

3. Luca e Federica non si parlano e non si guardano.
   a. Saranno arrabbiati.　　　　b. Saranno allegri.

4. Antonio, uno studente serio, ha un esame.
   a. Uscirà con gli amici.　　　　b. Studierà.

5. È domenica. Sono le 10.00 di mattina e i tuoi nonni non rispondono al telefono.
   a. Saranno in chiesa.　　　　b. Saranno in banca.

6. Marcella ha appena fatto una passeggiata e fa molto caldo.
   a. Avrà sete.　　　　b. Avrà paura.

7. La mamma prepara il pranzo.
   a. Saranno le 20.00.　　　　b. Saranno le 13.00.

B. Che ne dici tu? Leggi le situazioni e rispondi alle domande con un'ipotesi appropriata. Usa il futuro.

> ESEMPIO: *Leggi:* Sono le 11.00 di mattina e Sofia non è a casa. Dove sarà?
> *Scrivi:* <u>Sarà al lavoro</u>

1. È tardi e Maria è molto stanca. Che vorrà fare?

   _____

2. Giulia e Susanna non vogliono uscire domani sera. Che faranno?

   _____

3. Paola non mangia a casa oggi. Dove mangerà?

   _____

4. Alberto non esce di casa. Perché?

   _____

5. I genitori di Lucia sono partiti per le vacanze stamattina. Dove saranno andati?

   _____

6. Mario non è a lezione. Dove sarà?

   _____

Capitolo 11

11.1 Object pronouns

Object pronouns and the present perfect

A. Chi l'ha visto?

Completa le frasi con un pronome complemento diretto (**lo, la, li, le, l'**) o indiretto (**gli, le**) e, se necessario, cambia la vocale finale del verbo.

1. Io e Fausto abbiamo comprato le scarpe ieri.

   Io e Fausto _____ abbiamo comprat_____ ieri.

2. La nonna ha visto le bambine al parco.

   La nonna _____ ha vist_____ al parco.

3. Francesca e Sara hanno mangiato la torta dopo pranzo.

   Francesca e Sara _____ hanno mangiat_____ dopo pranzo.

4. Con chi hai fatto gli esercizi?

   Con chi _____ hai fatt_____?

5. Questo weekend gli studenti non hanno fatto i compiti.

   Questo weekend gli studenti non _____ hanno fatt_____.

6. A che ora hai inviato l'e-mail?

   A che ora _____ hai inviat_____?

7. Rosalba ha telefonato a Laura.

   Rosalba _____ ha telefonat_____.

8. Io e Carla abbiamo risposto a Giacomo e Vincenzo ieri.

   Io e Carla _____ abbiamo rispost_____ ieri.

9. Marco ha spiegato i pronomi a Patrizia.

   Marco _____ ha spiegat_____ i pronomi.

10. La signora Giannini ha offerto il caffè agli ospiti.

    La signora Giannini _____ ha offert_____ il caffè.

B. Tante frasi. Riscrivi le frasi usando un pronome complemento diretto o indiretto. **Attenzione!** Decidi dov'è necessario l'accordo del participio passato.

1. Marco ha messo *i bicchieri* sul tavolo.

   _____

2. Federico ha scritto una lettera *a Paola*.

   _____

3. Chiara ha dato *le chiavi* (*keys*) a Marcello stamattina.

   _____

4. Valeria e Giancarlo hanno inviato un SMS *a Maria*.

   _____

5. La mamma ha preparato *i tortellini* per cena.

   _____

6. Alberto ha messo *le lampade nuove* nel soggiorno.

   _____

7. Elisa ha spedito *la cartolina* (*postcard*) dalla Sicilia.

   _____

8. I genitori hanno telefonato *alla figlia* con il telefonino.

   _____

11.2 Indefinite pronouns

Indefinite adjectives

A. L'aggettivo indefinito giusto. Scegli l'aggettivo indefinito giusto per completare le frasi.

1. Durante la lezione di fisica, <u>qualche / alcuni</u> studenti dormono mentre la professoressa parla.

2. Oggi in centro ho visto <u>qualche / alcuni</u> vestiti che mi piacciono molto.

3. Quest'estate vorrei passare <u>qualche / alcuni</u> giorno a casa di mio zio in campagna.

4. <u>Qualche / Alcune</u> donne preferiscono non lavorare fuori casa e fanno le casalinghe (*housewives*).

5. Io e Mario abbiamo trovato <u>qualche / alcuni</u> libri interessanti in libreria ieri.

6. Il fratello di Lorenzo ha detto che ci sono <u>qualche / alcuni</u> bei negozi in Via Dante, vicino alla piazza.

7. C'è <u>qualche / alcune</u> buon ristorante cinese in questa zona?

B. Singolare o plurale?

Parte prima. Scegli la parola giusta per completare le frasi.

1. La signora Parodi ha visto qualche _____ al mercato.
   a. borsa   b. borse

2. Stefania segue alcuni _____ difficili all'università questo semestre.
   a. corso   b. corsi

3. Comprerai qualche _____ di vino quando andrai in Toscana?
   a. bottiglia   b. bottiglie

4. Io e Lorenzo studieremo con alcuni _____ di classe per l'esame di biologia.
   a. compagno   b. compagni

5. La mia ragazza ha visto alcune _____ che vuole quest'anno per Natale.
   a. collana   b. collane

Parte seconda. Adesso riscrivi le frasi con la parola che non hai scelto e fai tutti i cambiamenti necessari.

1. _____

2. _____

3. _____

4. _____

5. _____

C. *Alcuni, alcune o qualche?* Completa le frasi con **qualche, alcuni** o **alcune.**

1. Federico conosce _____ architetto che in questo periodo sta cercando lavoro.

2. Abbiamo sentito che _____ insegnanti della scuola hanno deciso di non tornare l'anno prossimo.

3. Mi sono vestito bene perché oggi vengono in ufficio _____ dirigenti importanti.

4. Marilena ha scritto _____ lettera a sua sorella, ma non ha ancora avuto una risposta.

5. Hanno visto che _____ magliette nel negozio di Via Dante costano veramente troppo.

11.3 The relative pronoun *che*

The relative pronoun *cui* (whom/which)

A. *Che* o *cui*? Scegli il pronome relativo giusto.

1. Il ragazzo che / con cui esce Maria stasera è medico.

2. Ho saputo ieri che / di cui mia madre verrà in Italia a Pasqua. Ti va bene o no?

3. Il signore che / a cui ho scritto l'e-mail è professore all'Università di Bologna.

4. Il film che / di cui parla Gianni è conosciutissimo in Italia.

5. Mi piace leggere i libri che / a cui parlano della guerra in Europa.

6. Silvia è una bambina che / con cui ascolta sempre i genitori e non crea mai problemi.

7. La bambina che / a cui ho regalato la maglietta rossa è mia nipote. È carina, no?

B. Decidi tu! Completa le frasi con il pronome relativo giusto.

che	a cui	con cui	di cui

1. Il concerto _____ tutti parlano è stasera alle 21.30.

2. La settimana scorsa Marco ha conosciuto un signore _____ conosce suo nonno.

3. La ragazza _____ vado all'università tutti i giorni frequenta il mio stesso corso di fisica.

4. Quel ristorante _____ ti piace tanto ha dei dolci favolosi (*fabulous*)!

5. Il cane _____ ho dato la carne viene a casa nostra ogni sera verso l'ora di cena.

6. L'uomo _____ sposa la tua amica è poco socievole (*friendly*).

7. Il film _____ ho visto l'altra sera non mi è piaciuto. A te è piaciuto?

Capitolo 12

⟲ Object pronouns

Double object pronouns

A. In un altro modo.

Parte prima. Sottolinea il complemento diretto e fai un cerchio intorno al complemento indiretto.

> ESEMPIO: Marco scrive un'e-mail (a Gessica.)

1. Mi manderanno i biglietti a casa.
2. Mario e Massimo hanno fatto un regalo ad Antonello.
3. Alessandro vi compra sempre il pane.
4. Arianna prepara la cena per i bambini tutte le sere.
5. Ti hanno restituito (*gave back*) le matite?
6. I bambini vi hanno chiesto questi biscotti?

Parte seconda. Adesso scegli i pronomi doppi equivalenti per le frasi della **Parte prima.**

> ESEMPIO: *Vedi:* Marco scrive un'e-mail (a Gessica.)
>   a. Glielo scrive.
>   b. Gliela scrive.
>   c. Gliele scrive.
>   *Scegli:* b

1. _____ a. Me li manderanno.   b. Me le manderanno.   c. Me lo manderanno.
2. _____ a. Gliel'hanno fatta.   b. Glieli hanno fatti.   c. Gliel'hanno fatto.
3. _____ a. Ve la compra.   b. Ve le compra.   c. Ve lo compra.
4. _____ a. Gliele prepara.   b. Gliela prepara.   c. Glieli prepara.
5. _____ a. Te l'hanno restituito?   b. Te l'hanno restituita?   c. Te le hanno restituite?
6. _____ a. Ve le hanno chieste?   b. Ve li hanno chiesti?   c. Ve l'hanno chiesto?

B. I pronomi giusti.

Parte prima. Completa le frasi con il pronome doppio giusto.

> ce lo   gliele   glielo ✓   glieli   me li   te la   ve lo

> ESEMPIO: Carlo offre il caffè a suo fratello.
> Carlo ___*glielo*___ offre.

1. Gianna e Valeria comprano sempre le birre per Matteo e Diego.

   Gianna e Valeria _____ comprano sempre.

2. Ti preparo io la cena questa sera.

   _____ preparo io questa sera.

3. Laura restituirà i libri a Paolo stasera.

   Laura _____ restituirà stasera.

4. La nonna ci porterà il panettone a Natale.

   La nonna _____ porterà a Natale.

5. Marco mi regala gli ultimi album dei miei gruppi preferiti per il mio compleanno.

   Marco _____ regala per il mio compleanno.

6. Vi prendiamo noi il vino.

   _____ prendiamo noi.

Parte seconda. Adesso trasforma le nuove frasi al passato prossimo.

1. _____
2. _____
3. _____
4. _____
5. _____
6. _____

C. Che ne dici? Rispondi alle domande con i pronomi doppi.

   ESEMPIO: *Vedi:*   Dai tu gli appunti a Giuseppina?
              Scrivi: Sì, _glieli do io_.

1. Marco presta i soldi a Stefano?

   Sì, _____.

2. Tu e Vincenzo scriverete un SMS a Marcello?

   No, _____.

3. Prepari il pollo arrosto per gli zii?

   Sì, _____.

4. Luca e Giulio serviranno il caffè agli ospiti (*guests*)?

   No, _____.

5. Michele prende il giornale per il nonno tutti i giorni?

   Sì, _____.

6. Patrizia e Giacomo hanno fatto la torta per Renata?

   No, _____.

(continued)

7. Hai comprato le magliette per le bambine?

   Sì, _____

8. Avete comprato le riviste per Elena?

   No, _____

Capitolo 13

13.1 The present conditional

The past conditional

A. L'ausiliare giusto. Completa le frasi con l'ausiliare giusto.

1. _____ fatto i compiti ieri sera, ma ero molto stanco e sono andato a letto presto.
   a. Avrei   b. Sarei

2. Marco _____ partito per la Cina questa settimana, ma non aveva ancora il passaporto.
   a. avrebbe   b. sarebbe

3. Carla e Patrizia _____ nuotato volentieri, ma non avevano i costumi da bagno.
   a. avrebbero   b. sarebbero

4. Martino _____ dovuto portare un ombrello a scuola oggi, ma l'ha lasciato (*left*) a casa.
   a. avrebbe   b. sarebbe

5. _____ visitato la Cappella Sistina ieri a Roma, ma non avevamo tempo.
   a. Avremmo   b. Saremmo

6. Mia zia _____ dovuta arrivare ieri da Milano, ma ha perso (*missed*) il treno.
   a. avrebbe   b. sarebbe

7. Io e Angelo _____ venuti a ballare con voi sabato sera, ma non avevamo i soldi.
   a. avremmo   b. saremmo

8. Tu e Pino _____ telefonato a Valeria, ma lei aveva il telefonino spento (*turned off*).
   a. avreste   b. sareste

9. _____ venuta alla festa, ma dovevi andare al cinema con Gianni.
   a. Avresti   b. Saresti

10. Cinzia e Rita _____ volute andare in vacanza in agosto, ma Cinzia si è licenziata e ora non ha soldi.
    a. avrebbero   b. sarebbero

B. Avrei dovuto... Completa le frasi con la forma giusta di **dovere**, **potere** o **volere** al condizionale passato.

1. Francesca _____ portare i sandali oggi, ma ha piovuto tutto il giorno.

2. Tu e Aldo _____ andare al mare con gli zii. Si sono divertiti molto.

3. Io e Valerio _____ guardare la partita di calcio alla TV. Dicono che è stata stupenda!

4. I miei nonni _____ visitare l'America, ma adesso non vogliono viaggiare in aereo.

5. Io _____ venire in macchina con Silvio, ma ho preferito venire a piedi.

6. Tu _____ mangiare i tortellini della zia Carmela. Erano veramente buoni!

7. Franco _____ rimanere a casa invece di uscire perché aveva promesso di badare (*take care of*) al suo fratellino.

8. Silvia _____ cantare in chiesa domenica, ma aveva il raffreddore e le faceva male la gola (*throat*).

9. Gianfranco e Tommaso _____ arrivare stasera alle 8.00, ma hanno avuto problemi con la macchina.

C. Cosa avresti fatto tu? Leggi le seguenti situazioni e scrivi quello che avresti fatto tu. Usa il condizionale passato.

1. Marco aveva un esame alle 10.00. Mentre andava all'università, l'autobus ha avuto un guasto (*broke down*) e tutti sono dovuti scendere. L'autobus successivo doveva (*was supposed to*) arrivare alle 10.05. Cosa avresti fatto tu?

   _____

2. Emiliano ha comprato la macchina del suo migliore amico, ma dopo una settimana non riusciva più a metterla in moto (*couldn't start it anymore*). Cosa avresti fatto tu?

   _____

3. Mario e i suoi compagni sono andati a lezione, ma la professoressa non c'era. Cosa avresti fatto tu?

   _____

4. Alessia è salita sull'aereo e il suo posto (*seat*) era già occupato. Cosa avresti fatto tu?

   _____

5. Carlo è andato a cena con una ragazza che ha appena conosciuto, ma i due hanno immediatamente scoperto di non andare molto d'accordo (*get along well*). Cosa avresti fatto tu?

   _____

6. Salvatore e Benedetta sono andati a ballare, ma quando sono arrivati la discoteca era chiusa. Cosa avresti fatto tu?

   _____

Capitolo 14

14.2 The present subjunctive

More irregular verbs in the subjunctive

A. I verbi irregolari. Scrivi il significato dei seguenti verbi e completa la scheda con le forme giuste del congiuntivo presente.

	bere *to drink*	dire _____	potere _____	volere _____	venire _____
io			possa		
tu					venga
lui, lei; Lei	beva				
noi					
voi				vogliate	
loro		dicano			

B. Che situazione! Ascolta le seguenti situazioni e poi scegli l'ipotesi giusta. Ogni situazione sarà ripetuta due volte.

1. a. Credo che Maria piaccia a Roberto.
   b. Credo che Roberto piaccia a Maria.
   c. Credo che a Roberto piaccia stare a casa da solo.

2. a. Non penso che abbiano tanti amici.
   b. Penso che studino poco.
   c. Penso che abbiano un esame importante questa settimana.

3. a. È possibile che Lucia non abbia molti soldi.
   b. È possibile che Lucia abbia tantissimi soldi.
   c. Credo che Lucia debba dormire.

4. a. Rita pensa che Silvia voglia ballare anche lei.
   b. Rita non vuole che Silvia vada a ballare.
   c. Rita non vuole che le altre amiche vadano a ballare.

5. a. Piero non vuole che i suoi genitori sappiano dove va.
   b. Piero vuole che questa sera sua sorella esca con lui.
   c. Piero vuole che questa sera sua sorella rimanga a casa.

C. Qual è la forma al congiuntivo? Completa le frasi con i verbi al congiuntivo.

1. Credo che Mario <u>può / possa</u> venire al mare con noi domani.

2. È importante che Stefania e Rita non <u>bevano / bevono</u> troppo stasera.

3. Non voglio che Silvia <u>venga / viene</u> a teatro perché parla sempre.

4. La mamma è contenta che i ragazzi <u>fanno / facciano</u> i compiti subito dopo la scuola.

5. Penso che tu e Diego <u>dobbiate / dovete</u> parlare con Stefano domani.

6. Non crediamo che la scuola <u>è / sia</u> facile quest'anno.

7. Bisogna che tutti <u>stiano / stanno</u> a casa stasera perché fa brutto tempo.

8. Voglio che tu <u>sai / sappia</u> la verità.

D. Quale verbo? Completa le frasi con la forma giusta di uno dei seguenti verbi.

avere	bere	dare	essere	fare	piacere	uscire	volere

1. Enrico crede che Benedetta _____ andare al cinema con lui questo weekend.

2. Voglio che la mamma mi _____ dei soldi per comprare un nuovo CD.

3. Penso che a Laura _____ lavorare al ristorante.

4. È importante che gli studenti _____ domande durante la lezione.

5. Bisogna che tu _____ molta acqua quando fai sport.

6. Paola è contenta che tu e Mario _____ con lei stasera.

7. Credo che Stefania e Luca _____ molti nuovi amici all'università.

8. Carlo pensa che Roma _____ troppo grande e vuole vivere in una città più piccola.

14.3 Verbs and expressions followed by the subjunctive

a/di + infinitive

A. A o di? Completa le seguenti frasi con la preposizione **a** o **di**.

1. Ho finito <u>a / di</u> studiare e adesso devo pulire la cucina.

2. Laura viene <u>a / di</u> guardare un film a casa nostra stasera.

3. Vorrei imparare <u>a / di</u> cucire (*to sew*) come la mia mamma.

4. È importante che lo zio smetta <u>a / di</u> fumare perché fa male alla salute.

5. Io e Giorgio cerchiamo sempre <u>a / di</u> andare a letto presto nei giorni lavorativi.

6. Ho paura che tuo fratello non riesca <u>a / di</u> capire la gravità (*seriousness*) della situazione.

7. Papà non crede <u>a / di</u> finire presto al lavoro stasera.

B. Preposizione o no? Scegli il verbo giusto per completare le frasi.

1. Luisa _____ di chiudere la porta quando è uscita di casa stamattina.
   a. ha dimenticato   b. ha dovuto

2. Io e Giacomo _____ comprare una casa al mare.
   a. pensiamo   b. vogliamo

3. Lorenzo e Fabio non _____ a mangiare la pizza stasera perché hanno molti compiti.
   a. possono   b. vanno

4. _____ di vedere quel nuovo film venerdì sera.
   a. Speriamo   b. Andiamo

5. Paola _____ lavorare la domenica, ma ha bisogno di soldi.
   a. viene   b. odia

6. _____a piovere quando siamo arrivate a Bologna.
   a. Ha cominciato   b. Ha smesso

7. Filippo _____ di venire alla festa di compleanno di Giulia.
   a. è potuto   b. ha promesso

8. Maria _____ ad andare a lezione, ma non arriva prima delle 9.00.
   a. continua   b. preferisce

C. Che cosa dicono?

Parte prima. Ascolta le domande e scrivi il **verbo + a/di + infinito** che senti. Ogni frase sarà ripetuta due volte.

1. _____ trekking in montagna quest'anno?

2. _____ medico un giorno?

3. _____ le lezioni d'italiano?

4. _____ la pizza questo weekend?

5. _____ a casa presto sabato sera?

6. _____ alla tua famiglia?

▶ *Check your answers to the* **Parte prima** *in the* Answer Key *at the back of the workbook before doing the* **Parte seconda.**

Parte seconda. Adesso scrivi una risposta appropriata alle domande della **Parte prima.**

1. _____

2. _____

3. _____

4. _____

5. _____

6. _____

Capitolo 15

15.2 The subjunctive versus the indicative

Conjunctions followed by the subjunctive

A. Completa le frasi. Abbina gli elementi dell'insieme A agli elementi dell'insieme B per formare delle frasi complete.

<table>
<tr><th>A</th><th>B</th></tr>
<tr><td>1. Il professore racconta una barzelletta perché _____</td><td>a. qualcuno ci senta.</td></tr>
<tr><td>2. Alessandro deve decidere cosa preparare per cena prima che _____</td><td>b. siano contenti della casa dove abitano adesso.</td></tr>
<tr><td>3. Tu e Lucio vi siete lasciati benché _____</td><td>c. vi vogliate ancora molto bene.</td></tr>
<tr><td>4. Marco mi presta la macchina a condizione che _____</td><td>d. arrivino gli ospiti.</td></tr>
<tr><td>5. Diego e Rita devono cambiare casa sebbene _____</td><td>e. gli studenti ridano (laugh) un po'.</td></tr>
<tr><td>6. Io e Paola vogliamo parlare senza che _____</td><td>f. la porti dal meccanico domani mattina.</td></tr>
</table>

B. La congiunzione giusta. Completa le frasi con la congiunzione giusta.

1. L'insegnante ripete la spiegazione perché / a condizione che gli studenti capiscano meglio.

2. Giacomo e Silvia non vogliono andare a Livorno purché / sebbene la nonna viva lì.

3. Alberto parte presto tutti i giorni per andare al lavoro affinché / prima che ci sia troppo traffico.

4. Federico non esce di casa senza / senza che dare un bacio a sua moglie.

5. Marilena può saltare (skip) le lezioni domani affinché / purché studi e faccia tutti i compiti.

6. I miei amici non possono spendere molti soldi quando escono benché / perché tutti abbiano un buon lavoro a tempo pieno.

7. Leggo un capitolo del libro d'italiano tutti i giorni prima che / prima di andare a lezione.

C. Frasi tue! Completa le frasi. **Attenzione!** Alcune frasi non saranno al congiuntivo.

1. Cerco un lavoro part-time affinché _____.

2. Vado a lezione senza _____.

3. Do venti dollari al mio amico a condizione che _____.

4. Le tasse universitarie aumentano sebbene _____.

5. La sera mi rilasso prima di _____.

6. La vita universitaria è bella benché _____.

15.3 Hypotheticals of possibility

The imperfect subjunctive

A. L'imperfetto del congiuntivo. Scrivi il significato dei seguenti verbi e completa la scheda con le forme giuste dell'imperfetto del congiuntivo.

	cambiare ___	discutere ___	costruire _to build_	dare ___	fare ___
io					facessi
tu	cambiassi				
lui, lei; Lei				desse	
noi			costruissimo		
voi					
loro		discutessero			

B. Completa i verbi. Completa i verbi con le desinenze giuste dell'imperfetto del congiuntivo o del condizionale.

1. Se Giacomo e Lucia fo_____ liberi stasera, io e Franco potr_____ uscire con loro.

2. I nonni non viagger_____ in aereo se i biglietti costa_____ molto.

3. Se tu e Fausto de_____ i soldi a Marcella, lei li spender_____ subito.

4. Riccardo dormir_____ un po' in treno se le signore non parl_____ così tanto.

5. Se i suoi amici non vole_____, Irene non partir_____ per Milano.

6. Se io e Laura non organizz_____ un viaggio in Africa, non ci rilasser_____ mai.

7. Paolo non cercher_____ mai un lavoro se i suoi genitori non gli dice_____ mai niente.

C. Il verbo mancante. Completa le frasi con l'imperfetto del congiuntivo di uno dei seguenti verbi.

| ascoltare | chiedere | dire | essere | fare | raccontare | scherzare |

1. Se gli impiegati _____ un aumento di stipendio, il manager li licenzierebbe.

2. Se io e Laura _____ i compiti insieme, finiremmo prima.

3. Se Giuseppe e Leonardo _____ gli insegnanti, avrebbero risultati migliori a scuola.

4. Se Gianluca _____ sempre la verità, i suoi genitori si fiderebbero di (_would trust_) lui.

5. Se tu e Gianna _____ buone amiche, lei ti inviterebbe di sicuro alla

   sua festa.

6. Se io e Filippo _____ troppo con la mamma, lei si arrabbierebbe con noi.

7. Se i nonni non _____ le loro storie, il Natale non sarebbe così divertente.

D. Se tutto fosse possibile... Completa le frasi usando l'imperfetto del congiuntivo o il condizionale.

1. Se Teresa e Marta andassero al mare, _____.

2. _____, i nonni non andrebbero in pensione.

3. Se Giulio discutesse di tutto con i suoi genitori, _____.

4. _____, non ci sarebbero problemi di delinquenza.

5. Se i dialetti scomparissero, _____.

6. _____, non litigherebbero più.

Capitolo 16

Object pronouns

Stressed pronouns

A. Con chi? Completa i mini-dialoghi con i pronomi tonici giusti.

> lei   Lei   loro   lui   me   noi   sé   te   voi

1. ALESSIO: Federica sa che vai al mare domani?

   BENEDETTA: Sì, ho già parlato con _____ e ha detto che non può venire.

2. PATRIZIA: Io e Roberto usciamo stasera. Tu che fai?

   LORENZO: Mi piacerebbe uscire con _____, ma devo uscire con Valentina.

3. LA MAMMA: Anche Marco e Giada studiano in biblioteca?

   VINCENZO: Sì, ma io non studio con _____. Studio con Diego e Carlo.

4. FILIPPO: Vado in montagna a fare trekking domani. Vuoi venire con _____?

   GIUSEPPE: No, mi dispiace. Non posso venire con _____.

5. GIANLUCA: Professor Ranieri, posso discutere del mio voto con _____?

   PROF. RANIERI: Certo. Vuole venire nel mio ufficio?

6. TOMMASO: Io e Stefano andiamo al museo oggi. Volete venire con _____?

   LUIGI: Sì, ma a che ora andate?

7. VALENTINA: Hai visto Massimo al mare ieri?

   SARA: No, non ho visto _____, ma ho visto Luca.

8. LAURA: Enrico è davvero egoista!

   GIANNA: Lo so. Parla sempre di _____ e non pensa agli altri.

B. Sono più bravo di te! Completa i comparativi con i pronomi tonici giusti.

1. Giacomo è alto e io sono basso. Giacomo è più alto di _____.

2. Io sono nervoso e tu sei tranquillo. Io sono più nervoso di _____.

3. Paolo ha 55 anni e Marco ha 47 anni. Paolo è più grande di _____.

4. Io gioco a calcio e a tennis. Tu e Rita non fate nessuno sport. Io sono più attivo di _____.

5. I miei genitori lavorano molto e io sto tutto il giorno a casa. Io sono più pigro di _____.

6. Voi avete finito i compiti alle 5.00. Io e Sandro abbiamo finito i compiti alle 6.00. Voi siete stati più veloci di _____.

Pronominal verbs and the idiomatic expressions: *andarsene, farcela, avercela con qualcuno*

A. Non ce la facciamo più! Ascolta le seguenti situazioni e scegli l'espressione giusta. Le situazioni saranno ripetute due volte.

1. _____
   a. Non ce la faccio più!   b. Ce l'ho con te!

2. _____
   a. Ce l'hai con me?   b. Me ne vado!

3. _____
   a. Ce l'ho con lei!   b. Me ne vado!

4. _____
   a. Non ce la faccio più!   b. Ce l'hai con me?

5. _____
   a. Non ce la facciamo più!   b. Ce l'abbiamo con loro!

B. Perché te ne vai? Completa le frasi con le forme giuste di **andarsene** al presente.

1. A Carlo e Lorenzo non piace la festa, quindi _____ tra mezz'ora.

2. Gessica _____ a casa perché deve alzarsi presto domani mattina.

3. Tra poco io e Renzo _____ perché abbiamo un appuntamento con l'architetto alle 4.00.

4. Perché non (tu) _____ adesso, così non perdi l'autobus?

5. A che ora _____ tu e Sofia? È tardi e fa freddo.

6. Quando Alessio viene a casa mia non _____ mai! Gli devo chiedere io di andarsene!

7. Questo film non è molto bello, quindi (io) _____ adesso.

Answer Key

This Answer Key includes the answers to the written activities. The correct responses for the audio activities are given on the audio program unless otherwise indicated in the chapters. For many open-ended activities, suggested answers have been provided.

Capitolo 1

Strategie di comunicazione

A. Saluti! 1. a   2. c   3. a, c   4. b   5. a   6. c   **B. Mario, ti piace?** *Answers will vary.*

Pronuncia

L'alfabeto e la pronuncia   The alphabet

Ascolta: l'alfabeto. Parte seconda. 1. d   2. c   3. r   4. m   5. f   6. e   7. v   **Parte terza.** 1. c   2. m   3. d   4. z   5. f   6. n   7. q   8. t   9. g   10. r   11. s   12. v   13. h   14. l   15. b

Lessico

A come *amore*, *B* come *buon giorno*   Alphabet and pronunciation

A. Come comincia la parola? 1. p   2. d   3. m   4. s   5. s   6. b   7. c   8. v   **B. Dettato.** 1. tu   2. agosto   3. matematica   4. sera   5. Elena   6. trenta   7. fisica   8. novembre   9. ventuno   10. festa   **C. Che cos'è?** 1. aula   2. banco   3. cane   4. dizionario   5. esame   6. festa   7. gatto   8. hamburger   9. inverno   10. libro   11. macchina   12. numero   13. orologio   14. penna   15. quaderno   16. residenza   17. studente   18. televisione   19. università   20. voto   21. zaino   **D. Lettere doppie o no?** 1. pala   2. nonno   3. ditta   4. cassa   5. sera   6. sonno   7. alla   8. capelli   **E. Combinazioni speciali:** *c* **o** *ch*? 1. ch   2. c   3. c   4. ch   5. c   6. c   7. C   8. c   **F. Combinazioni speciali:** *g* **o** *gh*? 1. g   2. gh   3. gh   4. g   5. g   6. g   7. gh   8. g   **H. Le città italiane. Parte prima.** 1. Firenze   2. Roma   3. Cagliari   4. Palermo   5. Bologna   6. Venezia   7. Perugia   8. Bari   9. Napoli   **Parte seconda.** a. 6   b. 5   c. 1   d. 7   e. 2   f. 9   g. 8   h. 4   i. 3

I giorni della settimana   Days of the week

A. La settimana italiana. 7, 3, 4, 6, 5, 1, 2   **B. Oggi e domani.** 1. lunedì   2. venerdì   3. sabato   4. mercoledì   5. domenica   6. giovedì

I mesi e le stagioni   Months and seasons

A. I mesi e le stagioni. 1. primavera: marzo, aprile, maggio   2. estate: giugno, luglio, agosto   3. autunno: settembre, ottobre, novembre   4. inverno: dicembre, gennaio, febbraio   **B. Che mese o che stagione è?** 1. luglio   2. la primavera   3. marzo   4. febbraio   5. l'inverno   6. l'estate   7. settembre   8. gennaio   9. l'estate

I numeri da 0 a 9.999   Numbers from 0 to 9,999

B. I numeri. Parte prima. 1. 5   2. 15   3. 28   4. 67   5. 76   6. 317   7. 555   8. 1.601   9. 3.744   10. 5.988   **Parte seconda.** 1. trentasette   2. quarantanove   3. centosettantasei   4. duecentoventicinque   5. cinquecentosessantaquattro   6. settecentotrenta   7. millecentodiciotto   8. duemilacinquecentotredici   9. quattromilaottocentosedici   10. novemilanovecentonovantanove   **C. La data.** 1. il venticinque dicembre   2. il quattordici febbraio   3. il primo gennaio   4. il trentuno ottobre   5. il trenta settembre   6. il trentuno dicembre   7. il diciassette marzo   **D. Tocca a te!** *Answers will vary.*

Strutture

1.1 Maschile o femminile?   Gender

A. Il genere. 1. femminile   2. maschile   3. maschile   4. femminile   5. femminile   6. femminile
7. maschile   8. maschile   9. maschile   10. maschile 11. femminile   12. maschile   13. femminile
14. femminile   15. femminile   **B. È maschile o femminile?** 1. casa   2. film   3. orologio   4. università
5. porta   6. quaderno   7. studentessa   8. zaino

1.2 Un cappuccino, per favore   Indefinite articles

A. Un, uno, una o un'? un: animale, cane, voto, dizionario **uno:** sport, studente, zaino **una:** festa, materia, religione **un':** aula, amica, università   **C. Quale articolo?** 1. una   2. un   3. un   4. una
5. un'   6. un   7. un   8. uno   9. un'   10. un

1.3 Due cappuccini, per favore   Number

A. Singolare o plurale? 1. plurale   2. singolare e plurale   3. singolare   4. plurale   5. singolare
6. plurale   7. singolare   8. singolare e plurale   **B. Uno o due?** 1. regioni   2. città   3. fotografie
4. gelati   5. mesi   6. piazze   7. giorni   8. pub   **C. Tre, due, uno...** 1. un cappuccino   2. un film   3. un
esame   4. una porta   5. un anno   6. un aereo   7. una lezione   8. un'università   **D. Il plurale.**
1. religioni   2. zaini   3. caffè   4. voti   5. notti   6. macchine   7. residenze   8. telefoni   **E. Il ritorno a
scuola.** *Answers will vary but may include:* un dizionario italiano, uno zaino, un libro di chimica, un libro
di psicologia, le penne, i quaderni, un dizionario italiano-inglese

1.4 L'università è fantastica!   Definite articles

A. L'articolo giusto. 1. la bicicletta   2. lo studio   3. le scienze politiche   4. l'orologio   5. gli studi
internazionali   6. i cellulari   7. il succo d'arancia   8. la festa   **B. Quale articolo?** 1. il   2. le   3. la
4. l'   5. gli   6. i   7. il   8. la   9. l'/gli   10. lo   **C. Il plurale.** 1. le informazioni   2. i bambini   3. le
ore   4. i bar   5. gli zaini   6. le case   7. i giorni   8. le città   **D. Il singolare.** 1. lo studente   2. la
bicicletta   3. il film   4. la materia   5. l'italiano   6. il gelato   7. la ragazza   8. il corso

1.5 Mi piace l'italiano!   The verb **piacere**

A. Piace o piacciono? *True/false answers will vary.* 1. piace   2. piacciono   3. piacciono   4. piace
5. piacciono   6. piace   7. piace   8. piacciono   **E. Tocca a te! Che cosa ti piace?** *Answers will vary.*

Cultura

Ascoltiamo!

A. I gesti degli italiani. 1. c   2. a   3. d   4. b   **B. Quale gesto?** 1. a   2. b   3. a   4. a   **C. Cosa «dice»
Federico?** 1. d   2. e   3. c   4. b

Leggiamo!

A. Parole simili. 1. d   2. f   3. a   4. b   5. c   6. e   **B. Cosa significa?** 1. c   2. a   3. b   **C. Le regole per
essere brillanti.** 1. Giochi   2. Hobby   3. Tavola   4. Tecnologia   5. Movimento   6. Viaggi   7. Cultura

In Italia, Culture a confronto, Un po' di cultura e Regioni d'Italia

1. vero   2. falso; centrale   3. falso; period (separating)   4. vero   5. falso; l'onomastico   6. vero

Capitolo 2

Strategie di comunicazione

A. Salve! 1. c, e   2. a, d   3. b   4. a, d   5. c, e   **B. Di dov'è?** 1. b   2. c   3. a   4. c   5. b   6. c

Pronuncia

Le vocali   Vowels

B. Tocca a te! Parte prima. 1. e   2. u   3. o   4. a   5. i   **Parte seconda.** 1. ora   2. Umberto   3. Ivo
4. orto   5. Africa   6. ama   7. moro   8. amore   9. posta   10. uva   11. elefante   12. sei   13. cura
14. luna   15. cene

Lessico

Sono allegro!   Describing people, places, and things

A. Dove va il colore? Parte prima. 1. bianco   2. azzurro   3. giallo   4. nero   5. rosso   6. rosa
7. verde   8. marrone   9. viola   **Parte seconda.** a. 4   b. 8   c. 6   d. 7   e. 9   f. 2   g. 3   h. 1   i. 5
B. I colori. 1. verde   2. grigio   3. azzurro   4. giallo   5. bianco   **C. L'intruso.** 1. simpatico   2. tranquillo
3. giovane   4. attivo   5. magro   6. impegnato   **D. Qual è il contrario? Parte prima.** 1. grasso
2. debole   3. basso   4. lento   5. cattivo   6. brutto   7. spiritoso   8. vecchio   **E. Come stanno e come
sono? Parte prima.**   **Dialogo 1:** contento, arrabbiata, difficile **Dialogo 2:** stanca, innamorata **Dialogo 3:**
nuova   **F. Adesso tocca a te!** *Answers will vary.*

Strutture

2.1 L'italiano è divertente!   Adjectives

B. L'accordo. Parte prima. 1. a   2. i   3. o   4. e, i   5. i   6. a, a   7. a   8. i, i   9. e   10. i   **Parte seconda.**
1. i ragazzi intelligenti   2. le macchine viola   3. le signore sincere   4. i bambini stanchi   5. molti gelati
italiani   **Parte terza.** 1. lo studente pigro   2. uno zaino verde   3. la studentessa impegnata   4. il telefonino
piccolo   5. una città grande   **C. *Questo o quello?*** 1. quei   2. quest'   3. quel   4. questa   5. quelle
6. quest'   7. queste   8. quell'   9. questa   10. quegli   **D. Ti piace questo o quello? Parte prima.**
(near table) computer, pens; (far table) backpack, glasses, watch   **Parte seconda.** 1. questo   2. quello
3. quegli   4. queste   5. quell'   **E. Ancora *questo e quello*.** 1. questa, quella   2. quest', quell'   3. queste,
quelle   4. questo, quel   5. questi, quei   6. quest', quell'   7. questi, quegli   8. questa, quella
F. Moltissimo! Parte prima.   1. lentissimo   2. bassissima   3. buonissimo   4. fortissimo   5. grandissima
6. bellissima   **Parte seconda.** 1. un gatto velocissimo   2. una ragazza altissima   3. un gelato
cattivissimo   4. un cane debolissimo   5. una casa piccolissima   6. una macchina bruttissima
G. *Molto o poco?* 1. pochi   2. poca   3. molto   4. pochi   5. molte   6. poche

2.2 Quanti anni hai?   The verbs **essere** (*to be*) and **avere** (*to have*)

A. Chi? Parte prima. 1. b   2. e   3. a   4. d   5. c   **Parte seconda.** 1. e   2. d   3. b   4. a   5. c   **C. *Essere
o avere?*** 1. è   2. ho   3. hanno   4. siete   5. è   6. ha   7. hai   8. abbiamo   9. ha   10. hanno   11. ha
12. Ho   **E. Il verbo giusto.** 1. è, ha   2. Sono, ho   3. è   4. hanno, sono   5. siete, avete   6. abbiamo   7. è,
sono   8. è, ha   9. Sei, hai   10. ha, ho   **G. Tocca a te! Come sei?** *Answers will vary.*

2.3 Cosa c'è nello zaino   *There is / There are*

A. Cosa c'è in aula? 1. Ci sono   2. C'è   3. C'è   4. Ci sono   5. Ci sono   6. C'è   7. Ci sono   8. C'è
C. Cosa c'è nella macchina di Guido? *Answers may be in any order.* 1. C'è uno zaino.   2. C'è uno
smartphone. / C'è un cellulare.   3. C'è un libro di filosofia.   4. Ci sono due bottiglie d'acqua minerale.
5. Ci sono tre penne.   6. C'è un computer.   **D. Tocca a te! Nella mia camera.** *Answers will vary.*

2.4 I miei corsi sono interessanti! Possessive adjectives

A. Il possessivo giusto. 1. I miei 2. La loro 3. La sua 4. La vostra 5. Il suo 6. I tuoi 7. I suoi 8. Il nostro **C. Scrivi il possessivo.** 1. la tua 2. le sue 3. I loro 4. I miei 5. Il nostro 6. Le mie **E. Tocca a te! Che cos'hanno?** *Answers will vary.*

Cultura

Ascoltiamo!

A. Qual'è l'origine? 1. d 2. a 3. a 4. d 5. a 6. c 7. b

Leggiamo!

A. In Italia si scrive così. 1. a 2. c 3. c **B. Un biglietto da visita.** Line 1: Via G. Temporini 97; Line 2: 80070 Baia–Napoli–Italia; Line 3: Tel: +39 0848287865; Line 4: E-mail: ildelfino@ildelfinohotel.com

In Italia, Culture a confronto, Un po' di cultura e Regioni d'Italia

1. vero 2. falso; (gli) Azzurri 3. falso; (un) giallo 4. falso; (numero) verde 5. falso; Rossi 6. falso; verde

Capitolo 3

Strategie di comunicazione

A. Cosa dici? 1. a 2. b 3. a 4. a 5. b

Lessico

Che fai di bello? Talking about your daily activities

A. Che faccio? 1. f 2. h 3. e 4. c 5. d 6. a 7. g 8. b **C. Il verbo nascosto.** 1. lunedì 2. domenica 3. venerdì 4. giovedì 5. martedì 6. sabato **D. La settimana di Salvatore. Parte prima.** Lunedì, giovedì, venerdì 9.00 università; giovedì 15.00 biblioteca; giovedì 19.00 piano; mercoledì 21.00 a casa di Giorgio con amici; venerdì 15.00 calcio **E. La vita di Luisa. Parte prima.** 1. studio 2. frequento 3. gioco 4. guardo 5. leggo 6. lavoro 7. prendo 8. ballo 9. suono 10. faccio **F. Le attività di Marco.** *Answers will vary but may include:* 1. Bevo un caffè. 2. Prendo l'autobus. 3. Leggo un libro. 4. Esco con gli amici. 5. Suono il pianoforte.

Strutture

3.1 Mi piace studiare l'italiano! The infinitive of the verb

B. Non mi va. 1. d 2. f 3. e 4. g 5. c 6. b 7. a **D. Che cosa ti piace fare?** 1. leggere 2. mangiare 3. ballare 4. studiare 5. giocare

3.2 Studio l'italiano The present indicative of regular verbs

A. I verbi regolari. Parte prima. (answers appear from top to bottom, left to right) **guardare** (*to look at, watch*) guardi, guarda, guardate, guardiamo, guardano; **suonare** (*to play an instrument*): suono, suoni, suona, suonate, suonano; **chiudere** (*to close*): chiudo, chiude, chiudiamo, chiudete, chiudono; **scrivere** (*to write*): scrivo, scrivi, scrive, scrivete, scrivono; **aprire:** apri, apre, apriamo, aprite, aprono; **Parte terza.** 1. loro 2. noi 3. loro 4. lui/lei/Lei 5. voi 6. io 7. tu 8. lui/lei/Lei 9. loro **B. Chi fa che cosa?** 1. b 2. c 3. e 4. d 5. a 6. c 7. b 8. d **D. La giornata di Eleonora. Parte prima.** 1. a 2. e 3. a 4. a 5. a 6. a 7. ano 8. a 9. a 10. e **E. Che cosa fanno Gianni e Massimo oggi, sabato? Parte seconda.** 1. Pranzano a casa di Massimo. 2. Leggono il giornale. 3. Tornano al bar alle tre del pomeriggio. 4. Vanno a ballare con gli amici in discoteca la sera. 5. Vanno con gli amici. **F. Cosa fate di bello oggi?** *Answers will vary.*

3.3 Capisco l'italiano   Verbs with spelling and/or pronunciation changes

A. I verbi. (answers appear top to bottom, left to right) **spedire** (*to send*): spedisci, spedisce, spediamo, spedite, spediscono; **dormire** (*to sleep*): dormo, dormi, dorme, dormiamo, dormite, dormono; **scaricare** (*to download*): scarico, scarichi, scarichiamo, scaricate, scaricano; **spiegare** (*to explain*): spiego, spieghi, spiega, spieghiamo, spiegate; **iniziare** (*to begin, start*): inizio, inizi, inizia, iniziamo, iniziano   **B. La pronuncia. Parte seconda.** 1. hi   2. scono   3. ono   4. iano   5. hiamo   6. ano   7. sce   8. i   **D. Cosa facciamo? Parte prima.** 1. Giochiamo   2. Prendiamo   3. Scarichiamo   4. Puliamo   5. Studiamo   6. Prendiamo   **Parte seconda.** 1. 5   2. 6   3. 1   4. 2   5. 4   6. 3   **E. Le preferenze. Parte prima.** 3, 7, 8   **Parte seconda.** 1. preferisce spedire un'e-mail   2. preferiamo andare a letto presto   3. preferisco uscire con i miei amici   4. preferisci suonare il sassofono   5. preferite pranzare alla mensa   **F. Tocca a te! Parte prima.** *Answers will vary but may include:* 1. Dimentichi spesso le tue chiavi?   2. Spedisci molte lettere?   3. Capisci lo spagnolo?   4. Paghi molto per una pizza?   5. Giochi a tennis?   **Parte seconda.** *Answers will vary but may include:* 1. Sì, dimentico spesso le mie chiavi.   2. No, non spedisco molte lettere.   3. Sì, capisco lo spagnolo.   4. No, non pago molto per una pizza.   5. No, non gioco a tennis.

3.4 Dove vai?   Irregular verbs

B. Dove andiamo? *Answers may vary.* 1. Andiamo al bar.   2. Andiamo al cinema.   3. Va alla mensa. 4. Vado a casa.   5. Andiamo in pizzeria.   6. Andiamo all'università.   **C. Le espressioni con** *fare.* 1. bello, una passeggiata, una foto   2. caldo, yoga   3. una domanda, uno spuntino   4. i piedi, le gambe   **D. La nostra giornata. Parte prima.** 1. facciamo   2. esce   3. lavora   4. esco   5. ho   6. arrivano   7. andiamo 8. prendiamo   9. abbiamo   10. va   11. prende   12. andiamo   13. usciamo   **Parte seconda.** 1. tutte e due   2. Stefania   3. Marina   4. Marina   5. Stefania   6. tutte e due   **F. Una famiglia impegnata. Parte seconda.** 1. Paolo guarda Marco e Filippo.   2. Argo mangia un panino.   3. Il nonno guarda il cane. **G. Ti piace il weekend?** *Answers will vary.*

Cultura

Ascoltiamo!

C. L'orario italiano. 1. a   2. a   3. b   4. a

Leggiamo!

A. Prima di leggere. c   **B. Vero o falso?** 1. falso   2. vero   3. vero   4. falso **C. Parole nuove.** 1. distribuzione   2. percentuale   3. settimana   4. riposo

In Italia, Culture a confronto, Un po' di cultura e Regioni d'Italia

1. vero   2. vero   3. falso; chattare   4. vero   5. vero

Capitolo 4

Strategie di comunicazione

A. Ripasso. 1. Come stai?   2. Come ti chiami?   3. Di dove sei?   4. Quanti anni hai? 5. Che cosa fai?   **B. Che bello!** 1. c   2. e   3. b   4. a   5. d

Pronuncia

La lettera c   Pronunciation of the letter c

Dettato. Parte prima. 1. c   2. ch   3. c   4. c   5. ch   6. c   7. ch   8. c   **Parte seconda.** 1. cosa   2. chitarra 3. Cina   4. cento   5. chiave   6. cane   7. merce   8. cantante   9. cinquanta

Lessico

Che bella famiglia!   Talking about your family

A. I parenti. 1. g 2. a 3. b 4. d 5. f 6. h 7. c 8. e **B. La famiglia di Dina.** 1. vero 2. falso
3. vero 4. vero 5. falso 6. falso 7. falso **C. La famiglia di Sandra.** 1. famiglia 2. marito 3. figlio
4. figlia 5. cugino 6. nipote 7. genitori 8. nipoti **D. L'albero genealogico di Martina. Parte prima.**
(*Note: Answers a and b may be reversed; answers g and h may also be reversed.*) a. Lina b. Giorgio
c. Filippo d. Anna e. Giulia f. Armando g. Francesca h. Donatella **Parte seconda.** 1. b 2. c
3. a 4. b 5. a 6. b 7. c **E. La casa di Bianca. Parte prima.** 1. Caterina 2. Marco 3. Adriano
4. Fabio **Parte seconda.** Mara va all'università a Pisa, 23 anni; Caterina studentessa, 13 anni; Luisa
studentessa, 15 anni; Roberto ingegnere, 29 anni; Fabio fa economia e commercio, 22 anni. **G. Tocca a te!**
Answers will vary.

Strutture

4.1 Com'è tua madre?   Possessives with family members

A. Come si dice? 2. la 3. i 5. le 6. la 8. i 9. le **B. La famiglia di Alessandra. Parte prima.** 1. La
mia 2. I miei 3. Mio 4. la mia, mia 5. Mio 6. Le mie 7. I nostri 8. Il nostro **Parte seconda.**
1. falso 2. vero 3. falso 4. falso 5. vero 6. vero **C. Le cose che faccio...** *True/false answers will vary.*
1. i miei 2. i miei 3. mia 4. i miei 5. mio 6. la mia **D. Quale possessivo?** 1. Le sue 2. La mia
3. Vostro 4. I nostri 5. Il suo 6. Tua 7. Mio 8. I loro

4.2 Quanti anni hai?   Interrogatives **quanto** (*how much*) and **quale** (*which*)

A. Qual è? Parte prima. 1. d 2. c 3. g 4. f 5. a 6. e 7. b **Parte seconda.** 2. Con chi esci?
3. Perché studi l'italiano? 4. Dove andate? 5. Che cosa prendi? 6. Quali film preferisci? 7. Quanto
costa? **B. Qual è la parola giusta?** 1. Dove 2. Che cosa 3. Quando 4. Con chi 5. Quanta
6. Quale 7. Quanto 8. Qual è **D. Le domande. Parte prima.** 1. Quale 2. Quanto 3. Quante
4. Quale 5. Quanti 6. Quale 7. Quanti 8. Qual **E. Un nuovo semestre. Parte prima.** 1. quali
2. quanti 3. A che ora 4. quali 5. Chi **Parte seconda.** 1. a 2. b 3. c 4. a 5. b **F. Scrivi la
domanda!** 1. A che ora andiamo/andate al ristorante? 2. Dove abita tua sorella? 3. Con chi usciamo/
uscite? 4. Quanti libri hai nello zaino? 5. Dove vanno a studiare? 6. Qual è il tuo sport preferito?

4.3 Sai sciare?   More irregular verbs

A. Tanti verbi irregolari! Parte prima. 1. sono 2. ha 3. sa 4. escono 5. stanno 6. fanno
7. vanno 8. dà **Parte seconda.** 1. falso; Gabriele ama giocare a calcio. 2. vero 3. falso; Il venerdì sera
Nicola e Gianpiero stanno a casa con Gabriele. 4. vero 5. falso; La nonna dà un po' di soldi ai
ragazzi. **B. *Conoscere o sapere?*** *Answers to questions will vary.* 1. Conosci 2. Sai 3. conosce
4. Sai 5. Sai 6. conosce 7. conoscono 8. Sai **C. Un weekend a Parigi.** 1. conosce 2. conosco
3. so 4. sa 5. sanno 6. conosce 7. sanno 8. so **E. Cosa sai fare? Parte seconda.** 1. La nonna sa
dipingere. 2. Mio nipote parlare un po' d'italiano. 3. Io e mio marito sappiamo ballare. 4. Gaia sa
suonare il pianoforte. 5. Io so nuotare bene.

4.4 L'italiano è più bello di...   The comparative

A. Quale aggettivo? 1. grande 2. vecchia 3. lenta 4. forte 5. veloce 6. facile **B. *Più o meno?*** 1. Un
viaggio in Africa è più esotico di un viaggio in Europa. 2. Un corso di francese è meno difficile di un
corso di arabo. 3. Un padre è più vecchio di un figlio. 4. Una festa è più divertente di una lezione di
matematica. 5. Un cane è meno grande di un elefante. 6. Un film comico è meno noioso di un
documentario. 7. Due studentesse che non fanno i compiti sono meno serie di due studentesse che
studiano molto. **C. Chi è più alto?** 1. Elisa è più pigra di Sandra. 2. Marco è più giovane di Gino.
3. Anna Maria è più impegnata di Patrizia. 4. Fabiana è meno stressata di Michele. 5. Guido è più lento
di Alberto. 6. Silvia è più libera di Valentina. 7. Stefano è meno attivo di Beatrice.

Cultura

Ascoltiamo!

A. Com'è la famiglia? 1. vero 2. vero 3. vero 4. falso **B. Una famiglia moderna o tradizionale?**
1. tradizionale 2. tradizionale 3. moderna 4. moderna 5. moderna

Leggiamo!

A. Recognizing cognates. 1. fiorentina 2. finanziarie 3. mercanti 4. principali **B. False cognates.**
1. c 2. d 3. b 4. a **Lettura. A. Skimming.** 1. nipote 2. figlio 3. nonno 4. padre **B. Scanning.**
1. a 2. b **C. Understanding cultural conventions.** 1. millequattrocentoquarantanove
2. millequattrocentonovantadue **D. Dopo la lettura.** Any five of the following: attivo, creativo,
giovane, grande, intelligente, ricco

In Italia, Culture a confronto, Un po' di cultura e Regioni d'Italia

1. vero 2. falso; Veneto 3. vero 4. falso; calcio 5. vero 6. falso; settentrionale

Capitolo 5

Strategie di comunicazione

A. Grazie, ma non posso. 1. b 2. a 3. d 4. c **B. *Ti piacerebbe* o *Le piacerebbe*?** 1. b 2. b 3. a 4. c

Pronuncia

La lettera *g*   Pronunciation of the letter *g*

Dettato. Parte prima. 1. g 2. g 3. g 4. g 5. gh 6. g 7. g 8. gh 9. g 10. g **Parte seconda.**
1. formaggio 2. fagiolo 3. aghi 4. genitori 5. giocare 6. mangiate 7. ghianda 8. guardare
9. gelo 10. laghi

Lessico

Tutti a tavola!   Restaurant terms and items on an Italian menu

A. Mangiamo! 1. f 2. d 3. c 4. b 5. e 6. e 7. f 8. c 9. b 10. g 11. c 12. c **D. Il coperto.**
1. tovagliolo 2. forchetta 3. piatto 4. coltello 5. cucchiaio 6. bicchiere **E. A tavola!** 1. falso; è un
antipasto 2. falso; sono un primo 3. vero 4. vero 5. vero 6. falso; il conto / il coperto 7. falso; è un
secondo 8. falso; un tipo di contorno / un tipo di verdura **F. Di chi è l'ordinazione? Parte seconda.**
Answers will vary but may include: 1. Vorrei la torta al cioccolato e un caffè per favore. 2. Vorrei il pollo, i
funghi e una birra per favore. **G. Che mangi?** 1. carne 2. pomodoro 3. minerale 4. arrosto
5. dolce 6. mozzarella 7. funghi 8. secondo 9. contorno **H. Tocca a te! E tu, che cosa ordineresti?**
Answers will vary.

Strutture

5.1 Il più buono!   The superlative

A. A proposito di mangiare. 1. Gli spaghetti 2. I fagiolini 3. L'acqua minerale 4. Il tiramisù 5. La
mozzarella 6. La verdura 7. Le patate fritte **B. È il migliore o il peggiore?** 1. i 2. i 3. e 4. e
5. i 6. e 7. e **D. Parole in disordine!** 1. L'insalata è il contorno più leggero. 2. Gli affettati misti sono
l'antipasto più comune. 3. Il pesce è il secondo meno grasso. 4. L'Italia ha il migliore gelato del
mondo. 5. I piselli sono la verdura meno amata dai bambini. **E. Gli amici di Gianni.** 1. è la più ricca
2. è il più socievole 3. sono le più tranquille 4. sono i più sportivi 5. sono i più studiosi **F. Secondo
te...** *Answers will vary.*

5.2 Vuoi mangiare qualcosa?   Verb + infinitive

A. Quante decisioni! 1. c   2. a   3. c   4. b   5. c   **C. Che vuoi fare stasera?** 1. vuoi   2. Voglio   3. posso
4. dobbiamo   5. puoi   6. vuoi   7. posso   8. puoi   **E. Cosa vogliamo fare?** *Answers will vary but may
include:* 1. vuole andare a Roma.   2. vogliono andare in chiesa.   3. vogliono andare al ristorante.
4. vogliono un caffè.   5. vuole prendere un gelato.   6. *Answers will vary.*   **F. Cosa dobbiamo fare?** *Answers
will vary but may include:* 1. Deve stare a letto.   2. Dovete studiare molto.   3. Deve lavorare.   4. Devono
pulire la casa.   5. Deve andare a Parigi in treno.

5.3 Andiamo al ristorante   Prepositions

A. Quale preposizione? 1. da   2. in   3. a   4. per   5. di   6. su   7. con   **C. La preposizione giusta.**
1. nello, di   2. a, alle   3. Sul, con   4. a   5. della   6. con   7. a, A, all'   8. in, con   9. da   **D. Ancora le
preposizioni.** 1. in   2. dalle   3. alle   4. al   5. con   6. al   7. in   8. a   9. a   10. a   11. alle   12. di
13. da   **E. Tante domande! Parte prima.** 1. A che ora vai a letto ogni sera?   2. Dove prendi il caffè di
solito?   3. Preferisci studiare a casa o in biblioteca?   4. Con chi parli spesso al telefono?   5. A chi scrivi
molte e-mail?

5.4 Compro del pane   The partitive

A. Vuoi il latte? 1. della   2. dello   3. del   4. delle   5. dell'   6. degli   7. dei   8. della   9. dei   10. del
B. La lista della spesa di Marco. Parte prima. salmone, dolci, mozzarella, bottiglie d'acqua minerale, pane
Parte seconda. del salmone, dei dolci, della mozzarella, delle bottiglie d'acqua minerale, del pane   **D. Cosa
compra la nonna?** 1. delle zucchine   2. dei peperoni   3. dei pomodori   4. dei funghi   5. dei fagiolini
6. delle patate   7. dei meloni   **E. Tocca a te! Una bella cena.** *Answers will vary.*

Cultura

Ascoltiamo!

A. Cosa dicono? 1. d   2. b   3. a   4. c

Leggiamo!

Strategie di lettura. Relating graphics and text. 1   **A. Quale gusto? tradizionale:** 1, 3, 5, 9, 10; **non
tradizionale:** 2, 3, 4, 6, 7, 8 **Note:** Tartufo (*Truffle*) can be interpreted in two ways.   **B. Un gusto ideale.** 3
C. Siamo famosi! 4

In Italia, Culture a confronto, Un po' di cultura e Regioni d'Italia

1. vero   2. falso; tutti   3. falso; informale   4. vero   5. falso: Bologna   6. falso; Grassa

Capitolo 6

Strategie di comunicazione

A. Mi puoi... ? / Mi può... ? Parte prima. 1. d   2. c   3. a   4. e   5. b   **B. Scusa/Scusi, posso... ?** 1. Posso
entrare   2. Posso studiare   3. posso fumare   4. Posso provare   5. Posso parlare

Pronuncia

La lettera *z*   Pronunciation of the letter *z*

Dettato. Parte prima. 1. z   2. zz   3. z   4. zz   5. z   6. zz   7. Z   8. z, z   9. z   10. z   **Parte seconda.**
1. zanzara   2. pazienza   3. pranzare   4. Piacenza   5. iniziate   6. alza   7. azione   8. mozzarella
9. Venezia   10. Arezzo

Lessico

Cosa porti?   Describing your clothes

A. I vestiti e gli accessori. 1. la maglietta, la borsa da spiaggia, il costume da bagno, i pantaloncini 2. l'impermeabile, la felpa, gli stivali, il maglione, i pantaloni   **B. Cosa portano?** 1. b   2. b   3. a   4. b 5. a   6. a   **C. Il rebus. Quale parte del corpo è?** Gamba, dito, mano, naso, bocca, pancia, occhio, piede, orecchio. La risposta: ginocchio. **G. Che cos'è?** 1. la sciarpa   2. l'impermeabile   3. i calzini   4. il maglione   5. i jeans   6. le scarpe da tennis   7. stilisti   8. i pantaloncini   9. sfilate   **H. Adesso tocca a te!** *Answers will vary.*

Strutture

6.1 Lo stilista dà il vestito alla modella   Direct and indirect objects

A. Qual è? 1. complemento diretto   2. soggetto   3. complemento indiretto   4. complemento diretto 5. complemento indiretto   6. soggetto   7. complemento diretto   8. complemento indiretto   9. soggetto **B. Complemento diretto o indiretto?** 1. a   2. b   3. b   4. a   5. b   6. b   7. a   **D. Un po' di creatività.** *Answers will vary but may include:* 1. la casa   2. la cena   3. un bel voto   4. a Emanuela   5. la radio 6. un caffè   7. un vestito   8. a Federico

6.2 Che stai facendo?   Present progressive

B. Il verbo giusto. 1. stanno mangiando   2. stiamo nuotando   3. stiamo pulendo   4. sto apparecchiando   5. sta giocando   6. sta provando   7. sta cantando   **C. Ma che state facendo?!** 1. sta guardando   2. stanno giocando   3. sta scrivendo   4. stanno ascoltando   5. sta mangiando   6. stanno finendo   7. sta bevendo   **D. Tocca a te!** *Answers will vary.*

6.3 Cosa mi metto oggi?   Reflexive verbs

A. La mattina di Mauro. Parte prima. 1. si sveglia   2. si alza   3. si rade   4. si lava   5. si veste   6. si mette   7. si annoia   **B. La coniugazione dei verbi riflessivi. Parte prima. truccarsi** (*to put on makeup*): mi trucco, ti trucchi, si trucca, ci trucchiamo, si truccano; **svegliarsi** (*to wake up*): mi sveglio, si sveglia, ci svegliamo, vi svegliate, si svegliano; **sentirsi:** mi sento, ti senti, ci sentiamo, vi sentite, si sentono; **arrabbiarsi** (*to get angry*): ti arrabbi, si arrabbia, ci arrabbiamo, vi arrabbiate, si arrabbiano; **Parte terza.** 1. si   2. ci   3. si   4. si   5. vi   6. mi   7. ti   8. si   9. si   **C. La giornata di Roberta. Parte seconda.** *Answers will vary but may include:* 1. Si alza alle otto meno dieci.   2. Si trucca.   3. Si diverte con le amiche.   4. Si lava i capelli e parla al telefono.   5. Si arrabbia con il cane.   6. Si mette il pigiama e guarda la TV.   **D. È riflessivo o no?** 1. vi svegliate   2. chiamo   3. Ti senti   4. svegliano   5. si trucca 6. veste   7. mi lavo   8. senti   **E. Tocca a te!** *Answers will vary.*

6.4 Parlo bene l'italiano!   Adverbs

A. Aggettivo o avverbio? 1. raramente   2. gentile   3. immediatamente   4. veloce   5. lentamente 6. puntuale   **B. Una bella giornata. Parte prima.** 1. oggi   2. Sinceramente   3. ieri   4. subito 5. tardi   **Parte seconda.** 1. falso; Gaia vuole vedere le nuove collezioni per l'inverno.   2. falso; Oggi Maria vuole fare qualcos'altro.   3. vero   4. falso; No, Gaia vuole andare a bere qualcosa perché spesso ci sono dei bei ragazzi in giro.   5. vero   **C. Guarda bene! Parte prima. aggettivi:** 1. gentile   2. immediato   3. onesto   4. puntuale 5. veloce; **avverbi:** 1. bene   2. male   3. presto   4. raramente   5. sinceramente   **Parte seconda.** 1. gentilmente 2. immediatamente   3. onestamente   4. puntualmente   5. velocemente   **D. Scrivi bene!** *Answers will vary.*

Cultura

Ascoltiamo!

C. Trova la categoria giusta! Stilisti: Prada, Armani, Dolce & Gabbana; **Accessori e gioielli:** collana, occhiali da sole, cintura, scarpe, orecchini; **Abiti:** maglietta, giacca

Leggiamo!

Lettura 1. b   2. a   3. e   4. c   5. d   **A. Le immagini, le parole e i personaggi.** 1. a   2. a   3. b
Il carattere dei personaggi. 1. d   2. b   3. e   4. a   5. c

In Italia, Culture a confronto, Un po' di cultura e Regioni d'Italia

1. vero   2. vero   3. vero   4. falso; sfilate   5. falso; Milano   6. vero

Capitolo 7

Strategie di comunicazione

A. Cosa dici? 1. a   2. d   3. b   4. c   5. e   **B. Cos'è successo?** 1. b   2. d   3. a   4. c

Pronuncia

La combinazione *sc*   Pronunciation of *sc*

Dettato. Parte prima. 1. sc   2. sch   3. sc   4. sch   5. sc   6. sch   7. sc   8. sc   **Parte seconda.** 1. usciamo
2. conoscete   3. schiamazzo   4. esci   5. scudo   6. moschea   7. maschera   8. riuscire   9. scelgo

Lessico

Il mio weekend   Talking about your weekend activities

A. Il weekend di Paola. 1. c   2. c   3. a   4. b   5. a   6. c   7. b   8. c   **B. Ogni quanto?** 1. una volta alla
settimana   2. una volta al mese   3. Non può mai fare feste a casa.   4. una volta alla settimana   5. una
volta all'anno   6. Non fa mai sport.   7. ogni tanto   8. Cena sempre a casa.   9. una volta al mese   **D. In
che ordine? Parte seconda.** 1. Fa il letto.   2. Pulisce l'appartamento.   3. Fa il bucato.   4. Cucina.   5. Va
a trovare le sue amiche.   6. Va al cinema a vedere un film con il suo ragazzo.   **E. Tocca a te!** *Answers
will vary.*

Strutture

7.1 Che hai fatto questo weekend?   The present perfect of regular verbs

A. Chi l'ha fatto? 1. Non si sa.   2. Francesca   3. Francesca   4. Non si sa.   5. Francesca   6. Non si sa.
7. Non si sa.   8. Francesco   9. Non si sa.   10. Francesco   **B. Chi parla? Parte prima.** 1. a   2. d   3. b
4. c   5. a   6. d   7. b   8. c   **C. I verbi al passato prossimo. Parte prima.** andare: sono andato/a, sei
andato/a, è andato, è andata, siamo andati/e, siete andati/e, sono andati, sono andate; **ballare:** ho ballato,
hai ballato, ha ballato, ha ballato, abbiamo ballato, avete ballato, hanno ballato, hanno ballato; **capire:** ho
capito, hai capito, ha capito, ha capito, abbiamo capito, avete capito, hanno capito, hanno capito; **partire:**
sono partito/a, sei partito/a, è partito, è partita, siamo partiti/e, siete partiti/e, sono partiti, sono partite;
uscire: sono uscito/a, sei uscito/a, è uscito, è uscita, siamo usciti/e, siete usciti/e, sono usciti, sono uscite.
Parte terza. 1. loro   2. lei/lui/Lei   3. io   4. lei/Lei   5. lui/Lei   6. lui/lei/Lei   7. voi   8. noi
9. noi   **E. Le nostre vacanze. Parte prima.** 1. siamo andati   2. siamo partiti   3. abbiamo visitato   4. ho
fatto   5. ha mangiato   6. siamo partiti   7. è andato   8. sono tornata   **Parte seconda.** 1. Sono andati a
Roma.   2. Sono partiti da Milano alle 8.15.   3. Hanno visitato la Basilica di San Pietro e i Musei
Vaticani.   4. Rita ha fatto shopping e Lucio ha mangiato un gelato ogni giorno.   5. Sono partiti per Milano
domenica mattina alle 10.30.   6. Lucio è tornato al lavoro lunedì mattina e Rita è tornata al lavoro
mercoledì.   **F. Sapere o conoscere?** 1. ha conosciuto   2. ha saputo   3. Ho conosciuto   4. hanno
saputo   5. avete conosciuto   6. Abbiamo saputo   7. Hai saputo   **G. Che ha fatto la famiglia Marini
venerdì scorso?** *Answers wil vary but may include:* Franco ha guardato la televisione. Barbara e Luca hanno
giocato a carte. Giulia ha cucinato. Susanna è uscita. Giuliano è andato al lavoro.

7.2 Ieri abbiamo vinto la partita   The present perfect of irregular verbs

A. Regolare o irregolare? 1. regolare; festeggiare   2. irregolare; vedere   3. irregolare; scegliere   4. regolare; entrare   5. irregolare; offrire   6. regolare; arrivare   7. irregolare; dire   8. irregolare; scrivere   **C. E per te?** *True/false answers will vary.* 1. Sono rimasto/a   2. Ho bevuto / Ho preso   3. sono andato/a   4. Ho visto   5. Ho perso   6. Ho fatto   7. Ho scritto   8. Ho preso   9. Ho vinto   **E. Tocca a te! Che hai fatto lo scorso weekend?** *Answers will vary.*

7.3 Non studio mai dopo mezzanotte!   Negative expressions

A. E tu? 1. nessuno   2. più   3. niente   4. mai   5. nessuno   6. mai   7. più   8. niente   **B. Il negativo.** 1. Non ho visto nessuno a casa di Giacomo sabato sera.   2. Io e Natalia non abbiamo comprato niente a Roma l'anno scorso.   3. I miei genitori non hanno visto nessuno ieri sera.   4. Non vedo mai i miei compagni in biblioteca.   5. Non lavoro più al negozio dopo le lezioni.   6. Ieri mattina non ho speso niente.   7. Laura e Matteo non parlano mai al telefono la sera.   **D. Cosa c'è scritto?** 1. Non ha mai bevuto la birra.   2. Anna non ha più lavorato in quella gelateria.   3. Non è mai venuta a casa mia.   4. Non ha mai preso l'aereo.   5. Non ho più parlato ai miei amici dopo le vacanze / Dopo le vacanze non ho più parlato ai miei amici. Io e mio marito non abbbiamo mai visto uno spettacolo al Teatro Romano.

Cultura

Ascoltiamo!

A. Come finisce? 1. il librettista   2. Milano   3. leggera   4. Sanremo   5. ballare in discoteca

Leggiamo!

Using contextual cues to tense. present: è, si innamorano, vedono, è, devono, danno, vengono (decapitati), vede, si innamora, risolve, vuole, deve, vuole, propone, ordina, dice, si chiama, ha, canta, guardi, tremano, è; **past:** si è innamorata   **A. La storia.** 1, 5, 3, 2, 6, 4   **B. Un lieto fine.** 1. crudele   2. infuriata   3. disperata   4. innamorata

In Italia, Culture a confronto, Un po' di cultura e Regioni d'Italia

1. vero   2. falso; Ligabue   3. falso; aria   4. falso; Verona   5. falso; leggera   6. vero

Capitolo 8

Strategie di comunicazione

A. Rivediamo! 1. b   2. b   3. b   4. a   **B. Tanti auguri!** 1. Buon compleanno!   2. Buon Natale!   3. Buon viaggio!   4. Buon appetito!   5. Buon anniversario!

Pronuncia

La combinazione *gli*   Pronunciation of *gli*

Dettato. Parte prima. 1. gli   2. ll   3. gli   4. gli   5. ll   6. gli   7. ll   8. ll   **Parte seconda.** 1. figlia   2. dalla   3. bello   4. maglione   5. giallo   6. vogliamo   7. scegliete   8. sorelle   9. palla   10. taglia

Lessico

Buone feste!   Talking about Italian and American holiday celebrations

A. Che cos'è? 1. la vigilia   2. il carbone   3. i dolcetti   4. i regali   5. 50 anni   6. il sei gennaio   7. compiamo   8. la calza   **B. Quando è?** 1. dicembre, gennaio   2. gennaio   3. marzo, aprile   4. febbraio   5. gennaio   6. dicembre   7. luglio   8. marzo   9. novembre   **D. La Pasqua di Monica. Parte seconda.** *Answers will vary.*   **F. Tocca a te!** *Answers will vary.*

Strutture

8.1 Ci vediamo domani! Reciprocal verbs

A. Cose che si fanno in due. 1. e 2. g 3. f 4. d 5. c 6. b 7. a **B. Reciproco o no?** 1. amano 2. ci scriviamo 3. vedete 4. capiscono 5. si telefonano 6. salutano 7. ci facciamo **C. Due che si innamorano. Parte seconda.** *Answers will vary but may include:* Si incontrano in piazza. Si scrivono i messaggini. Si baciano. Si sposano.

8.2 Ci siamo visti ieri The present perfect of reflexive and reciprocal verbs

A. Di chi si parla? 1. b 2. c 3. a 4. d 5. a 6. c 7. b 8. d **B. A che ora ti sei alzato?** 1. è, -a 2. siamo, -i 3. sono, -e 4. sei, -a; sono, -a 5. sono, -e 6. siamo, -i 7. sono, -i **C. La giornata di Luciana e Giovanni.** 1. si sono alzati 2. si è lavato 3. si è messa 4. sono usciti 5. si è arrabbiato 6. sono andati, si sono divertiti **D. Chi fa le azioni ? Parte prima.** 1. Valeria e Riccardo si sono lasciati. 2. Tamara e Vittoria si sono incontrate. 3. Filippo si è raso. 4. Sandra si è divertita. **E. Quando io e Lorenzo ci siamo conosciuti... Parte prima.** 2. vedersi 4. separarsi 7. chiedere 9. incontrarsi 11. finire **Parte seconda.** 2. ci siamo visti 3. ci siamo innamorati 4. non ci siamo separati 5. abbiamo bevuto 6. abbiamo parlato 7. ha chiesto 8. ci siamo baciati 9. ci siamo incontrati 10. ci siamo messi insieme 11. è finita 12. ci siamo sposati **F. Tocca a te!** *Answers will vary.*

8.3 L'amore è bello The use of definite and indefinite articles

A. Decisioni! 1. una 2. La 3. un 4. la 5. la 6. un 7. Il 8. La 9. il **B. L'articolo giusto. Parte prima.** 1. il 2. una 3. il 4. l' 5. un 6. il, il 7. gli 8. le **Parte seconda.** 1. a 2. e 3. b 4. d 5. e 6. c 7. d 8. b **C. Quale articolo?** 1. la 2. un, il 3. Il, un 4. la, il 5. Il, il 6. i 7. un, la 8. la, Il **D. Adesso scrivi tu!** *Answers will vary.*

8.4 Non vado in macchina! Vado a piedi! The prepositions in and a

A. Dove andiamo? Parte prima. 1. a 2. f 3. b 4. c 5. e 6. d 7. h 8. g **B. Che giornata!** 1. in 2. in 3. in 4. al 5. al 6. A 7. a 8. a 9. in 10. in **C. Come vai?** 1. Vado in treno. 2. Andiamo in aereo. 3. Vado in bicicletta. 4. Vado in macchina. 5. Vado a piedi.

Cultura

Ascoltiamo!

A. Come finisce? 1. a 2. b 3. b 4. a 5. b

Leggiamo!

A. Relating graphics and text. c. **B. Deriving word meaning from context.** 1. a 2. c 3. a 4. b **C. Putting it all together. Parte prima.** *Answers will vary but may include:* mangiare la porchetta, bere birre artigianali e vini della Strada del Sagrantino / vini locali, ascoltare musica, fare passeggiate, giocare, partecipare a laboratori e degustazioni **Parte seconda.** *Answers will vary but may include:* 1. una persona a cui piace molto mangiare e bere; una persona a cui piacciono le birre artigianali e i vini locali; una persona a cui piacciono i festival e le tradizioni popolari; una persona a cui piace lo *street food* 2. una persona a cui non piace mangiare e bere; una persona a cui non piacciono le birre artigianali e i vini locali; una persona a cui non piacciono i festival e le tradizioni popolari; una persona a cui non piace lo *street food*; una persona a cui non piace la porchetta / la carne; una persona vegetariana e astemia.

In Italia, Culture a confronto, Un po' di cultura e Regioni d'Italia

1. vero 2. falso; (festiggiano) la Befana 3. falso; celesti/azzurri 4. vero 5. vero 6. falso; Venezia (Viareggio)

Capitolo 9

Strategie di comunicazione

A. Cosa fai? / Cosa vuoi fare? 1. a   2. b   3. a   4. a   5. b   **C. Com'era? / Com'erano?** 1. Com'erano
2. Com'era   3. Com'erano   4. Com'erano   5. Com'era?   **D. Com'era Sandro?** 2. a   3. e   4. b   5. c   6. d
E. Un colloquio di lavoro. 1. sono andato   2. Ho preso   3. sono arrivato   4. ho visto (ho veduto)

Pronuncia

La combinazione *gn*   The combination *gn*

Dettato. Parte prima. 1. nn   2. nn   3. gn   4. gn   5. nn   6. gn   7. gn   8. nn   9. gn   10. gn   **Parte seconda.**
1. ingegno   2. Annamaria   3. diagnosi   4. manna   5. ognuno   6. Giovanni   7. ignorante   8. nonna
9. ignoti   10. panna

Lessico

Siamo studenti!   Talking about education and professions

A. Le professioni. 1. b   2. a   3. b   4. a   5. a   6. a   7. b   8. b   9. b   **C. Chi sono? Parte seconda.**
a. l'ingegnere   b. il medico   c. la dirigente / la manager   d. la fotografa   e. la scienziata   f. l'attrice
D. Le professioni. 1. l'attrice   2. la professoressa   3. la scrittrice   4. la veterinaria   5. la giornalista/la
poliziotta   6. l'ingegnere/a   7. la psicologa   8. l'insegnante   9. la dirigente   **E. Chi chiami?** 1. il medico
2. l'architetto / l'operaio/a   3. il veterinario/la veterinaria   4. l'avvocato/l'avvocatessa   5. il poliziotto/la
poliziotta   6. l'infermiere/la   7. il commesso/la commessa   8. il cameriere/la cameriera
G. Tocca a te! *Answers will vary.*

Strutture

9.1 C'era una volta...   The imperfect

A. I verbi all'imperfetto. Parte prima. 1. d   2. e   3. f   4. b   5. a   6. c   **Parte seconda. dormire:** dormivo,
dormivi, dormiva, dormivate, dormivano; **giocare** (*to play*): giocavo, giocavi, giocavamo, giocavate, giocavano;
capire (*to understand*): capivo, capivi, capiva, capivamo, capivano; **volere** (*to want*): volevo, voleva, volevamo,
volevate, volevano; **bere** (*to drink*): bevevo, bevevi, beveva, bevevate, bevevano; **essere** (*to be*): ero, eri, era,
eravamo, eravate; **fare** (*to do, to make*): facevi, faceva, facevamo, facevate, facevano   **Parte terza.** 1. loro
2. noi   3. loro   4. lei/lui/Lei   5. tu   6. io   7. tu   8. noi   9. voi   **D. Da bambino... Parte prima.** 1. ero
2. andavamo   3. vivevano   4. avevano   5. aiutavamo   6. era   7. cucinava   8. stavamo   9. faceva
10. giocavamo   11. andavamo   12. leggeva   **Parte seconda.** 1. Vivevano in campagna in una fattoria.
2. A Giacomo piaceva mangiare a casa dei nonni perché la nonna cucinava molto bene.   3. Stavano in
casa nel pomeriggio perché faceva caldo.   4. Andavano a letto presto perché erano stanchi.   **E. L'infanzia
di nonno Pietro. Parte prima.** ascoltare, dovere, esserci, essere, guardare, leggere, potere, sposarsi, viaggiare,
vivere   **Parte seconda.** 1. era   2. c'erano   3. viaggiava   4. guardavamo   5. ascoltavamo   6. leggevamo
7. potevano   8. dovevano   9. si sposavano   10. vivevano   **Parte terza.** 1. falso   2. vero   3. falso   4. falso
5. falso   **F. Che dovevi fare?** *Sentence completion answers will vary:* 1. dovevi   2. doveva   3. dovevate
4. dovevano   5. dovevo   6. dovevamo   **G. Tocca a te!** *Answers will vary.*

9.2 Cosa facevi?   The imperfect versus the present perfect

A. Il passato prossimo o l'imperfetto? A. 1. abbiamo lavorato   2. voleva   3. ha fatto   4. aiutavo   5. aveva
6. si è licenziata   7. siamo andati   8. ha vinto   **C. Mentre studiavo...** 1. guardava   2. è andata   3. facevo
4. è tornata   5. leggevano   6. preparava   7. ci siamo laureati/e   **D. La mia vita in America. Parte prima.**
1. facevo   2. andavo   3. era   4. parlavano   5. mangiavo   6. costava   **Parte seconda.** 1. falso   2. falso
3. vero   4. falso   **E. Dove va? Parte prima.** 3. tutti i giorni   4. di solito   5. mentre   8. ogni estate
10. il lunedì   11. sempre   **Parte seconda.** *Answers will vary.*   **F. Un giorno al mare. Parte prima.** 1. avevo
2. giocavamo   3. hanno deciso   4. siamo arrivati   5. abbiamo iniziato   6. abbiamo nuotato   7. giocavamo
8. ha visto   9. volevamo / siamo voluti   10. avevamo   11. siamo tornati   **Parte seconda.** 1. falso   2. vero
3. vero   4. vero   5. falso

9.3 Cosa stavi facendo? The past progressive

A. Che cosa stavano facendo? Parte prima. 1. stava   2. stavate   3. stavano   4. stavamo   5. stava   6. stava   7. stavi   **Parte seconda.** 1. stavano pranzando   2. stava dormendo   3. Stavi aiutando   4. stavate bevendo   5. stava scrivendo   6. stavamo cercando   **B. L'estate di Valentina.** *Answers will vary but may include:* 1. Stava leggendo una rivista.   2. Stava ascoltando la conversazione.   3. Stava mangiando la pasta al ristorante.   4. Stava ascoltando la musica e cantando.   5. Stava cucinando.   6. Stava lavorando. **C. Dall'imperfetto al passato progressivo.** 1. stava nuotando   2. stavano parlando   3. stavo pulendo   4. Stavi parlando   5. stavamo facendo   6. stavate mangiando   **D. Tocca a te! E tu, cosa stavi facendo... ?** *Answers will vary.*

Cultura

Ascoltiamo!

A. Come finisce? 1. a   2. a   3. b   4. a   5. a

Leggiamo!

A. L'idea principale. 1. c   2. c   3. a   4. c   5. a   **B. Hai capito?** 1. falso   2. vero   3. vero   4. vero   5. falso

In Italia, Culture a confronto, Un po' di cultura e Regioni d'Italia

1. vero   2. vero   3. falso; Bologna   4. vero   5. falso; all'80%   6. vero

Capitolo 10

Strategie di comunicazione

A. Peccato! 1. d   2. a   3. b   4. c   **B. Cosa dici?** 1. a   2. a   3. b   4. b

Pronuncia

L'accento Stress

L'accento. Parte prima. 1. giocano   2. maniera   3. abita   4. Perù   5. così   6. alibi   7. perdere   8. abitiamo   9. automobile   10. cioè   **Parte seconda.** 1. gi<u>o</u>cano   2. man<u>ie</u>ra   3. <u>a</u>bita   4. Per<u>ù</u>   5. cos<u>ì</u>   6. <u>a</u>libi   7. p<u>e</u>rdere   8. abit<u>ia</u>mo   9. autom<u>o</u>bile   10. cio<u>è</u>

Lessico

Le attività, gli hobby e il benessere Activities, hobbies, and well-being

A. Cosa fai? 1. b   2. b   3. a   4. b   5. b   **C. L'intruso.** 1. c   2. b   3. b   4. b   5. a   6. c   **D. Che hobby hai?** 1. c   2. a   3. d   4. b   **F. Tocca a te!** *Answers will vary.*

Strutture

10.1 Che fai questo weekend? Using the present to talk about the future

B. Quando lo fai? 1. fra   2. prossimo   3. prossimo   4. fra   5. fra   6. dopodomani   **C. Ma quante domande!** *Answers will vary.*

10.2 Andremo tutti in Italia! The future

A. I verbi al futuro. Parte prima. camminare: camminerò, camminerai, cammineremo, camminerete, cammineranno; **perdere** (*to lose*): perderò, perderai, perderà, perderete, perderanno; **dimagrire** (*to lose weight*): dimagrirò, dimagrirai, dimagrirà, dimagriremo, dimagrirete; **ammalarsi** (*to get sick*): ti ammalerai, si ammalerà, ci ammaleremo, vi ammalerete, si ammaleranno; **andare** (*to go*): andrai, andrà, andremo, andrete, andranno; **avere** (*to have*): avrò, avrai, avrà, avremo, avranno; **essere** (*to be*): sarò, sarai, saremo, sarete, saranno; **mangiare** (*to eat*)**:** mangerò, mangerà, mangeremo, mangerete, mangeranno; **pagare:** pagherò, pagherai, pagherà, pagheremo, pagherete **Parte seconda.** 1. io 2. noi 3. loro 4. lei/lui/Lei 5. tu 6. voi 7. lei/lui/Lei 8. lei/lui/Lei 9. tu **B. Che verbo è? Parte prima.** 1. essere 2. cercare 3. sapere 4. rimanere 5. vedere 6. prendere 7. lavorare 8. cominciare **C. Che farai l'estate prossima? Parte prima.** 1. visiteremo 2. Andremo 3. vedremo 4. andremo 5. farò 6. dovremo 7. dormiremo 8. farà 9. usciremo 10. andremo 11. riusciremo **Parte seconda.** 1. Vedranno la Statua della Libertà, molti musei e un musical. 2. Conoscono lo zio e le cugine di Andrea. 3. Dormiranno a casa dello zio di Andrea. 4. Andranno al mare perché farà caldo. 5. Andranno con le cugine di Andrea. **D. Che cosa farà la famiglia di Paola il prossimo inverno?** 1. mangerà 2. faremo 3. vi ammalerete 4. giocheranno 5. mi manterrò **E. Che farà Vittoria? Parte seconda.** 1. Vittoria cercherà lavoro. 2. Vittoria vivrà vicino al mare. 3. Vittoria farà ricerca sull'inquinamento marino. 4. Vittoria aiuterà a pulire le spiagge. **F. Come sarà la mia vita? Parte seconda.** *Answers will vary but may include:* 2. Avrà tre bambini. 3. Troverà un bel lavoro in una grande città. 4. Diventerà molto ricca e farà sempre shopping. 5. Si sposerà con un bell'uomo.

10.3 Se domani farà bel tempo... Hypotheticals of probability

A. Se andrai in palestra... 1. c, d, e 2. f 3. d, e 4. a 5. b 6. c, d, e **C. Quante scelte! Parte prima.** *Answers will vary.* **Parte seconda.** *Answers will vary.*

Cultura

Ascoltiamo!

A. Come finisce? 1. tifosi 2. agonistico 3. rosa 4. emblema 5. nove

Leggiamo!

Identifying types of texts. Parte prima. 1. c 2. b 3. a **Parte seconda.** 1–4: *All answers are correct.*

In Italia, Culture a confronto, Un po' di cultura e Regioni d'Italia

1. falso; più 2. vero 3. falso; Leonardo da Vinci 4. vero 5. falso; più
6. falso; meno

Capitolo 11

Strategie di comunicazione

A. Niente di niente! 1. Non ho capito niente! 2. non era niente di speciale 3. non c'è niente da mangiare! **B. Ti dispiace... ? / Le dispiace... ?** 1. c 2. a 3. b

Pronuncia

La lunghezza delle consonanti Length contrast with consonants

Dettato. Parte prima. 1. sette 2. avvocati 3. impiegate 4. soccorso 5. architetto 6. scusa 7. prossimo 8. immediatamente 9. ossi 10. bocca **Parte seconda.** 1. immondizia 2. freddo 3. solito 4. fretta 5. purtroppo 6. ginocchio 7. gamba 8. scrittori 9. Anna 10. dito

Lessico

Vieni a casa mia Describing Italian houses and furniture

A. A che cosa serve? 1. b 2. a 3. b 4. a 5. b 6. b 7. a 8. b **B. Le stanze.** 1. g 2. c 3. f 4. d 5. e 6. b 7. a **D. In quale stanza si trovano?** 1. la poltrona 2. il televisore 3. il frigorifero 4. il forno 5. l'armadio 6. il letto 7. la vasca 8. la doccia **E. Dove sono?** *Answers will vary but may include:* 1. La lavastoviglie è accanto al lavandino. 2. Il lavandino è accanto alla cucina. 3. La cucina è sotto il forno a microonde. 4. Il tavolo è a sinistra della sedia. 5. La sedia è a destra del tavolo. **F. Qual è la camera di**

Francesco? **Parte seconda. Nella camera a:** 1. Ci sono due sedie.   2. C'è un tappeto.   3. C'è un televisore.
4. Ci sono due quadri.   **G. Tocca a te!** *Answers will vary.*

Strutture

11.1 Eccoci!   Object pronouns

A. Diretto o indiretto? 1. diretto   2. indiretto   3. diretto   4. diretto   5. indiretto   6. diretto   7. indiretto
8. indiretto   **B. In altre parole.** 1. a   2. a   3. b   4. b   5. b   6. a   7. a   8. b   **D. Una frase più semplice.**
Parte prima. 1. Lo vogliamo mangiare stasera. / Vogliamo mangiarlo stasera.   2. Gli vuole dire dove si
incontreranno. / Vuole dirgli dove si incontreranno.   3. La guardano insieme ogni sera.   4. Gli vuole
molto bene.   5. Li farà lunedì mattina.   6. Le telefona una volta al mese.   7. Le compreremo il mese
prossimo.   **Parte seconda.** 1. Le   2. le   3. L'   4. Lo   5. gli   6. Le   7. Li   8. la

11.2 Invitiamo tutti alla festa!   Indefinite pronouns

A. Scegli il pronome giusto! 1. a   2. b   3. a   4. b   5. b   6. a   7. a   8. b   **B. Soggetto o complemento?**
Parte prima. 1. qualcuno; complemento   2. tutti; soggetto   3. qualcosa; soggetto   4. tutto; complemento
5. tutto; complemento   **D. Tutti i giorni la stessa cosa...** 1. Tutte   2. tutti   3. tutta   4. tutto   5. tutti
6. tutta   7. tutto   **E. Tocca a te!** *Answers will vary.*

11.3 Conosco una persona che parla tre lingue!   The relative pronoun che

A. Quale casa vogliamo? 1. c   2. e   3. f   4. a   5. d   6. g   7. b   **C. La cosa che... Parte prima.** 1. e   2. c
3. a   4. g   5. d   6. f   7. b   **Parte seconda.** *Answers will vary.* **D. Tu che ne dici?** *Answers will vary.*

Cultura

Leggiamo!

Anteprima. *All answers are correct.*   **A. Quale informazioni hai trovato?** 1, 2, 4, 6, 7, 9   **B. Dici a me?**
1. tutti e due   2. la persona anziana   3. tutti e due   4. lo studente   5. lo studente   6. tutti e due

In Italia, Culture a confronto, Un po' di cultura e Regioni d'Italia

1. vero   2. falso; Pochi   3. falso; Murano   4. vero   5. vero   6. falso; alti

Capitolo 12

Strategie di comunicazione

A. Secondo te... / Secondo Lei... 1. a   2. b   3. a   4. b   5. b   **B. Quale secolo?** 1. d   2. e   3. c   4. a   5. b

Pronuncia

Come si scrive?   Spelling words using names of famous cities

Come si scrive? Parte prima. 1. Memmolo   2. Vecchietti   3. Dirienzo   4. Antinone   5. Dibaggio
6. Urbani   7. Saffo

Lessico

La città e il paese di provincia   Talking about Italian cities and towns

A. La casa di Enrico e Patrizia. 1. metropoli   2. paese   3. caotico   4. banche   5. quartiere   6. verde
7. costose   8. rumore   **C. I pro e i contro di città e paesi. Centro urbano:** 1. a   2. f   3. g   4. h   5. j;
Paese di provincia: 6. b   7. c   8. d   9. e   10. i   **E. La frase nascosta.** 1. panificio   2. tabaccaio   3. moderno
4. libreria   5. trasporto   6. abitanti   7. posta   8. religioso   9. ufficio postale   10. monumenti
11. divertente   12. caotico   13. stressante   14. urbano   15. tranquillità; Mi piace vivere in città.   **F. Tocca**
a te! *Answers will vary.*

Strutture

12.1 Chi fu? The past absolute

A. Che forma è? Parte prima. 1. noi 2. tu 3. loro 4. lui/lei 5. io 6. voi 7. tu 8. io 9. loro 10. lui/lei **Parte seconda.** 1. andare 2. parlare 3. lavare 4. vedere 5. frequentare 6. aprire 7. essere 8. avere 9. partire 10. ballare **B. La forma giusta.** 1. c 2. a 3. b 4. a 5. a 6. b 7. a 8. b **C. Al passato prossimo...** 1. ha preso 2. ha lavorato 3. hanno avuto 4. è arrivato/a 5. hanno cambiato 6. è morto/a 7. sono usciti/e 8. hanno accettato 9. ha offerto 10. sono entrati/e **D. Qual è il verbo? Parte prima.** 1. fece 2. costruirono 3. andarono 4. nacque 5. scrisse 6. vinse 7. dipinse **Parte seconda.** 1. ha fatto 2. hanno costruito 3. sono andati 4. è nato 5. ha scritto 6. ha vinto 7. ha dipinto **E. Giuseppe dimenticò tutto! Parte prima.** 1. domandò, ha domandato 2. uscì, è uscito 3. arrivò, è arrivato 4. decise, ha deciso 5. comprò, ha comprato 6. andò, è andato 7. vide, ha visto 8. iniziarono, hanno iniziato 9. andò, è andato 10. comprò, ha comprato 11. tornò, è tornato 12. disse, ha detto 13. rispose, ha risposto 14. si arrabbiò, si è arrabbiato 15. andò, è andato **Parte seconda.** 1. falso; Il padre disse a Giuseppe di comprare il pesce. 2. falso; Giuseppe andò in edicola e in panificio. 3. vero 4. vero 5. vero

12.2 Chi fu? Com'era? The past absolute versus the imperfect

A. Il sogno di Arianna. Parte prima. I verbi al passato remoto: iniziò, Chiuse, riaprì, sentì, entrarono, dissero, chiesero, si svegliò; **I verbi all'imperfetto:** C'era, amava, aveva, leggeva, era, parlavano, Era **Parte seconda.** 1. iniziare 2. chiudere 3. riaprire 4. sentire 5. entrare 6. dire 7. chiedere 8. svegliarsi **B. L'imperfetto e il passato remoto. Parte prima.** 1. era 2. viveva 3. guardavano 4. lavorava 5. aveva 6. parlava 7. sapeva **Parte seconda.** 2. ha scritto 3. ha dimenticato 4. ha finito 5. ha conosciuto 6. è nato 7. ha detto

12.3 Dove si vive meglio? The irregular comparative

A. Aggettivo o avverbio? 1. migliore 2. peggio 3. meglio 4. migliori 5. peggiori 6. migliore 7. peggiori 8. peggio **B. Le opinioni di Silvia e Matteo. Parte prima.** 1. peggio 2. peggiori 3. meglio 4. migliori 5. meglio **C. Singolare o plurale?** 1. -e 2. -e 3. -i 4. -i 5. -e 6. -e 7. -i **D. Che ne pensi? Parte prima.** 1. L'acqua minerale frizzante è migliore/peggiore dell'acqua minerale naturale. 2. Gli occhiali sono migliori/peggiori delle lenti a contatto. 3. Il lavoro è migliore/peggiore delle vacanze.

12.4 A Silvia piacciono le scarpe More about the verb piacere

B. A chi piace? 1. a 2. b 3. a 4. b 5. a 6. b 7. b **C. A chi piacciono?** 1. gli 2. le 3. gli 4. le 5. gli 6. gli **D. Mi piace...** 1. Ai bambini piacciono i dolci. 2. A mio fratello piace la letteratura. 3. A Sandra e Michela piacciono i film. 4. A Claudia piace la pasta. 5. A Gianni e Marcella piacciono le macchine sportive. 6. Alla mia amica Daria piace l'arte. **E. Gli piace...** 1. Gli 2. Le 3. Gli 4. Gli 5. Gli 6. Le **F. Cosa piace a Federico? Parte seconda.** *Possible answers:* romantico, sportivo, energico, intelligente, simpatico, socievole **G. Cosa gli piace?** *Answers will vary but may include:* 1. Ad Alessia piace la pizza. 2. A Marco piace la frutta. 3. Allo zio piace dipingere. 4. Ad Alessia e Marina piace nuotare. 5. Alla nonna piace guardare la TV.

Cultura

Ascoltiamo!

A. Come finisce? 1. fertili 2. mite 3. al trasporto delle merci 4. la difesa 5. la fondazione

Leggiamo!

A. Identifying text type. 2 **B. Identifying the topic sentence.** 2 **C. Predicting information.** *All answers are correct except for 4, 7.* **Quali informazioni hai trovato?** 1. a 2. a 3. a 4. a 5. a 6. b 7. c

In Italia, Culture a confronto, Un po' di cultura e Regioni d'Italia

1. vero 2. falso; tabaccheria 3. vero 4. vero 5. vero 6. falso; Venezia

Capitolo 13

Strategie di comunicazione

A. Suggerimento o desiderio? 1. b   2. a   3. b   4. a   5. b   **B. Come finisce la frase?** 1. c   2. e   3. b   4. a   5. d

Pronuncia

Le lettere *qu*   Pronunciation of the sound [kw]

Dettato. 1. quattro   2. liquidi   3. quindici   4. cinque   5. acquisti   6. quelli   7. acquarello   8. doposcuola   9. cinquanta   10. frequentare

Lessico

Dove vai in vacanza?   Talking about vacations

B. Che fai quest'anno? 1. g   2. i   3. b   4. h   5. a   6. e   7. c   8. d   9. f   **C. Il lago nascosto.**
1. godersi   2. lamentarsi   3. noleggiare   4. partire   5. prenotare   6. organizzare   7. riposarsi; (il lago di) Como   **D. Quale località è? Parte seconda.** *Answers will vary.*
E. Come hanno passato le vacanze? *Answers will vary but may include:* 1. Vera ha preso il sole sul lettino; Renata ha giocato sotto l'ombrellone.   2. Riccardo e Mauro hanno fatto rock climbing. / sono andati in montagna.   3. Rosa e Alfredo sono andati in barca su un'isola / un'isoletta.   4. I signori Colantonio hanno partecipato a una gita organizzata in pullman.

Strutture

13.1 Vorrei andare in Italia   The present conditional

A. I verbi al condizionale. Parte prima. organizzare (*to organize*): organizzeresti, organizzerebbe, organizzeremmo, organizzereste, organizzerebbero; **decidere** (*to decide*): deciderei, decideresti, deciderebbe, decideremmo, deciderebbero; **finire:** finirei, finirebbe, finiremmo, finireste, finirebbero; **rilassarsi** (*to relax*): mi rilasserei, ti rilasseresti, ci rilasseremmo, vi rilassereste, si rilasserebbero; **essere** (*to be*): sarei, saresti, sarebbe, sareste, sarebbero; **fare** (*to do, to make*): farei, faresti, farebbe, faremmo, fareste; **dovere** (*to have to, must*): dovrei, dovrebbe, dovremmo, dovreste, dovrebbero; **noleggiare:** noleggerei, noleggeresti, noleggerebbe, noleggeremmo, noleggerebbero; **dimenticare** (*to forget*): dimenticheresti, dimenticherebbe, dimenticheremmo, dimentichereste, dimenticherebbero **Parte seconda.** 1. noi   2. io   3. tu   4. tu   5. lui, lei, Lei   6. voi   7. voi   8. noi   9. loro   **B. Cosa farebbero?** 1. a   2. b   3. b   4. c   **C. Cosa vorresti fare? Parte prima.** 1. vorresti   2. piacerebbe   3. vorrebbe   4. dovrei   5. Vorrei   6. Potrei   7. costerebbe   **Parte seconda.** 1. Vorrebbe affittare una casa in Sardegna.   2. Deve risparmiare soldi e ha un paio di esami da preparare.   3. Potrebbe andare dagli zii in Calabria.   4. No, non hanno deciso che cosa faranno per le vacanze.   **D. Il verbo giusto.** 1. sarebbe   2. potrebbero   3. andrebbe   4. Studierei   5. smettereste   6. cambierebbero   7. prenoteremmo   8. Dovresti   **E. Cosa dovrebbe fare Cinzia?** *Answers will vary but may include:* 1. Dovrebbe telefonare a Gianna.   2. Dovrebbe comprare un vestito nuovo.   3. Dovrebbe fare l'esame anche se non si sente bene.   4. Dovrebbe prendere l'aereo.   5. Dovrebbe ordinare delle pizze.   6. Dovrebbe dire a Stefano che non vuole più uscire con lui.   **G. Tocca a te!** *Answers will vary.*

13.2 Dimmi tutto!   The informal imperative

A. Che cosa dicono? 1. c   2. e   3. f   4. a   5. b   6. g   7. d   **C. In cucina!** a. 4, Montate;   b. 7, Spolverate;   c. 3, Mescolate;   d. 2, Aggiungete;   e. 6, Bagnate   g. 5 Incorporate   **D. Ti dispiacerebbe... ?** 1. guidare più lentamente   2. pulire la tua camera   3. farmi un favore   4. giocare con tua sorella   5. preparare la cena stasera   6. telefonarmi domani   **E. Dai, vieni!** 1. venite   2. parlare   3. apri   4. Girate   5. fai/fa'   6. Stai/Sta'   7. dammi   8. mangiare   **F. Cosa gli dice?** *Answers will vary but may include:* 1. Mangia gli spinaci!   2. Uscite con noi!   3. Dammi/Ridammi il libro d'italiano.   4. Prendi i soldi!   5. Lava la macchina!   6. Ascoltate!

13.3 Mi dica! The formal imperative

A. Dove vanno gli imperativi? formale: 1. Chiuda la finestra! 2. Finisca subito! 3. Mi dica! 4. Parli, per favore! 5. Si accomodi!; **informale:** 1. Apri la porta! 2. Bevi l'acqua! 3. Dammi la valigia! 4. Mangia! 5. Vai a casa! **B. Situazioni diverse.** 1. b 2. a 3. b 4. a 5. b 6. b 7. a **C. Formale o informale?** 1. a. 2. b. 3. a. 4. a. 5. b. **E. Dall'informale al formale.** 1. Ripeta il Suo nome. 2. Legga questo. 3. Mi ascolti, per favore. 4. Parli piano. 5. Vada diritto, poi a destra. **F. All'imperativo.** 1. Mi dia il Suo numero di telefono. 2. Mi dica qual è il problema. 3. Metta la Sua firma. 4. Aspetti qui per una quindicina di minuti. 5. Mi organizzi un viaggio in Inghilterra per quest'estate.

Cultura

Ascoltiamo!

A. Come finisce? 1. un mese 2. quattro 3. agosto 4. affollatissimi 5. al mare

Leggiamo!

A. Quale luogo? A. 1. Albergo Serena 2. Albergo Serena 3. Agriturismo Sammichele 4. Agriturismo Sammichele 5. Albergo Serena **B. Riesci a identificare il pubblico? Parte prima.** 1. Agriturismo Sammichele 2. Agriturismo Sammichele 3. Albergo Serena 4. Albergo Serena 5. Agriturismo Sammichele **Parte seconda.** *Answers will vary but may include:* 1. parco giochi per i più piccoli / ideale per tutte le età 2. campi da tennis / equitazione 3. tanto verde per le vostre passeggiate 4. ginnastica riabilitativa sotto l'occhio attento dei nostri terapisti / tre grandi piscine a diverse temperature 5. ottima cucina romagnola

In Italia, Culture a confronto, Un po' di cultura e Regioni d'Italia

1. falso; Nord 2. vero 3. vero 4. falso; Eolie 5. vero 6. vero

Capitolo 14

Strategie di comunicazione

A. Cosa si fa? / Come si fa? 1. c 2. d 3. e 4. f 5. b **B. Qual è l'ordine giusto? Question 1:** a. 5 b. 2 c. 1 d. 3 e. 4 **Question 2:** a. 1 b. 5 c. 2 d. 3 e. 4

Pronuncia

Le lettere *r* e *rr* Pronunciation of the sounds [r] and [rr]

Dettato. 1. rosso 2. carriera 3. corsi 4. arrivederci 5. cameriera 6. dire 7. arrivare 8. Rimini 9. corrono 10. marrone

Lessico

La società italiana oggi Talking about Italian society today

A. I problemi sociali. 2, 3, 6, 9, 10 **B. Le coppie di contrari.** 1. a, f 2. b, h 3. c, l 4. d, o 5. e, g 6. i, k 7. j, m 8. n, p **C. I titoli di giornale. Parte prima.** 1. c 2. e 3. b 4. f 5. a 6. d **E. La società moderna.** 1. tasso 2. età 3. disoccupati 4. noia 5. tasse 6. emigra 7. solitudine 8. problema **F. Criptogramma.** 1. povertà 2. immigrati 3. sposarsi 4. vecchiaia 5. nascita 6. prezzi 7. cittadini 8. pace; amicizia

Strutture

14.1 Si può? Si + verb

A. Singolare o plurale? 1. si studiano 2. si trovano 3. si cena 4. si va 5. si fanno 6. Si gioca 7. si mangiano **D. Quale verbo si usa?** 1. si leggono 2. si conoscono 3. si esce 4. si vota 5. si va 6. si fa   7. si cambia   8. si mettono.   **E. Tante cose!** *Answers will vary but may include:* 1. Si fa la torta.   2. Si studia.   3. Si va al mare.   4. Si fa il sugo.   5. Si fa trekking.   6. Si scrive.   **F. Cosa si fa?** *Answers will vary but may include:* 1. Si va in montagna.   2. Si compra un regalo.   3. Si pranza all'una.   4. Si va al mare.   5. Si studia molto.   6. Si lavora molto.   **G. La società.** 1. d   2. e   3. g   4. a   5. b   6. f   7. c

14.2 Penso che sia giusto così   The present subjunctive

A. Le forme giuste. Parte prima. studiare (*to study*): studi, studi, studiamo, studiate, studino; **leggere:** legga, legga, legga, leggiamo, leggiate; **aprire** (*to open*): apra, apra, apra, apriate, aprano; **pulire** (*to clean*): pulisca, pulisca, puliamo, puliate, puliscano; **avere** (*to have*): abbia, abbia, abbia, abbiamo, abbiano; **essere** (*to be*): sia, sia, siamo, siate, siano; **fare** (*to do, to make*): faccia, faccia, faccia, facciamo, facciate; **noleggiare** (*to rent*): noleggi, noleggi, noleggiamo, noleggiate, noleggino; **uscire** (*to go out*): esca, esca, usciamo, usciate, escano **Parte seconda.** 1. loro   2. io, tu, lui, lei, Lei   3. io, tu, lui, lei, Lei   4. io, tu, lui, lei, Lei   5. noi, 6. voi   7. loro   8. voi   9. loro   **B. Che ne pensi?** 1. b   2. a   3. a   4. b   5. a   6. a   **D. I verbi giusti.** 1. si ammali   2. si lamentino   3. sia   4. prenoti   5. organizzino   6. cresca   7. creda   **E. Penso che...** **Parte prima.** 1. escano   2. so   3. vadano   4. inizi   5. Hanno   6. Usciamo   **Parte seconda. congiuntivo:** escano, vadano, inizi; **indicativo:** so, Hanno, Usciamo   **F. Credo che...** *Answers will vary.*

14.3 È bello che tu impari l'italiano   Verbs and expressions followed by the subjunctive

A. Ma che fa Sandro? Parte prima. 1. b   2. f   3. d   4. c   5. d   6. a   7. e   **Parte seconda.** 1. Tra un mese Sandro sarà disoccupato.   **B. Ascolta bene! Parte prima.** 1. Credo che   2. Pare che   3. Dubito che   4. È importante che   5. È possibile che   **Parte seconda.** 1. arrivi   2. prenoti   3. vada   4. sognino   5. si godano   **C. Che ne dici tu?** *Answers will vary but may include:* 1. Sembra che...   2. Penso che...   3. Spero che...   4. Pare che...   5. Mi sembra che...   6. È possibile che...   7. Credo che...   **D. Non lo voglio fare!** *Answers will vary.* **E. Tocca a te! Parte prima.** 1. c   2. e   3. b   4. d   5. a   **Parte seconda.** *Answers will vary.*

Cultura

Ascoltiamo!

A. Come finisce? 1. anziani   2. immigrazione   3. a sessantacinque   4. la terza   5. aumentare

Leggiamo!

A. Hai capito? 1. b   2. *All answers are correct.*   **B. La risposta di Andrea.** 1. a   2. b   3. a

In Italia, Culture a confronto, Un po' di cultura e Regioni d'Italia

1. falso; giornali / quotidiani   2. falso; salute   3. falso; alto   4. vero   5. falso; repubblica 6. falso; Chigi

Capitolo 15

Strategie di comunicazione

A. Sai/Sa? 1. c   2. e   3. d   4. a   5. b   **B. Quale dialetto si parla?** 1. a   2. b   3. c   4. a   5. c

Pronuncia

Dittonghi e trittonghi   Diphthongs and triphthongs

Dettato. 1. grazie   2. bei   3. più   4. tuoi   5. hai   6. vuole   7. aiutare   8. puoi   9. fai   10. Siena

Lessico

Le lingue d'Italia   The languages of Italy

A. Vero o falso? 1. falso   2. vero   3. falso   4. falso   5. vero   6. falso   7. vero   **C. Un po' di geografia.**
Italia Settentrionale: Milano, Verona, Torino; **Italia Centrale:** Firenze, Roma, Perugia; **Italia Meridionale:**
Lecce, Napoli, Palermo   **E. L'anello di fidanzamento.** 1. ho litigato / ho discusso   2. ha fatto   3. hai
risposto   4. discutere/litigare   5. sentire   **F. Perché mi piace? Parte seconda.** 1. Non mi piace Stella perché
non è divertente e non ha mai voglia di scherzare.   2. Non mi piace Stella perché non racconta
barzellette.   3. Non mi piace Stella perché, quando discute di politica, si arrabbia sempre.   4. Non mi
piace Stella perché parla sempre male di tutti.   5. Non mi piace Stella perché litiga sempre con gli amici e
non parla con nessuno.   6. Non mi piace Stella perché non chiacchiera per ore al telefono.   **G. Tocca a te!**
Answers will vary.

Strutture

15.1 Penso che sia andata in vacanza   The past subjunctive

A. Le forme giuste. Parte prima. avere: abbia avuto, abbia avuto, abbia avuto, abbiamo avuto, abbiano
avuto; **essere** (*to be*): sia stato/a, sia stato/a, siamo stati/e, siate stati/e, siano stati/e; **andare** (*to go*): sia
andato/a, sia andato/a, siamo andati/e, siate andati/e, siano andati/e; **leggere:** abbia letto, abbia letto, abbia
letto, abbiamo letto, abbiano letto; **raccontare** (*to tell*): abbia raccontato, abbia raccontato, abbiamo
raccontato, abbiate raccontato, abbiano raccontato; **nascere** (*to be born*): sia nato/a, sia nato/a, siamo nati/e,
siate nati/e, siano nati/e; **alzarsi** (*to get up*): mi sia alzato/a, ti sia alzato/a, si sia alzato/a, ci siamo alzati/e,
vi siate alzati/e **Parte seconda.** 1. loro   2. voi   3. noi   4. loro   5. voi   6. io/tu/lui/lei/Lei   7. lui /Lei
8. io/tu/lui/lei/Lei   9. noi   **B. *Avere o essere? Parte prima.*** 1. siano   2. abbia   3. abbiano   4. sia
5. abbiate   6. abbia   **Parte seconda.** 1. abbia   2. sia   3. abbiano   4. abbia   5. siano   6. abbia   **C. Il**
verbo giusto. 1. abbia prenotato   2. sia nata   3. sia andato   4. abbia cucinato   5. abbia fatto   6. si sia
sposata   7. sia arrivato   8. abbia risparmiato   **D. Che cosa ha fatto Marco veramente?** 1. abbia
studiato   2. si sia alzato   3. abbia fatto   4. abbia mangiato   5. sia andato   6. abbia pulito   **E. Tocca a te!**
Answers will vary.

15.2 Sono sicura che è partita per le vacanze   The subjunctive versus the indicative

A. Congiuntivo o indicativo? 1. congiuntivo   2. indicativo   3. indicativo   4. congiuntivo   5. indicativo
6. congiuntivo   7. congiuntivo   8. indicativo   **B. Qual è il verbo giusto?** 1. è   2. comprino
3. continui   4. piace   5. passi   6. abbia   7. studia   8. guadagna   **D. L'espressione giusta.** 1. È chiaro
che   2. Temiamo che   3. È ovvio che   4. Spero che   5. È essenziale che   6. Si sa che   7. Credo che
E. Problemi in città. 1. congiuntivo; sia   2. indicativo; sono   3. congiuntivo; risparmino   4. congiuntivo;
aumenti   5. indicativo; si lamentano   6. congiuntivo; diventino   7. indicativo; si trasferiscono   **F. Tocca a**
te! *Answers will vary but will take the indicative or subjunctive as indicated:* 1. indicativo   2. congiuntivo
3. congiuntivo   4. indicativo   5. congiuntivo   6. indicativo

15.3 Se vincessi un viaggio...   Hypotheticals of possibility

A. Se avessi € 100.000... 1. e   2. g   3. a   4. d   5. b   6. c   7. f   **C. Le coniugazioni.** 1. -ssi, -ei   2. -sse,
-ebbe   3. -ssi, -ebbero   4. -sse, -ebbero   5. -e, -ebbe   6. -sse, -ebbe   7. -ssi, -ei   **D. Che farebbe Giulio?**
Parte prima. 1. andasse   2. potrebbe   3. Potrebbe   4. Potrebbe   5. vorrebbe   6. risparmiasse
7. sarebbe   8. regalassi   9. pagassi   10. capirebbe   **Parte seconda.** 1. Potrebbe insegnare l'italiano.
2. Potrebbe vivere con i suoi amici e lavorare con loro al ristorante.   3. Dovrebbe risparmiare   4. Vuole
partire subito dopo l'università.   5. Vorrebbe regalargli il biglietto aereo.
E. Cosa farebbe Eleonora? Parte prima. *Answers will vary.* **Parte seconda.** *Answers will vary.*

Cultura

Ascoltiamo!

A. Come finisce? 1. romanze   2. parlato   3. fiorentino   4. l'unificazione   5. nel Nord-Est

Leggiamo!

Hai capito? 1. c   2. b   3. c   4. a   5. b

In Italia, Culture a confronto, Un po' di cultura e Regioni d'Italia

1. falso; tre   2. vero   3. vero   4. vero   5. vero   6. falso; accettare

Capitolo 16

Strategie di comunicazione

A. È un buon consiglio? 1. c   2. b   3. e   4. a   5. d

Lessico

I personaggi storici   Talking about historical people and events

A. Doppio puzzle. Parte prima. a. Giuseppe Garibaldi   b. Dante Alighieri   c. Alessandro Volta   d. Alessandro Manzoni   e. Guglielmo Marconi   f. San Francesco   g. Enrico Fermi   h. Leonardo da Vinci   i. Galileo Galilei; Cristoforo Colombo   **Parte seconda.** 1. b   2. c   3. f   4. e   5. i   6. a   7. h   8. g   9. d   **B. Le associazioni di idee.** a. la poesia, il romanzo, scrivere, il sonetto   b. comporre, i musicisti, l'orchestra, il teatro   c. l'affresco, *l'ultima cena*, il quadro, dipingere   d. i rappresentanti, la senatrice, la deputata, la politica   **D. La professione nascosta.** 1. S   2. C   3. I   4. E   5. N   6. Z   7. I   8. A   9. T   10. I; scienziati   **E. Donne italiane famose.** 1. fu   2. scrisse/pubblicò   3. fecero   4. si laureò   5. ebbe   6. pubblicò/scrisse   **F. Tocca a te!** *Answers will vary.*

Strutture

🔄 **Torniamo all'inizio!**   The infinitive and present indicative

A. Le desinenze giuste. 1. -ano, -iscono   2. -a, -e   3. -ano   4. -ate, -ite   5. -o, -a   6. -e, -i   **B. I verbi al presente.** 1. affittano   2. ci trasferiamo   3. risparmiano   4. chiacchierano   5. si lamentano   6. cresce, cercano   **C. La vita di Giuseppe. Parte prima.** 1. è   2. si laurea   3. deve   4. discutono   5. litigano   6. vuole   7. vivere   8. fare   **Parte seconda.** 1. Perché la sua ragazza studia ancora all'università.   2. Perché il tasso di disoccupazione sta aumentando.   3. Non vuole che Giuseppe vada a vivere in un'altra città.   4. *Answers will vary.*   **D. Tocca a te!** *Answers will vary.*

🔄 **L'abbiamo già studiato!**   The present perfect

A. Ha senso? 1. d   2. f   3. e   4. g   5. a   6. b   7. h   8. c   **C. *Essere* o *avere*? Parte prima.** **essere:** andare, arrabbiarsi, nascere, rimanere, rompersi; **avere:** dimenticare, governare, noleggiare, organizzare, scherzare   **Parte seconda.** 1. è nata   2. si è rotto   3. sono andati   4. ha dimenticato   5. siamo rimasti   6. vi siete arrabbiati/e   7. ha organizzato   8. hanno noleggiato.   **D. Chi fu Gaspara Stampa? Parte prima.** nacque, si trasferirono, iniziarono, frequentarono, ebbe, scrisse, morì, furono   **Parte seconda.** 1. nacque, è nata   2. si trasferirono, si sono trasferiti   3. iniziarono, hanno iniziato   4. frequentarono, hanno frequentato   5. ebbe, ha avuto   6. scrisse, ha scritto   7. morì, è morta   8. furono, sono state   **E. Mario e Luisa. Parte prima.** **avere:** hanno incontrato, hanno preso, hanno cercato, ha dormito, ha guardato; **essere:** sono usciti, sono andati   **Parte seconda.** 1. Sono usciti di casa alle 6.30.   2. Sono andati in un bar.   3. Hanno incontrato i loro amici Giacomo e Lisa.   4. Ha dormito.   5. Ha guardato tutto.   **F. Tocca a te!** *Answers will vary.*

🔄 **Era così bello!**   The imperfect

A. Che facevano? Parte prima. 1. b   2. e   3. f   4. a   5. c   6. d   **Parte seconda.** *Answers will vary but may include:* 2. Io ero sempre ammalato/a.   3. Giuseppina era molto generosa.   4. Tu eri molto studioso/a.

5. Io e Diego eravamo molto divertenti.   6. Stefano e Gabriele erano molto sportivi.
B. Perché è all'imperfetto? 1. b   2. d   3. c   4. a   5. c   6. a   **C. Il verbo giusto.** 1. era, lavorava
2. andava, affittavano   3. emigravano   4. voleva, si arrabbiava   5. prendevamo   6. dava   7. faceva,
guardava   **E. L'imperfetto o il passato prossimo?** 1. passato prossimo; hanno cambiato   2. imperfetto;
facevate   3. imperfetto; Erano   4. passato prossimo; è andata   5. imperfetto; Nevicava   6. imperfetto;
avevamo   7. passato prossimo; si sono licenziate   8. imperfetto; era   **F. La storia di Valeria. Parte prima.**
1. era   2. aveva   3. era   4. aveva   5. giocava   6. si interessava   7. suonava   8. ha cominciato   9. si
sentiva   10. conosceva   11. correva   12. ha visto   13. giocavano   14. si è fermata   15. hanno chiesto
16. voleva   17. Faceva   18. hanno giocato   19. si sono divertite   **Parte seconda.** *Answers will vary*

Lo vedo e gli parlo   Object pronouns

A. Complemento diretto o indiretto? 1. complemento diretto   2. complemento indiretto   3. complemento
diretto   4. complemento indiretto   5. complemento diretto   6. complemento diretto   7. complemento
indiretto   8. complemento indiretto   **B. Di chi parla?** 1. ti = Roberta; l' = una sciarpa di lana   2. li =
Michele e Roberta   3. lo = il vino   4. la = Alice   5. le = delle bellissime gonne   **C. In altre parole.**
1. b   2. a   3. a   4. b   5. b   6. a   7. a   **F. Rispondi tu.** 1. Sì, li lascio da mia madre questo weekend. /
No, non li lascio da mia madre questo weekend.   2. Sì, le do gli orecchini per il suo compleanno. / No,
non le do gli orecchini per il suo compleanno.   3. Sì, gli compro un regalo. / No, non gli compro un
regalo.   4. Sì, lo vogliamo prendere (per andare) in campagna. / No, non lo vogliamo prendere (per andare
in campagna).   5. La (L') affitto per un anno / due anni.   6. Gli scrivo un'e-mail oggi/domani.   7. Sì, le
leggo quando viaggio. / No, non le leggo quando viaggio.

Cultura

Ascoltiamo!

A. Quale movimento? 1. d   2. e   3. b   4. c   5. a

Leggiamo!

A. Identifying the audience. b   **B. Identifying the author's purpose and point of view.**   **C. Using visuals.**
1. e   2. a   3. b   4. g   5. d   6. f   7. c   8. h   **In Italia, Culture a confronto, Un po' di cultura e Regioni
d'Italia** 1. vero   2. falso; elettrica   3. vero   4. falso; *Commedia*   5. falso; Michelangelo   6. falso; medicina

Per saperne di più

Capitolo 1

1.1 Gender

B. *Lui* o *lei*? 1. attore   2. studentessa   3. pittore   4. professoressa   5. dottore

1.3 Number

B. I plurali irregolari. 1. le crisi   2. le amiche   3. le tesi   4. i cinema   5. gli alberghi   6. le barche   7. le
targhe   8. i laghi   9. gli psicologi   **C. Come finisce?** 1. -ci   2. -chi   3. -ci   4. -chi   5. -chi   6. -ci   **D. La
forma giusta.** 1. baci   2. valigie   3. viaggi   4. figli   5. province   6. studi   7. bugie   8. spiagge   **E. Tutti
insieme.** 1. il programma   2. i medici   3. lo zio   4. gli orologi   5. l'arancia   6. le camicie   7. lo sci
8. gli uomini

Capitolo 2

2.1 Adjectives   Irregular plural adjectives

A. I plurali irregolari. Parte prima. 1. barche larghe   2. cani stanchi   3. ragazze simpatiche   4. amici italiani   5. vestiti larghi   **Parte seconda.** 1. professoresse simpatiche   2. gatti bianchi   3. amiche americane   4. zaini larghi   5. uomini simpatici   **B. Il singolare. Parte prima.** 1. un'amica bella   2. una via larga   3. un gioco nuovo   4. un bambino simpatico   5. un dialogo lungo   **Parte seconda.** 1. amico giovane   2. cane simpatico   3. libro lungo   4. porta bianca   5. macchina larga

The demonstrative pronouns *questo* and *quello*

B. *Questo e quello*. 1. Questa, quella   2. Questo, quello   3. Questo, quella   4. Queste, quelle   5. Questi, quelli   6. Queste, quelli

Other adjectives that precede the noun

A. È bello o buono? Parte prima. 1. un; un buon   2. una; una buona   3. un'; una buon'   4. un; un buon   **Parte seconda.** 1. il; il bel   2. la; la bella   3. l'; il bell'   4. lo; il bello   **B. *Bello e buono*.** 1. due buoni libri   2. una buon'amica   3. due buone birre   4. due buoni dizionari   5. una bella ragazza   6. due bei corsi   7. due begli sport   8. un bel/buon film

Capitolo 3

3.4 Irregular verbs   The verbs *rimanere* (to remain) and *scegliere* (to choose)

A. I verbi irregolari. venire (*to come*): vengo, vieni, viene, venite, vengono; **rimanere** (*to stay, to remain*): rimani, rimane, rimaniamo, rimanete, rimangono; **scegliere** (*to choose*): scelgo, scegli, sceglie, scegliamo, scegliete   **C. Quale verbo irregolare?** 1. vengono   2. Rimangono   3. sono   4. scegli   5. vai   6. Vado   7. venite   8. vai   9. ho   10. andiamo

Capitolo 4

Lessico   Suffixes

A. Tante parole! Parte prima. 1. naso; grande   2. ragazzo; cattivo   3. fratello; piccolo   4. esame; grande   5. sorella; piccolo   6. libro; cattivo   7. regalo; piccolo   8. donna; piccolo   **Parte seconda. cattivo/brutto:** 1. parolaccia   2. tempaccio; **grande:** 1. librone   2. macchinona   3. ragazzone; **piccolo/ caro:** 1. finestrina   2. manina   3. nasino   4. ragazzina   **B. Parole trasformate.** 1. -oni   2. -ina   3. -ino   4. -ina   5. -acci   6. -ine   **C. Trasformazioni.** 1. una macchinona   2. un regalino   3. una parolaccia   4. un esamino   5. il tempaccio   6. un fratellino

🌀 4.4 The comparative   Comparatives of inequality and equality

A. La parola giusta. 1. che   2. di   3. di   4. che   5. di   6. che   7. che   8. di   **B. *Di o che*?** 1. di   2. che   3. che   4. di   5. che   6. di   7. che   8. di   **D. Ma sei così bello!** 1. Antonio è più piccolo di Renato.   2. Un corso di storia è (così) interessante come un corso di filosofia. / Un corso di storia è (tanto) interessante quanto un corso di filosofia.   3. Un'italiana è meno stressata di un'americana.   4. Daniela è più magra di Giulia.   5. Gli hamburger sono (così) buoni come un piatto di pasta. / Gli hamburger sono (tanto) buoni quanto un piatto di pasta.   6. Una chitarra è meno grande di un pianoforte.   7. Mio padre è (così) simpatico come mio zio. / Mio padre è (tanto) simpatico quanto mio zio.

Capitolo 5

5.3 Prepositions The preposition *da*

A. Quale preposizione? 1. di 2. di 3. di 4. da 5. di 6. da 7. da 8. di **B. *Da o di?*** 1. di 2. da
3. dalla 4. di 5. del 6. di 7. da 8. dal

The pronoun *ci*

Mini-dialoghi. 1. ci 2. / 3. ci 4. / 5. / 6. C' 7. c'

Capitolo 6

6.4 Adverbs *Molto* and *poco*

A. Sei molto bravo! 1. pochi 2. molto 3. poco 4. molte 5. molto 6. pochi 7. molto 8. molto
B. Come si scrive? 1. -o 2. -o 3. -a 4. -o 5. -e 6. -o; -o 7. -o 8. -i

Buono/cattivo versus *bene/male*

A. Mangia bene! È buono! 1. bene; avverbio 2. buona; aggettivo 3. male; avverbio 4. cattivo;
aggettivo 5. bene; avverbio 6. cattiva; aggettivo 7. male; avverbio 8. buona; aggettivo **B. Scrivi il
contrario.** 1. poche 2. male 3. cattiva 4. bene 5. molti 6. molto

Capitolo 7

The present perfect *Piacere*

A. Mi è piaciuto. Parte prima. 1. d 2. a 3. b 4. c 5. a 6. b 7. c 8. d **B. A Laura è piaciuto...** 1. A
Laura è piaciuto cantare. 2. A Mario è piaciuto studiare. 3. A Stefania e Gessica è piaciuto lavorare.
4. A Marco è piaciuto suonare. 5. A Carla è piaciuto scrivere. 6. A Luigi e Pietro è piaciuto fare un giro
in bici. **C. Ti è piaciuto?** 1. Sì, mi è piaciuto. (No, non mi è piaciuto.) 2. Sì, mi è piaciuta. (No, non mi è
piaciuta.) 3. Sì, mi sono piaciuti. (No, non mi sono piaciuti.) 4. Sì, mi è piaciuta. (No, non mi è
piaciuta.) 5. Sì, mi sono piaciute. (No, non mi sono piaciute.)

7.3 Negative expressions Other negative expressions

A. Gli esami. 1. non... ancora, niente 2. Non... né... né 3. Non... più 4. non... niente 5. Non...
mai **B. Tutto al negativo.** 1. Non ho mai telefonato a Emanuela. 2. Non abbiamo mangiato né gli
gnocchi né le lasagne. / Non abbiamo mangiato né le lasagne né gli gnocchi. 3. Filippo non ha mangiato
niente a pranzo. / A pranzo Filippo non ha mangiato niente. 4. La nonna non ha ancora preparato il
tiramisù. 5. Non hanno suonato né la chitarra né il pianoforte. / Non hanno suonato né il pianoforte né
la chitarra. **C. Non hai ancora finito?** 1. No, non ho studiato né italiano né matematica (questo
weekend). 2. No, Giacomo non ha mai lavato la macchina. 3. No, non abbiamo ancora fatto i compiti
per domani. 4. No, non devo più andare a comprare il pane per la nonna. 5. No, non siamo ancora
andati al mercato (oggi). 6. No, non hanno mangiato né la frutta né la verdura (oggi a pranzo). / No, non
hanno mangiato né la verdura né la frutta (oggi a pranzo).

Capitolo 8

The present perfect The present perfect of *dovere*, *potere*, and *volere*

A. Quale verbo metti? Parte prima. 1. b 2. a 3. a 4. b 5. a 6. b **Parte seconda.** 2. Ieri sera Marco
e Lorenzo sono dovuti partire alle 8.00. 3. Lunedì io e Gessica siamo voluti/e andare al bar prima di
tornare a casa. 4. A che ora hai potuto mangiare sabato sera? 5. Marco si è sentito male e giovedì non è
potuto uscire. 6. Io e Marta ieri sera abbiamo dovuto studiare a casa di Giacomo fino alle 11.00. **B. Dove
sei dovuto andare?** 1. è voluto 2. ho potuto, ho dovuto 3. siete potuti 4. ha voluto, siamo dovuti 5. è
potuta, ha dovuto 6. hai voluto 7. sono dovuti

Prepositions   The pronoun *ne*

A. Ne hai? 1. f   2. e   3. a   4. c   5. d   6. b   **C. Ne mangi?** 1. Sì, ne bevo. (No, non ne bevo.)   2. Sì, ne ho molti. (No, non ne ho molti.)   3. *Answers will vary but may include:* Ne ho (tre). (Non ho fratelli.)   4. Sì, ne ho paura. (No, non ne ho paura.)   5. Sì, ne ho voglia. (No, non ne ho voglia.)   6. Sì, ne ho molti. (No, non ne ho molti.)   7. *Answers will vary but may include:* Ho... anni. (Ne ho [ventuno].)

Capitolo 9

9.2 The imperfect versus the present perfect   *da/per + expressions of time*

A. L'uno o l'altro. Parte prima. 1. per   2. da   3. da   4. per   5. da   **Parte seconda.** 1. ha parlato 2. escono   3. ci vediamo   4. sono andata   5. esci   **B. Da o per?** 1. per   2. per   3. da   4. per   5. da 6. da   7. per   8. da   **C. E tu?** *Answers will vary but may include:* 1. Studio l'italiano da...   2. Ho studiato per...   3. Studio all'università da...   4. Ho guardato la televisione per...   5. So usare il computer da...

Sapere and *conoscere*

A. Al passato prossimo o all'imperfetto? conoscere: 1. a   2. b   3. a   4. b **sapere:** 1. b   2. a   3. b 4. a   **B. Conoscere o sapere?** 1. Conoscevi   2. ho conosciuto   3. sapevo   4. ho saputo   5. Sapevi 6. sapevo

Capitolo 10

10.2 The future   The future of probability

A. Dove sarà? 1. b   2. a   3. a   4. b   5. a   6. a   7. b   **B. Che ne dici tu?** *Answers will vary.*

Capitolo 11

11.1 Object pronouns   Object pronouns and the present perfect

A. Chi l'ha visto? 1. le, -e   2. le, -e   3. l', -a   4. li, -i   5. li, -i   6. l', -a   7. le, -o   8. gli, -o   9. le, -o 10. gli, -o   **B. Tante frasi.** 1. Marco li ha messi sul tavolo.   2. Federico le ha scritto una lettera.   3. Chiara le ha date a Marcello stamattina.   4. Valeria e Giancarlo le hanno inviato un SMS.   5. La mamma li ha preparati per cena.   6. Alberto le ha messe nel soggiorno.   7. Elisa l'ha spedita dalla Sicilia.   8. I genitori le hanno telefonato con il telefonino.

11.2 Indefinite pronouns   Indefinite adjectives

A. L'aggettivo indefinito giusto. 1. alcuni   2. alcuni   3. qualche   4. Alcune   5. alcuni   6. alcuni 7. qualche   **B. Singolare o plurale? Parte prima.** 1. a   2. b   3. a   4. b   5. b   **Parte seconda.** 1. La signora Parodi ha visto alcune borse al mercato.   2. Stefania segue qualche corso difficile all'università questo semestre.   3. Comprerai alcune bottiglie di vino quando andrai in Toscana?   4. Io e Lorenzo studieremo con qualche compagno di classe per l'esame di biologia.   5. La mia ragazza ha visto qualche collana che vuole quest'anno per Natale.   **C. Alcuni, alcune o qualche?** 1. qualche   2. alcuni   3. alcuni   4. qualche 5. alcune

11.3 The relative pronoun *che*   The relative pronoun *cui* (whom/which)

A. Che o cui? 1. con cui   2. che   3. a cui   4. di cui   5. che   6. che   7. a cui   **B. Decidi tu!** 1. di cui 2. che   3. con cui   4. che   5. a cui   6. che   7. che

Capitolo 12

Object pronouns   Double object pronouns

A. In un altro modo. Parte prima. 1. complemento diretto: i biglietti; complemento indiretto: Mi   2. complemento diretto: un regalo; complemento indiretto: ad Antonello   3. complemento diretto: il pane;

complemento indiretto: vi   4. complemento diretto: la cena; complemento indiretto: per i bambini
5. complemento diretto: le matite; complemento indiretto: Ti   6. complemento diretto: questi biscotti;
complemento indiretto: vi **Parte seconda.** 1. a   2. c   3. c   4. b   5. c   6. b   **B. I pronomi giusti. Parte
prima.** 1. gliele   2. Te la   3. glieli   4. ce lo   5. me li   6. Ve lo   **Parte seconda.** 1. Gianna e Valeria gliele
hanno comprate.   2. Te l'ho preparata io ieri sera.   3. Laura glieli ha restituiti ieri sera.   4. La nonna ce
l'ha portato a Natale.   5. Marco me li ha regalati per il mio compleanno.   6. Ve l'abbiamo preso noi.
C. Che ne dici? 1. glieli presta   2. non glielo scriveremo   3. glielo preparo   4. non glielo serviranno
5. glielo prende tutti i giorni   6. non gliel'hanno fatta   7. gliele ho comprate   8. non gliele abbiamo
comprate

Capitolo 13

13.1 The present conditional   The past conditional

A. L'ausiliare giusto. 1. a   2. b   3. a   4. a   5. a   6. b   7. b   8. a   9. b   10. b   **B. Avrei dovuto...**
1. avrebbe voluto   2. sareste dovuti   3. avremmo dovuto   4. avrebbero voluto   5. sarei potuto/a / sarei
dovuto/a   6. avresti dovuto   7. sarebbe dovuto   8. avrebbe dovuto / avrebbe voluto   9. sarebbero dovuti /
sarebbero potuti / sarebbero voluti   **C. Cosa avresti fatto tu?** *Answers will vary.*

Capitolo 14

14.2 The present subjunctive   More irregular verbs in the subjunctive

A. I verbi irregolari. bere: beva, beva, beviamo, beviate, bevano; **dire** (*to say*)**:** dica, dica, dica, diciamo,
diciate; **potere** (*to be able, can, may*)**:** possa, possa, possiamo, possiate, possano; **volere** (*to want*)**:** voglia,
voglia, voglia, vogliamo, vogliano; **venire** (*to come*)**:** venga, venga, veniamo, veniate, vengano   **C. Qual è la
forma al congiuntivo?** 1. possa   2. bevano   3. venga   4. facciano   5. dobbiate   6. sia   7. stiano   8.
sappia   **D. Quale verbo?** 1. voglia   2. dia   3. piaccia   4. facciano   5. beva   6. usciate   7. abbiano   8. sia

14.3 Verbs and expressions followed by the subjunctive   *a/di* + infinitive

A. A o di? 1. di   2. a   3. a   4. di   5. di   6. a   7. di   **B. Preposizione o no?** 1. a   2. b   3. b   4. a
5. b   6. a   7. b   8. a   **C. Che cosa dicono? Parte prima.** 1. Credi di fare   2. Speri di diventare   3. Riesci
a capire   4. Vai a mangiare   5. Pensi di tornare   6. Ti ricordi (sempre) di telefonare   **Parte seconda.**
Answers will vary.

Capitolo 15

15.2 The subjunctive versus the indicative   Conjunctions followed by the subjunctive

A. Completa le frasi. 1. e   2. d   3. c   4. f   5. b   6. a   **B. La congiunzione giusta.** 1. perché
2. sebbene   3. prima che   4. senza   5. purché   6. benché   7. prima di   **C. Frasi tue!** *Answers will vary.*

15.3 Hypotheticals of possibility   The imperfect subjunctive

A. L'imperfetto del congiuntivo. cambiare (*to change*)**:** cambiassi, cambiasse, cambiassimo, cambiaste,
cambiassero; **discutere** (*to discuss*)**:** discutessi, discutessi, discutesse, discutessimo, discuteste; **costruire:**
costruissi, costruissi, costruisse, costruiste, costruissero; **dare** (*to give*)**:** dessi, dessi, dessimo, deste, dessero;
fare (*to do, to make*)**:** facessi, facesse, facessimo, faceste, facessero. **B. Completa i verbi.** 1. -ssero, -emmo
2. -ebbero, -ssero   3. -ste, -ebbe   4. -ebbe, -assero   5. -ssero, -ebbe   6. -assimo, -emmo   7. -ebbe,
-ssero   **C. Il verbo mancante.** 1. chiedessero   2. facessimo   3. ascoltassero   4. dicesse   5. foste
6. scherzassimo   7. raccontassero   **D. Se tutto fosse possibile...** *Answers will vary.*

Capitolo 16

⟳ Object pronouns Stressed pronouns

A. Con chi? 1. lei 2. voi 3. loro 4. me, te 5. Lei 6. noi 7. lui 8. sé **B. Sono più bravo di te!** 1. me 2. te 3. lui 4. voi 5. loro 6. noi

Pronominal verbs and the idiomatic expressions: *andarsene, farcela, avercela con qualcuno*

B. Perché te ne vai? 1. se ne vanno 2. se ne va 3. ce ne andiamo 4. te ne vai 5. ve ne andate 6. se ne va 7. me ne vado

Photo Credits

Chapter 1
Pages 15-16: © McGraw-Hill Education/Klic Video Productions; p. 17 (1): © McGraw-Hill Education; p. 17 (library): © Image Source RF; p. 17 (2): © McGraw-Hill Education; p. 17 (3): © Foodcollection RF; p. 17 (brain): © Roxana Wegner/Getty Images RF; p. 17 (phone): © dolphfyn/Alamy RF; p. 17 (sleeping): © Purestock/SuperStock RF; p. 17 (4): © BananaStock/PunchStock RF; p. 17 (5): © Foodcollection RF; p. 17 (6): © Author's Image/PunchStock RF; p. 17 (writing): © Oscar Knott/Ingram Publishing RF.

Chapter 2
Page 38: © Ingram Publishing/agefotostock RF; p. 40: © Ingram Publishing/SuperStock RF.

Chapter 5
Page 91: © DEA/M. Borchi/De Agostini/Getty Images; p. 104: © Radius Images/Alamy RF.

Chapter 6
Page 125 (1, 3-5): © De Agostini/Getty Images; p. 125 (2): © BeBa/Iberfoto/The Image Works.

Chapter 7
Page 131: Courtesy of Anne Christopherson; p. 141: Courtesy of Arrigo Carlan.

Chapter 8
Page 162 (pigs): Courtesy of Diane Musumeci.

Chapter 10
Page 201: Courtesy of Arrigo Carlan; p. 201: © Don Farrall/Getty Images RF; p. 202: Courtesy of Altreconomia Magazine.

Chapter 12
Page 241: © Jon Bower at Apexphotos/Getty Images RF.

Chapter 13
Page 248: © PunchStock RF; p. 255: © Stas Walenga/123RF.

Chapter 16
Page 321: © ilbusca/Getty Images RF.

Text Credits

Chapter 5
Page 104: Adattato da: http://www.focus.it/ambiente/ecologia/altro-che-fragola-e-limone-dal-tartufo-alla-rucola-i-nuovi-gusti-del-gelato-foto.

Chapter 7
Page 143: Puccini, Giacomo; Adami, G.; Simoni, R. (1978). "Act III, Scene I". Turandot. Opera Vocal Score Series (in English and Italian). Milano, Italy: Ricordi. p. 291. OCLC 84595094. None shall sleep tonight! https://www.worldcat.org/title/turandot/oclc/84595094.

Chapter 9
Page 184: Elisabetta Intini, "I 9 modi migliori di studiare secondo la scienza" Focus.it, September 2, 2016. http://www.focus.it/COMPORTAMENTO/SCUOLA-E-UNIVERSITA/I-9-MODI-MIGLIORI-DI- STUDIARE-SECONDO-LA-SCIENZA.

Chapter 10
Page 201 (acqua minerale): Source: http://www.mineraqua.it/; p. 201 (Imbottigliata): Adapted from "Imbottigliata o di rubinetto, in Italia non c'e che l'imbarazzo della scelta" Adnkronos, February 27, 2015 http://www.focus.it/ambiente/ecologia/imbottigliata-o-di-rubinetto-in-italia-non-c-e-che-l-imbarazzo-della-scelta,

Chapter 11
Page 219: "La carta dell'anziano e dello studente" MeglioMilano. http://www.meglio.milano.it/immagini/pdf/carta_anziano_studente.pdf Used with permission of MeglioMilano.

Chapter 14
Page 280: "Siamo tutti razzisti?" (Direlo de Andrea), Andrea Minoglio, Focus Junior Magazine, 2012.

Chapter 15
Page 300: "Hola mon ami, do you speak europanto?" Focus, June 2005.

Chapter 16
Page 320: "Fotoquiz: Conoscete I personaggi, I monumenti e le opere incise sugli Euro?" diAlessandra Fasola. Focus Junior.it, January 21, 2016. Focus Junior.it http://www.focusjunior.it/giochi/fotoquiz-conoscete-i-personaggi-i-monumenti-e-le-opere-incise-sugli-euro?gimg=9544.